西北师范大学教材建设基金资助

汉语－吉尔吉斯语
日常交际实用会话

КЫТАЙЧА-КЫРГЫЗЧА КҮНДӨЛҮК БААРЛАШУУНУН
ПРАКТИКАЛЫК ДИАЛОГДОРУ

才甫丁·依沙克   编著
玛日亚·麦依托霍

Сейпидин Ысак уулу
Мария Мамбеттокто кызы   Түзгөн

商务印书馆
创于1897 The Commercial Press

目 录

前言 001

日常 生活
Rìcháng Shēnghuó

	Hánxuān Jièshào	
01	寒暄 介绍	003
	Diànhuà Jiāoliú	
02	电话 交流	007
	Rìcháng Qǐjū	
03	日常 起居	011
	Chīfàn Zuòfàn	
04	吃饭 做饭	013
	Jiāwù Láodòng	
05	家务 劳动	017
	Tiānqì yǔ Sìjì	
06	天气 与 四季	021

餐馆 就餐
Cānguǎn Jiùcān

	Cānwèi Yùdìng	
01	餐位 预订	027
	Diǎncān Dìngcān	
02	点餐 订餐	030
	Càiyáo Tuījiàn	
03	菜肴 推荐	034
	Pǐncháng Càiyáo	
04	品尝 菜肴	038
	Fùkuǎn Jiézhàng	
05	付款 结账	042

Xiūxián Yúlè
休闲 娱乐

	Diànyǐng Shìjiè	
01	电影 世界	047
02	Yóulèchǎng 游乐场	051
03	Xiūxián Chàngyǐn 休闲 畅饮	055
04	Měiróng Huàzhuāng 美容 化妆	058
05	Kuánghuān yǔ Pàiduì 狂欢 与 派对	062
06	Yěwài Lùyíng 野外 露营	066
07	Diāoyáng Yóuxì 叼羊 游戏	070

Jiāotōng Chūxíng
交通 出行

	Chéngzuò Dìtiě	
01	乘坐 地铁	075
02	Chéngzuò Gōngjiāo 乘坐 公交	079
03	Chéngzuò Chūzūchē 乘坐 出租车	082
04	Chéngzuò Huǒchē 乘坐 火车	085
05	Chéngzuò Fēijī 乘坐 飞机	089

Gòuwù Xiāofèi
购物 消费

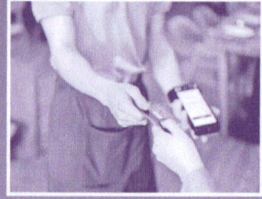

	Gòuwù Chǎngsuǒ	
01	购物 场所	095
02	Tiāoxuǎn Shāngpǐn 挑选 商品	099
03	Xúnwèn Jiàgé 询问 价格	103
04	Shì Chuān Shìyòng 试穿 试用	107
05	Jiǎngjià Yìjià 讲价 议价	111
06	Tuìhuò Huànhuò 退货 换货	115

Lǚyóu Chūxíng
旅游 出行

	Lǚxíng Zhǔnbèi	
01	旅行 准备	121
	Chūxíng Shǒuxù	
02	出行 手续	125
	Dǐdá Rùzhù	
03	抵达 入住	129
	Yìdì Fēngguāng	
04	异地 风光	132
	Míngshèng Gǔjī	
05	名胜 古迹	136
	Pāizhào Liúniàn	
06	拍照 留念	139

Xiàoyuán Shēnghuó
校园 生活

	Xīnshēng Bàodào	
01	新生 报到	145
	Xuǎnkè Shàngkè	
02	选课 上课	148
	Fùxí Kǎoshì	
03	复习 考试	153
	Zài Túshūguǎn	
04	在 图书馆	157
	Shètuán Huódòng	
05	社团 活动	161
	Bìyè Shíkè	
06	毕业 时刻	165

Zhíchǎng Dǎpīn
职场 打拼

	Qiúzhí Yìngpìn	
01	求职 应聘	171
	Rùzhí Péixùn	
02	入职 培训	175
	Zhàokāi Huìyì	
03	召开 会议	179
	Qiàtán Yèwù	
04	洽谈 业务	183
	Chūqín Qǐngjià	
05	出勤 请假	187
	Shēngzhí Lízhí	
06	升职 离职	191

Liàn'ài Hūnyīn
恋爱 婚姻

01 Zhuìrù Qíngwǎng 坠入 情网 197
02 Làngmàn Yuēhuì 浪漫 约会 201
03 Shānméng-Hǎishì 山盟海誓 205
04 Bùrù Hūnyīn 步入 婚姻 209
05 Huáiyùn Shēngzǐ 怀孕 生子 213
06 Zhēngchǎo Fēnshǒu 争吵 分手 217

Shíshàng Huàtí
时尚 话题

01 Jiànkāng Shēnghuó 健康 生活 223
02 Wǎngshàng Gòuwù 网上 购物 227
03 Zhuī Jù Yìzú 追 剧 一族 231
04 Tóuzī Lǐcái 投资 理财 235
05 Zū Fáng Mǎi Fáng 租 房 买 房 239
06 Sìyǎng Jiāchù 饲养 家畜 243
07 Xìngqù Àihào 兴趣 爱好 247

前 言

中文教材本土化建设是新时代构建国际中文教育体系的重要命题之一，也是新时代汉语国际传播中引起热议并亟待解决的重要问题。中亚自古就与中国有着密切的联系，一直是中国的重要合作伙伴，也是"一带一路"沿线地区的重要组成部分。在新时代全球化的背景下，吉尔吉斯斯坦和中国之间有了更广泛的交流，于是新一轮汉语学习的热潮再度在吉尔吉斯斯坦兴起。吉尔吉斯斯坦的汉语教育经过多年的发展取得了一些进步，但是仍然存在问题。许多相关研究表明，编写一套符合吉尔吉斯斯坦本国汉语教学实际情况、满足学生学习需求、适合学生自身特点的汉语教材显得尤为重要。

纵观吉尔吉斯斯坦各高校汉语教学历程，教材的使用存在着一些明显的问题：一是可以使用的教材比较少，尤其是本土化的汉语教材几乎没有。学生可选择的教材非常有限，能够获得的教学资源相对缺乏。二是引进的汉语教材一般会使用俄语或英语注释，很少使用吉尔吉斯语注释，对于只懂主体民族语而不懂俄语或英语的学生来说，在教材的深度理解方面受到了较大的限制。同时，现有教材虽然注意在语言知识的学习过程中结合相应的文化背景，但有些内容并不符合吉尔吉斯斯坦的国情，致使学生在知识输入方面有一定的障碍。从中国和俄罗斯直接翻译或者直接引入的非本土化教材与吉尔吉斯斯坦的汉语教学实际也不能完全匹配，学生接受起来有一定的困难，有待改进；另外，引进的教材在翻译上存在着大量的问题，或多或少地有误导学生学习的情况。这些问题是严重影响吉尔吉斯斯坦汉语教学发展，并且迫切需要解决的问题。因此，加强吉尔吉斯斯坦中文教材本土化建设可在一定程度上弥补吉尔吉斯斯坦中文教材本土化的不足，着力破解本土化难题，在新时代中亚汉语教学的发展中发挥应有作用。

为了加强中吉两国的合作关系，建立两国的密切联系，在语言方面，汉语和吉尔吉斯语的沟通作用也日益重要，不管是中国还是吉尔吉斯斯坦都应该高度重视两种语言的学习和运用。目前，随着中国和吉尔吉斯斯坦在多个领域交流、合作的开展与深入，在吉尔吉斯斯坦学习汉语的人逐渐增多，在中国也有不少研究吉尔吉斯语的学者。所以，我们着眼于当今社会背景下两国语言的现实需求，特别选出日常生活中最常用的句子，针对初中级汉语水平学习者，运用汉语和吉尔吉斯语中最适合口头语言的教学材料编制了《汉语—吉尔吉斯语日常交际实用会话》这本教材。在编写过程中，李东海书记、田河教授提出了宝贵的意见；李华教授在百忙之中抽出宝贵的时间，从头到尾审阅了一遍；玛日亚老师和吉尔吉斯斯坦留学生艾达娜·萨亚阔瓦、阿里玛玛托夫·阿里亚尔和达依尔别阔夫·巴勒塔巴依整理了部分内容。在此，谨向热情关心这部教材编写的几位领导和师生表示衷心的感谢！

本书稿虽几经修改，但限于个人学识，难免有疏漏和欠妥之处，敬请各位专家、读者批评指正。

Rìcháng Shēnghuó
日常 生活

КҮНҮМДҮК ЖАШОО

01	寒暄介绍	АМАНДАШУУ ЖАНА ТААНЫШТЫРУУ
02	电话交流	ТЕЛЕФОНДО СҮЙЛӨШҮҮ
03	日常起居	КҮНҮМДҮК ТИРИЧИЛИК
04	吃饭做饭	ТАМАКТАНУУ ЖАНА ТАМАК ЖАСОО
05	家务劳动	ҮЙ ЖУМУШТАРЫН КЫЛУУ
06	天气与四季	АБА ЫРАЙЫ ЖАНА ТӨРТ МЕЗГИЛ

日常生活 | 003

01 寒暄 介绍
Hánxuān Jièshào
АМАНДАШУУ ЖАНА ТААНЫШТЫРУУ

初次 见面 АЛГАЧКЫ УЧУРАШУУ
Chū Cì Jiànmiàn

汉语　　　吉语

Ⓐ 你 好！／早上 好！
　　Nǐ hǎo!　Zǎoshang hǎo!
　Салам/ Кутман таң!

Ⓑ 你 好！／早上 好！
　　Nǐ hǎo!　Zǎoshang hǎo!
　Салам! Кутман таң!

Ⓐ 你 叫 什么 名字？
　　Nǐ jiào shénme míngzi?
　Сенин атың ким?

Ⓑ 我 叫 王 英。你 叫 什么 名字？
　　Wǒ jiào Wáng Yīng.　Nǐ jiào shénme míngzi?
　Менин атым Ваң Йиң, Сенин атың ким?

Ⓐ 我 叫 阿扎马提。你 是 哪 国 人？
　　Wǒ jiào Āzhāmǎtí.　Nǐ shì nǎ guó rén?
　Менин атым Азамат, Сен кайсы өлкөдөн болосуң?

Ⓑ 我 是 中国人。你 呢？
　　Wǒ shì Zhōngguórén.　Nǐ ne?
　Мен Кытаймын, Сенчи?

Ⓐ 我 是 吉尔吉斯斯坦人。
　　Wǒ shì Jí'ěrjísīsītǎnrén.
　Мен Кыргызстандыкмын.

Ⓑ 你 去 哪儿？
　　Nǐ qù nǎr?
　Сен кайда бара жатасың?

Ⓐ 我 去 教学楼。
　　Wǒ qù jiàoxuélóu.
　Мен окуу имаратына бара жатам.

Ⓑ 你 是 留学生 吗？
　　Nǐ shì liúxuéshēng ma?
　Сен чет элдик студентсиңби?

A Shìde, wǒ jīnnián shàng dàyī.
是的，我今年上大一。
Ооба, мен быйыл биринчи курста окуймун.

B Lái Zhōngguó duō cháng shíjiān le?
来中国多长时间了？
Кытайга келгениңе канча убакыт болду?

A Lái Zhōngguó hái bú dào yí gè yuè.
来中国还不到一个月。
Кытайга келгениме бир ай боло элек.

B Nǐ juéde Zhōngguó zěnmeyàng? Xíguàn ma?
你觉得中国怎么样？习惯吗？
Кытай жөнүндө кандай ойдосуң? Көнүп калдыңбы?

A Hái kěyǐ. Wǒ juéde Zhōngguó shì yí gè dà guójiā, rénkǒu hěn duō, chéngshì yě hěn dà. Qítā fāngmiàn dōu xíguàn, jiùshì chīfàn bú tài xíguàn. Búguò wǒ fēicháng xǐhuan zhèr.
还可以。我觉得中国是一个大国家，人口很多，城市也很大。其他方面都习惯，就是吃饭不太习惯。不过我非常喜欢这儿。
Жаман эмес, Менимче Кытайдын калкы көп, шаарлары дагы чоң мамлекет. Башка нерселерге көнүп калдым, бирок тамагына анча көнө элекмин. Бирок мага абдан жагат.

B Fàngxīn ba, yòng bù liǎo duō jiǔ nǐ jiù huì shìyìng de. Xīwàng nǐ zài zhèlǐ guòde yúkuài.
放心吧，用不了多久你就会适应的。希望你在这里过得愉快。
Сарсанаа болбо. Көп узабай бул жерге да көнүп каласың. Бул жерде көңүлдүү өмүр сүрүшүңдү үмүт кылам.

A Xièxie!
谢谢！
Ыракмат.

寒暄 介绍 АМАНДАШУУ ЖАНА ТААНЫШТЫРУУ
Hánxuān Jièshào

汉语　　吉语

Ⓐ 你好！自我介绍一下，我是王小明。
Nǐ hǎo! Zìwǒ jièshào yí xià, wǒ shì Wáng Xiǎomíng.
Салам. Өзүмдү таанышытырайын, Менин атым Ваң Шау миң.

Ⓑ 很高兴认识你。我是耶迪力。
Hěn gāoxìng rènshi nǐ. Wǒ shì Yēdílì.
Сени менен таанышканыма абдан кубанычтамын. Менин атым Эдил.

Ⓐ 我也很高兴认识你。你来自吉尔吉斯斯坦，是吗？
Wǒ yě hěn gāoxìng rènshi nǐ. Nǐ láizì Jí'ěrjísīsītǎn, shì ma?
Мен да сени менен таанышканыма аябай кубанычтамын. Сен Кыргызыстандан келдиң, туурабы?

Ⓑ 是的。我从比什凯克来的。
Shìde. Wǒ cóng Bǐshíkǎikè lái de.
Ооба, Мен Бишкектен келдим.

Ⓐ 我去过比什凯克几次，很喜欢那个地方。
Wǒ qùguò Bǐshíkǎikè jǐ cì, hěn xǐhuan nàge dìfang.
Бишкекке бир канча жолу барганмын, Ал жер мага абдан жагат.

Ⓑ 很高兴你这么说。
Hěn gāoxìng nǐ zhème shuō.
Бул сөзүңүз мени абдан кубантты.

Ⓐ 你是来这里学习的吗？
Nǐ shì lái zhèlǐ xuéxí de ma?
Сен бул жакка окуу үчүн келдиңби?

Ⓑ 是的，我正在学习中文，目前上大学一年级。
Shìde, wǒ zhèngzài xuéxí zhōngwén, mùqián shàng dàxué yī niánjí.
Ооба, мен кытай тилин үйрөнүп жатам. Азыркы учурда биринчи курста окуйм.

Ⓐ 你中文说得很棒！
Nǐ zhōngwén shuōde hěn bàng!
Сен кытай тилинде мыкты сүйлөйт экенсиң!

Ⓑ 谢谢！介绍一下我的伙伴，这是萨玛特。
Xièxie! Jièshào yíxià wǒ de huǒbàn, zhè shì Sàmǎtè.
Рахмат! Мен шеригимди тааныштырып коёюн, бул Самат.

Ⓐ 萨马特你好，很高兴认识你。
Sàmǎtè nǐ hǎo, hěn gāoxìng rènshi nǐ.
Салам, Самат! Сени менен таанышканыма абдан кубанычтамын.

Ⓒ 你好，王小明。
Nǐ hǎo, Wáng Xiǎomíng.
Салам, Ван Шау Миң.

Ⓐ 你也是吉尔吉斯斯坦人吗？
Nǐ yě shì Jí'ěrjísīsītǎnrén ma?
Сен дагы Кыргызстандан болосуңбу?

C 是的。我来自奥什市。

Ооба, Мен Ош шаарынан келдим.

A 虽然我多次访问吉尔吉斯斯坦，但我还没去过奥什。你能介绍一下吗？

Кыргызстанга көп ирет барсам да, бирок мен Ошко бара элекмин. Сен тааныштырып берсең болобу?

C 当然可以。奥什在吉尔吉斯斯坦南部，是古"丝绸之路"上的重镇之一，有着悠久的历史和灿烂的文化。这里风景优美，人民热情好客，来奥什的人都会登上苏莱曼山。

Албетте болот. Ош Кыргызстандын түштүгүндө жайгашкан, байыркы «Жибек жолундагы» маанилүү шаарлардын бири, узак тарыхы жана керемет маданияты бар. Бул жердин табияты кооз, элдери меймандос келишет, Ошко келген адамдар Сулайман тоого чыгып эс алат.

A 我很好奇，希望下次有机会去奥什看看。

Мен абдан кызыгып жатам, кийинки жолу Ошко барууга мүмкүнчүлүк болот деп үмүттөнөм.

C 欢迎你来，我们会接待你。

Сен кел, биз сени күтүп алабыз.

A 谢谢！你们有什么爱好吗？

Рахмат! Сенин хоббиң эмне?

B 我喜欢阅读。我总是在睡前阅读。你的爱好是什么？

Мен китеп окуганды жактырам, ар дайым жатаар алдында китеп окуйм. Сенин хоббиң эмне?

C 我喜欢晨跑。

Мен эртең менен чуркаганды жактырам.

A 我最感兴趣的是运动。我喜欢踢足球，每个星期六我都和朋友一起踢足球。如果你们愿意，可以一起玩儿。

Менин эң жактырганым бул -спорт. Футбол ойногон абдан жагат, ар ишенби күнү достор менен бирге футбол ойнойбуз. Эгер силер макул болсоңор, чогуу ойносок болот.

B C 好啊！明天周六，你们踢球吗？

Макул! Эртең ишенби, силер футбол ойнойсуңарбы?

A 明天我们踢球。你们有时间可以来足球广场。

Эртең биз футбол ойнойбуз. Силердин убактыңар болсо футбол аянтчасына келсеңер болот.

B C 好，我们一定去。

Макул. Биз сөзсүз барабыз.

日常生活 | 007

02 \ 电话 交流
Diànhuà Jiāoliú
ТЕЛЕФОНДО СҮЙЛӨШҮҮ

Dǎ Diànhuà
打 电话   ТЕЛЕФОН ЧАЛУУ

Ⓐ Wèi, nín hǎo. Qǐngwèn shì Āzhāmǎtè xiānsheng ma?
喂，您好。请问 是 阿扎马特 先生 吗？
Алло, салам. Сиз Азамат мырзасызбы?

Ⓑ Búshì, qǐngwèn yǒu shénme kěyǐ bāngzhù nín?
不是，请问 有 什么 可以 帮助 您？
Жок, сизге жардам керекпи?

汉语   吉语

Ⓐ Wǒ shì Zhōngguórén, wǒ xìng Lǐ, jiào Lǐ Jiànguó. Wǒ xiǎng hé Āzhāmǎtè xiānsheng tán yi tán shēngyì shàng de shìr, qǐngwèn tā xiànzài kěyǐ jiētīng diànhuà ma?
我 是 中国人，我 姓 李，叫 李 建国。我 想 和 阿扎马特 先生 谈 一 谈 生意 上 的 事儿，请问 他 现在 可以 接听 电话 吗？
Мен кытаймын, фамилиям Ли, атым Цзяньгуо. Мен Азамат мырза менен бизнес маселелери боюнча сүйлөшүүм керек болчу. Анын азыр телефон алганга мүмкүнчүлүгү барбы?

Ⓑ Duìbuqǐ, Āzhāmǎtè xiānsheng xiànzài bú zài, xūyào gěi nín jiē tā de zhùlǐ Àishā xiǎojiě ma?
对不起，阿扎马特 先生 现在 不 在，需要 给 您 接 他 的 助理 艾莎 小姐 吗？
Кечиресиз, Азамат мырза азыр бул жерде эмес, сизди анын жардамчысы Айша айым менен байланыштырайынбы?

Ⓐ Hǎo de, máfan nín zhuǎnjiē Àishā xiǎojiě.
好 的，麻烦 您 转接 艾莎 小姐。
Макул, Айша айымга байланыштырып кое аласызбы?

Ⓑ Hǎo de.
好 的。
Макул.

Ⓒ Nín hǎo, zhèngzài tīng nín jiǎnghuà de shì Àishā. Nín yǒu shénme shìr ma?
您好，正在 听 您 讲话 的 是 艾莎。您 有 什么 事儿 吗？
Саламатсызбы, сизди угуп жаткан Айша. Кандай маселе боюнча чалып жатасыз?

Ⓐ Nín hǎo! Nín néng tīngdào wǒ shuōhuà ma?
您好！您 能 听到 我 说话 吗？
Саламатсызбы! Менин сүйлөгөнүм сизге угулуп жатабы?

Ⓒ Shìde, néng tīngjiàn, qǐng jìxù shuō ba.
是 的，能 听见，请 继续 说 吧。
Ооба, угулуп жатат. Айта бериңиз.

A Wǒ xiǎng dìnggòu zhānxié.
我 想 订购 毡鞋。

Мен кийиз бут кийимдерин буюртма берейин дегем.

C Nín xūyào shénme yàng de xiézi? Xūyào duōshao shuāng?
您 需要 什么 样 的 鞋子？需要 多少 双？

Сизге кандай бут кийим керек? Канча түгөй?

A Sānshíbā dào sìshíyī mǎ de, měi zhǒng shí jiàn.
三十八 到 四十一 码 的，每 种 十 件。

Отуз сегизден кырк биринчи размерге чейин, ар биринен он даанадан.

C Yánsè ne?
颜色 呢？

Өңүчү?

A Báisè hé hēisè gè yíbàn.
白色 和 黑色 各 一半。

Жарымы ак жана жарымы кара түстө.

C Qǐngwèn nín duì fāhuò rìqī yǒu yāoqiú ma?
请问 您 对 发货 日期 有 要求 吗？

Кайсыл датага чейин сизге салып жиберишибиз керек?

A Yuè zǎo yuè hǎo, bié ràng wǒ de kèhù děng tài jiǔ. Nǐmen Xīngqīyī qián néng jì guòqù ma?
越 早 越 好，别 让 我 的 客户 等 太 久。你们 星期一 前 能 寄 过去 吗？

Канча эрте болсо ошончо жакшы, менин кардарларым көп күтүп калбашы керек. Дүйшөмбүгө чейин салып жибере аласыздарбы?

C Méi wèntí. Qǐng tígōng shōuhuò dìzhǐ.
没 问题。请 提供 收货 地址。

Маселе эмес, бизге сиздин дарегиңизди берсеңиз.

A Wǒ kěyǐ tōngguò yóujiàn fā gěi nín ma?
我 可以 通过 邮件 发给 您 吗？

Дарегимди почта аркылуу сизге жазып жиберсем болобу?

C Kěyǐ. Nín zěnme fùkuǎn?
可以。您 怎么 付款？

Болот. А акчасын кандай кылып төлөйсүз?

A Yínháng huìkuǎn.
银行 汇款。

Банктан салып жиберем.

C Hǎo de. Nín hái yǒu wèntí ma?
好 的。您 还 有 问题 吗？

Макул. Дагы суроолоруңуз барбы?

A Méiyǒu le, xièxie!
没有 了，谢谢！

Жок, рахмат!

C Hǎo de, zàijiàn!
好 的，再见！

Макул, саламатта болуңуз!

接电话 Jiē Diànhuà ТЕЛЕФОН КАБЫЛДОО

汉语   吉语

A Nǐ hǎo, nǎ wèi?
你好，哪位？
Алло, ким бул?

B Nín hǎo, wǒ shì Àibiékè, wǒ xiǎng zhǎo Ālìnà.
您好，我是艾别克，我想找阿丽娜。
Алло, салам мен Айбек. Мага Алина керек эле.

A Hāi, Àibiékè, wǒ shì Ālìnà.
嗨，艾别克，我是阿丽娜。
Эй, Айбек, мен Алинамын.

B Hāi, Ālìnà. Wǒ xiǎng qǐng nǐ cānjiā míngtiān wǎnshang de yí gè yànhuì.
嗨，阿丽娜。我想请你参加明天晚上的一个宴会。
Эй, Алина. Сени эртең кечкиге конокко чакырайын деп телефон чалдым эле.

A Zhēn de ma? Shénme shíhou? Zài nǎlǐ?
真的吗？什么时候？在哪里？
Чын элеби? Качан? Каерде?

B Wǎnshang qī diǎn bàn, huánghòu cāntīng. Rúguǒ nǐ xūyào dā chē dehuà, wǒ huì zài qī diǎn de shíhou qù jiē nǐ.
晚上七点半，皇后餐厅。如果你需要搭车的话，我会在七点的时候去接你。
Кечки саат жети жарымда. Ханыша конок сарайында. Эгер сага такси керек болсо саат жетиде сени алганы барайын.

A Hǎo de, dào shí wǒ zàijiā děng nǐ.
好的，到时我在家等你。
Макул, ошол убакыт келгенде мен сени үйдө күтөм.

B Míngtiān qī diǎn jiàn. Nǐ néng dǎ diànhuà tōngzhī yíxià Àizhàn ma?
明天七点见。你能打电话通知一下艾占吗？
Эртең саат жетиде кездешели анда. Мүмкүн болсо сен Айжанга чалып, чакырып коё аласыңбы?

A Méi wèntí. Wǒ yídìng tōngzhī dào.
没问题。我一定通知到。
Маселе эмес. Мен ага сөзсүз кабарлайм.

C Wèi! Qǐngwèn nǎ wèi?
喂！请问哪位？
Алло! Кечиресиз, бул ким?

A Nǐ hǎo, Àizhàn, wǒ shì Ālìnà.
你好，艾占，我是阿丽娜。
Салам Айжан, мен Алина.

C Hāi, Ālìnà, zuìjìn zěnmeyàng?
嗨，阿丽娜，最近 怎么样？

Аа, Алина. кандайсың?

A Wǒ hěn hǎo, Àibiékè míngtiān wǎnshang qǐng zánmen chīfàn.
我 很 好，艾别克 明天 晚上 请 咱们 吃饭。

Мен жакшы, сени Айбек эртең кечкиге конокко чакырып жатат.

C Nǎlǐ? Jǐ diǎn?
哪里？几 点？

Кайда? Саат канчада?

A Qī diǎn bàn, zài huánghòu cāntīng. Kěyǐ dehuà zánmen yìqǐ qù ba.
七 点 半，在 皇后 餐厅。可以 的话 咱们 一起 去 吧。

Саат жетиге, Ханыша конок сарайына. Кааласаң чогуу баралы.

C Hǎo de, wǒ míngtiān qī diǎn zuǒyòu lái zhǎo nǐ, wǒmen yìqǐ qù ba.
好的，我 明天 七 点 左右 来 找 你，我们 一起 去 吧。

Жарайт, эртең саат жетиге жакын сага барам, чогу баралы.

A Wǒ yào qù mǎi lǐwù, wǒmen kěyǐ xiān zài shāngchǎng jiànmiàn.
我 要 去 买 礼物，我们 可以 先 在 商场 见面。

Мен дүкөнгө белек алганы барам, дүкөндүн жанынан кездешсек болот.

C Míngbai le. Míngtiān jiàn!
明白 了。明天 见！

Түшүнүктүү, эртең кездешкенге чейин!

A Míngtiān sān diǎn jiàn, bié chídào!
明天 三 点 见，别 迟到！

Эртең жетиде көрүшөбүз, кечикпе!

C Hǎo de, dào shí jiàn!
好的，到 时 见！

Макул, ошол убакта көрүшөбүз!

03 日常 起居
Rìcháng Qǐjū
KÜNÜMDÜK TIRICHILIK

睡觉 Shuìjiào УКТОО
叫 某人 起床 Jiào Mǒurén Qǐchuáng БИРӨӨНҮ ОЙГОТУУ

汉语　　吉语

A Kuài jiào Āshān qǐchuáng.
快 叫 阿山 起床 。
Асанды батыраак ойгот.

B Tā hái méi qǐchuáng ma?
他 还 没 起床 吗？
Ал дагы деле тура элекпи?

A Shìde, kuàikuài jiàoxǐng tā, shàngkè búyào chídào.
是的， 快快 叫醒 他， 上课 不要 迟到。
Ооба, тезинен ойгот. Сабагынан кеч калбасын.

B Hēi, Āshān, xǐng yi xǐng, gāi qǐchuáng le, bùrán nǐ yào chídào le!
嘿， 阿山， 醒 一 醒， 该 起床 了， 不然 你 要 迟到 了！
Эй-й, Асан ойгон, турар кез болду, болбосо кечигесиң!

C Nǐ shuō shénme ya, wǒ de nàozhōng dōu méi xiǎng ne.
你 说 什么 呀， 我 的 闹钟 都 没 响 呢。
Эмне дейсиң? Менин саатым али чырылдаган жок.

B Xiǎng le, sānshí fēnzhōng zhīqián jiù xiǎng le.
响 了， 三十 分钟 之前 就 响 了。
Чырылдады, отуз мүнөт мурда чырылдады.

C O, wǒ yídìng shì shuìguò le.
哦， 我 一定 是 睡过 了。
Оо, мен уктап калыптырмын.

B Kuài qǐchuáng!
快 起床 ！
Тезирээк тур!

C Ràng wǒ zài shuì wǔ fēnzhōng ma.
让 我 再 睡 五 分钟 嘛。
Беш мүнөт уктап алайынчы.

B Zǎo qǐ de niǎor cái yǒu chóng chī.
早起 的 鸟儿 才 有 虫 吃。
Эрте турсаң ырыскың көп болот дейт.

C: Wǒ zhīdào, wǒ zhīdào, kěshì wǒ bù xiǎng qǐ.
我知道，我知道，可是我不想起。
Мен билем, билем. Бирок менин тургум келбей жатат.

B: Haha, shàozhuàng bù nǔlì, lǎodà tú shāngbēi. Kuài qǐlái ba.
哈哈，少壮不努力，老大徒伤悲。快起来吧。
Ха ха, сен азыр аракет кылбасаң келечекте жашооң кыйын болуп калат. Тез тур ордуңан.

C: Wèishénme zhème zháojí jiào wǒ ya?
为什么这么着急叫我呀？
Эмнеге мени мынча шаштырып жатасың?

B: Wǒ bù xiǎng ràng nǐ chídào ma.
我不想让你迟到嘛。
Мен сени кечигип калбасын деп жатам да.

C: Wǒ zhēn de hěn xiǎng shuìjiào. Wǒ zhēng bù kāi yǎnjīng.
我真的很想睡觉。我睁不开眼睛。
Менин чын эле уйкум келип жатат. Көзүмдү ача албай жатам.

B: Nà nǐ shuì ba, wǒ zǒu le.
那你睡吧，我走了。
Анда сен уктап жата бер, мен кеттим.

C: Bù, wǒ xiànzài qǐchuáng, děng huìr.
不，我现在起床，等会儿。
Жок, азыр турам, тура тур.

B: Gǎnjǐn qǐchuáng, bùrán wǒ liǎ yìqǐ chídào.
赶紧起床，不然我俩一起迟到。
Тур батыраак, болбосо сени менен чогуу мен да кечигем.

C: Hǎo, wǒ zhèng qǐ ne.
好，我正起呢。
Макул, мына туруп жатам го.

B: Kuài qǐlái! Wǒ zài wàimiàn děng nǐ.
快起来！我在外面等你。
Тезинен тур! Мен сени сыртта күтүп турам.

C: Hǎo ba, wǒ xiànzài jiù qǐlái, ránhòu gēnshàng nǐ.
好吧，我现在就起来，然后跟上你。
Макул, азыр эле туруп, артыңан жетип барам.

04 吃饭 做饭
Chīfàn Zuòfàn
ТАМАКТАНУУ ЖАНА ТАМАК ЖАСОО

做汤 ШОРПО ЖАСОО
Zuò Tāng

A Wǎnfàn wǒ yào zuò gè xīhóngshì tāng.
晚饭 我 要 做 个 西红柿 汤。
Кечки тамакка помидор шорпосун жасаганы жатам.

B Wǒ juéde guāng chī shūcài hěn dāndiào.
我 觉得 光 吃 蔬菜 很 单调。
Жалаң жашылча тамактарын жесек жөнөкөй эле болуп калгыдай.

A Duō chī shūcài shēntǐ hǎo.
多 吃 蔬菜 身体 好。
Жашылча тамактарды көп жеш ден соолукка пайдалуу.

B Kěshì wǒ xǐhuan chī ròu, yòng ròu zuò tāng zěnmeyàng?
可是 我 喜欢 吃 肉, 用 肉 做 汤 怎么样?
Бирок мен этти жактырам, эт менен шорпо жасасак кандай?

A Hǎo ba. Nà jiù bù néng qiē diǎnr xīhóngshì ma?
好 吧。 那 就 不 能 切 点儿 西红柿 吗?
Болот, анда кичине помидор туураганга да болбойбу?

B Yě kěyǐ. Dàn nǐ zuìhǎo qiē ròu, wǒ lái zhǔnbèi guō wǎn.
也 可以。 但 你 最好 切 肉, 我 来 准备 锅 碗。
Антсең да болот. Бирок эт туураганың жакшы, мен казан-аякты даярдайын.

A Wǒ zài qiē diǎnr tǔdòu hé húluóbo.
我 再 切 点儿 土豆 和 胡萝卜。
Картөшкө менен сабизди да туурайын.

B Hǎo de, hái yào jiā yángcōng.
好 的, 还 要 加 洋葱。
Ооба, пияз дагы кошуу керек.

A Guō zhǔnbèi hǎo dehuà, zán bǎ ròu fàng jìnqù jiān yíxià.
锅 准备 好 的话, 咱 把 肉 放 进去 煎 一下。
Казан даяр болсо, этти салып кууруйлу.

B Duō jiā diǎnr shuǐ, tāng duō dehuà tāng zhīr pào fàn gèng hǎochī.
多 加 点儿 水, 汤 多 的话 汤 汁儿 泡 饭 更 好吃。
Суусун көбүрөөк куй, ичкенге суюк шорпо жакшы.

 汉语  吉语

Ⓐ Jiē xiàlái, wénhuǒ màn dùn èrshí fēnzhōng.
接下来，文火 慢 炖 二十 分钟 。
Эми жыйырма мүнөт жай отко кайнатуу керек.

Ⓑ Bǎ huǒ shāowēi guān diǎnr, huǒ hǎoxiàng tài dà le.
把 火 稍微 关 点儿，火 好像 太 大 了。
Отун кичине басаңдат, оту күчтүү болуп кетти өңдөнөт.

Ⓐ Wèidào zěnmeyàng? Cháng yi cháng ba.
味道 怎么样？尝 一 尝 吧。
Даамы кандай болуптур? Даамын көрчү.

Ⓑ Yán hǎoxiàng shǎole diǎnr, zán jiā diǎnr yán ba.
盐 好像 少了 点儿，咱 加 点儿 盐 吧。
Тузу аз сыяктанат, туз кошолу.

Ⓐ Zài jiā diǎnr xiāngcài ba, ràng tā kàn qǐlái piàoliang yìdiǎnr.
再 加 点儿 香菜 吧，让 它 看 起来 漂亮 一点儿。
Аш көктөн да кошуп коёлу, кооз көрүнүп калсын.

Ⓑ Nǐ cháng yíxià …… Wèidào zěnmeyàng?
你 尝 一下 …… 味道 怎么样？
Даамын татып көрсөң... кандай болуптур?

Ⓐ Ǹg, tài bàng le!
嗯，太 棒 了！
Эй, абдан жакшы болуптур.

Ⓑ Tài hǎo le, wǒ zhēn de hěn xǐhuan zhège tāng. Nǐ juéde zěnmeyàng?
太 好 了，我 真 的 很 喜欢 这个 汤。你 觉得 怎么样？
Мм, чын эле абдан жакшы болуптур, мен ушул шорпону абдан жакшы көрөм. Кандай деп ойлойсуң?

Ⓐ Fēicháng hǎochī. Nǐ gēn shuí xué zuò zhège tāng de?
非常 好吃。你 跟 谁 学 做 这个 汤 的？
Абдан даамдуу болуптур. Сен мындай шорпо жасаганды кимден үйрөнгөнсүң?

Ⓑ Wǒ měi cì huí cūn de shíhou nǎinai zǒngshì gěi wǒ zuò yángròutāng.
我 每 次 回 村 的 时候 奶奶 总是 给 我 做 羊肉汤 。
Айылга чоң энемдин үйүнө барган сайын чоң энем ар дайым кой эти менен шорпо жасап берет.

Ⓐ Yīnggāi hěn hǎochī ba?
应该 很 好吃 吧？
Абдан даамдуу болсо керек?

Ⓑ Dāngrán bǐ wǒmen zuò de hǎochī.
当然 比 我们 做 的 好吃。
Албетте биз жасаган шорподон да даамдуу.

Ⓐ Zán yào ràng māma chángchang wǒmen zuò de tāng ma?
咱 要 让 妈妈 尝尝 我们 做 的 汤 吗？
Биз жасаган шорпону апама ооз тийгизелиби?

Ⓑ Hǎo a. Ràng māma píngjià yíxià wǒmen zuò de tāng.
好 啊。让 妈妈 评价 一下 我们 做 的 汤 。
Ооба. Апам биздин шорпо кандай болгонун баалап берсин.

日常生活 | 015

Ⓐ Māma, nín chángchang wǒmen zuò de tāng …… Zěnmeyàng?
妈妈，您 尝尝 我们 做 的 汤 …… 怎么样？
Апа, биздин шорпобузду даамдап көрсөңүз...Кандай болуптур?

Ⓒ Zhēn hǎochī. Nǐmen hěn bàng.
真 好吃。你们 很 棒。
Чын эле даамдуу болуптур. Силер азаматсыңар.

Ⓐ Xièxie māma!
谢谢 妈妈！
Рахмат апа!

款待 朋友　ДОСУН КОНОКТОО
Kuǎndài Péngyou

Ⓐ Wǎnfàn hǎo le, qǐng rùxí ba.
晚饭 好 了，请 入席 吧。
Кечки тамак даяр болду, кана төргө өткүлө.

Ⓑ Kàn qǐlái tài hǎochī le! Ràng rén liú kǒushuǐ.
看 起来 太 好吃 了！让 人 流 口水。
Аябай даамдуу көрүнөт! Кишинин шилекейин агызып.

Ⓐ Nǐ xiǎng hē diǎnr shénme ma? Bózuǒ① huòzhě suānnǎi?
你 想 喝 点儿 什么 吗？博佐① 或者 酸奶？
Бир нерсе ичесиңби? Бозо же чалап?

Ⓑ Lái diǎnr Bózuǒ ba, xièxie!
来 点儿 博佐 吧，谢谢！
Азыраак бозо ичели анда, ыракмат!

Ⓐ Ràng wǒmen de yǒuyì cóng zhè bēi Bózuǒ kāishǐ, gānbēi!
让 我们 的 友谊 从 这 杯 博佐 开始，干杯！
Биздин достугубуз жана шериктештигибиз ушул бозо менен башталсын! Кана эмесе алыңыз!

Ⓑ Gānbēi!
干杯！
Алыңыз!

Ⓐ Chèn rè chángchang Biéxībā'ěrmǎkèfàn ba.
趁 热 尝尝 别西巴尔马克饭 吧。
Ысыгында беш бармактан ал.

Ⓑ Wa! Wèidào zhēnshì tài bàng le! Nǐ zěnme zuòde zhème hǎochī de?
哇！味道 真是 太 棒 了！你 怎么 做得 这么 好吃 的？
Оо, аябай даамдуу экен! Кантип мынча даамдуу кылып жасадың?

汉语　　吉语

----
① Bózuǒ: lèisì qīngkējiǔ de yǐnliào.
　博佐：类似 青稞酒 的 饮料。

Ⓐ　Ròu zhǔshúle wèidào jiù huì hěn hǎo.
　　肉 煮熟了 味道 就 会 很 好。
　　Этти жакшы бышырса эле даамдуу болот.

Ⓑ　Zhè shì wǒ dì-yī cì chángdào Biéxībā'ěrmǎkèfàn.
　　这 是 我 第一 次 尝 到 别西巴尔马克饭。
　　Мен беш бармакты биринчи жолу татышым.

Ⓐ　Wǒ hái néng zuòde bǐ zhège gèng měiwèi.
　　我 还 能 做得 比 这个 更 美味。
　　Мен мындан да даамдуу кылып жасай алам.

Ⓑ　Nǐ zuòfàn de shǒuyì quèshí búcuò.
　　你 做饭 的 手艺 确实 不错。
　　Сенин тамак жасоо өнөрүң чындыгында жакшы.

Ⓐ　Chángchang Kù'ěrdákè.
　　尝尝 库尔达克①。
　　Куурдактан да татып көр.

Ⓑ　Hǎo xiāng ò.
　　好 香 哦。
　　Куурдактын жыты буркурайт ко.

Ⓐ　Lái, jiù zhe Kù'ěrdákè hē mǎnǎizi.
　　来, 就 着 库尔达克 喝 马奶子。
　　Кел. Куурдак менен бирге кымыздан ич.

Ⓑ　Hǎo! Shì cǎoyuán de mǎnǎizi ò, nǎge mùchǎng de?
　　好！是 草原 的 马奶子 哦, 哪个 牧场 的？
　　Оо! Жайлоонун таза кымызы го, кайсыл жайлоонуку болду экен?

Ⓐ　Sūsàmǐ'ěr mùchǎng de, wǒ tèyì dài guòlái de.
　　苏萨米尔 牧场 的, 我 特意 带 过来 的。
　　Суусамыр жайлоосунун кымызы. Мен атайын алдырып келдим эле.

Ⓑ　Xièxie, wǒ hěn kāixīn.
　　谢谢, 我 很 开心。
　　Рахмат, абдан ыраазымын.

Ⓑ　Xièxie nǐ de kuǎndài, shíjiān bù zǎo le, wǒ gāi huíqù le.
　　谢谢 你 的 款待, 时间 不 早 了, 我 该 回去 了。
　　Рахмат сыйыңа, кеч да кирип кетти, мен кайтайын.

Ⓐ　Nà wǒ gěi nǐ zhuāng yìxiē Bāosuǒkè Yóubǐng hé gānguǒ ba.
　　那 我 给 你 装 一些 包索克 油饼② 和 干果 吧。
　　Анда баштыгыңа борсок жана жемиштерден салып берейин.

Ⓑ　Xièxie, xièxie!
　　谢谢, 谢谢！
　　Рахмат, рахмат!

---

① Kù'ěrdákè: lèisì chǎo ròupiànr de měishí.
　库尔达克：类似 炒 肉片儿 的 美食。

② Bāosuǒkè Yóubǐng: lèisì yóutiáo de shíwù.
　包索克 油饼：类似 油条 的 食物。

Ⓐ Xiànzài nǐ zhīdào wǒ jiā zài nǎr le, jìde cháng lái!
现在 你 知道 我 家 在 哪儿 了，记得 常 来!
Менин үйүмдүн кайда экенин билип алдың, эми бат-баттан келип тур!

Ⓑ Hǎo a, wǒ huì cháng lái de, zàijiàn!
好 啊，我 会 常 来 的，再见!
Жарайт. Дагы келип турамын, жакшы кал.

05 \ Jiāwù Láodòng 家务 劳动
ҮЙ ЖУМУШТАРЫН КЫЛУУ

整理 房间 ҮЙДҮ ЖЫЙНОО

汉语   吉语

Ⓐ Mǎkèsàtè, nǐ de wòshì luànqībāzāo de.
马克萨特，你 的 卧室 乱七八糟 的。
Максат, бөлмөң аябай чачылыптыр.

Ⓑ Duìbuqǐ, māma, wǒ mǎshàng dǎsǎo.
对不起，妈妈，我 马上 打扫。
Кечиресиз, апа, мен азыр жыйнайм.

Ⓐ Nǐ zuìhǎo kāichuāng tòutou qì.
你 最好 开窗 透透 气。
Терезени ачып, желдетишиң керек экен.

Ⓑ Hǎo de. Wǒ hái děi huàn gè chuángdān, zhěnglǐ yíxià chuángpù.
好 的。我 还 得 换 个 床单，整理 一下 床铺。
Макул, шейшепти алмаштырып, керебетти иреттешим керек экен.

Ⓐ Bǎ lājī diū lājī tǒng.
把 垃圾 丢 垃圾桶。
Таштандыларды таштанды челекке сал.

Ⓑ Chuānghù yě cā ma?
窗户 也 擦 吗?
Терезени да сүртөмбү?

Ⓐ Shìde, dàn yào xiǎoxīn.
是的，但 要 小心。
Ооба, бирок абайла.

B Shūjià yě xūyào cā yi cā.
书架 也 需要 擦 一 擦。

Китеп текчени да сүртүү керек экен.

A Bùguāng shì shūjià, yǒu chéntǔ de dìfang dōu yào cā yi cā.
不光 是 书架, 有 尘土 的 地方 都 要 擦 一 擦。

Бир эле китеп текчелери эмес, чаң баскан жерлердин баарын сүртүү керек.

B Wèishénme dàochù dōu shì huīchén?
为什么 到处 都 是 灰尘?

Эмне мынча баардык жери чаң болгон?

A Nǐ zuìhǎo měi tiān dǎsǎo, zhèyàng jiù búhuì nàme zāng, duì nǐ zìjǐ yě hǎo.
你 最好 每 天 打扫, 这样 就 不会 那么 脏, 对 你 自己 也 好。

Күн сайын бөлмөңдү жыйнап турсаң мынчалык кир болбойт болчу, өзүң үчүн да жакшы.

B Wǒ zhīdàole māma, cóng jīntiān kāishǐ wǒ tiāntiān dōu zhěnglǐ fángjiān.
我 知道了 妈妈, 从 今天 开始 我 天天 都 整理 房间。

Билдим апа, бүгүндөн тарта эми күн сайын бөлмөмдү иреттеп турам.

A Xiān bǎ yīfu diéhǎo.
先 把 衣服 叠好。

Алгач кийимдерди бүктө.

B Hǎo de.
好 的。

Макул.

A Bǎ yào xǐ de yīfu fàngdào xǐ yī lán li, wǒ shāohòu xǐ.
把 要 洗 的 衣服 放到 洗衣篮 里, 我 稍后 洗。

Жуулучу кийимдерди кийим салуучу себетке салып кой, бир аздан кийин жууймун.

B Xièxie māma, nín zhēnshì tài tiēxīn le.
谢谢 妈妈, 您 真是 太 贴心 了。

Рахмат апа, сиз абдан күйүмдүүсүз.

日常生活 | 019

大扫除 ЖАЛПЫ ТАЗАЛЫК КЫЛУУ
Dàsǎochú

汉语　　吉语

Ā'ěrgēn, zánmen jīntiān dàsǎochú zěnmeyàng?
Ⓐ 阿尔根，咱们 今天 大扫除 怎么样？
Арген, бүгүн тазалык жасайлы болобу?

Hǎo de! Wǒ lái tuōdì.
Ⓑ 好 的！我 来 拖地。
Болот, мен полду сүртөйүн.

Nà wǒ jiù dǎsǎo chúfáng hé gélóu.
Ⓐ 那 我 就 打扫 厨房 和 阁楼。
Макул, анда мен ашкана менен мансарданы тазалайын.

Dì tuōwán le, jiē xiàlái gàn shénme?
Ⓑ 地 拖完 了，接 下来 干 什么？
Полду жууп бүттүм, эми эмне кылабыз?

Yīnggāi bǎ lājī dàodiào.
Ⓐ 应该 把 垃圾 倒掉。
Таштандыларды ыргытуу керек.

Bú yòng de jiù dōngxī yě rēngdiào ba.
Ⓑ 不 用 的 旧 东西 也 扔掉 吧。
Кереги жок эски буюмдарды да ыргытып салалы.

Nà hǎo de, wǒ bǎ bù chuān de jiù yīfu yě sòngdào jiù yīfu huíshōuxiāng qù.
Ⓐ 那 好 的，我 把 不 穿 的 旧 衣服 也 送到 旧 衣服 回收箱 去。
Макул, мен кийбеген эски кийимдерди да кайра иштетүү контейнерине алып барып салайын.

Wǒmen hái yào zhěnglǐ nǎxiē dìfang?
Ⓑ 我们 还 要 整理 哪些 地方？
Дагы кайсыл жерлерди жыйнайбыз?

Chuānghu bōli shàng méngle yì céng huī, wǒmen cāca chuānghu ba!
Ⓐ 窗户 玻璃 上 蒙了 一 层 灰，我们 擦擦 窗户 吧！
Терезени бир кат чаң басып кетиптир, биз терезени сүртүштүрөлү.

Cā èr lóu de bōli ma? Nà tài wēixiǎn le.
Ⓑ 擦 二 楼 的 玻璃 吗？那 太 危险 了。
Экинчи кабаттагы терезени сүртөбүзбү? Ал өтө кооптуу го.

Wǒmen zhǐ cā lǐmiàn jiù kěyǐ, wàimiàn de gǎitiān qǐng zhuānyè de qīngxǐ gōng lái cā ba.
Ⓐ 我们 只 擦 里面 就 可以，外面 的 改天 请 专业 的 清洗工 来 擦 吧。
Биз ички терезелерди сүртсөк эле болот, сыртын кесипкөй тазалоочуларга сүрткүзөлү.

Zhèyàng hái chàbuduō.
Ⓑ 这样 还 差不多。
Ушундай болсо анда жетерлүү.

A: Wǒmen yīnggāi zěnme chǔzhì shūjià shàng de zhèxiē jiùshū ne?
我们 应该 怎么 处置 书架 上 的 这些 旧书 呢？
Китеп текчедеги эски китептерди кандай кылып жыйнасак болот экен?

B: Rúguǒ méi shénme yòng le, nà jiù kěyǐ bǎ tāmen màidiào.
如果 没 什么 用 了，那 就 可以 把 它们 卖掉。
Эгер керек кылбасаң аларды сатып жиберсең болот.

A: Zhè shì gè hǎo zhǔyi.
这 是 个 好 主意。
Бул жакшы ой экен.

B: Dǎsǎo wán le, xiànzài hái yào zuò shénme?
打扫 完 了，现在 还 要 做 什么？
Тазалап бүттүм, эми эмне кылыш керек?

A: Wǒmen hái yào dǎsǎo yuànzi.
我们 还 要 打扫 院子。
Биз короону дагы тазалашыбыз керек.

B: Wǒ sǎodì, nǐ jiǎn luòyè.
我 扫地，你 捡 落叶。
Мен короону шыпырам, сен түшкөн жалбырактарды тер.

A: Rúguǒ nǐ sǎowán dì le, bāng wǒ qīnglǐ luò yè ba, zhèlǐ de luò yè tài duō le.
如果 你 扫完 地 了，帮 我 清理 落叶 吧，这里 的 落叶 太 多 了。
Эгер сен шыпырып болгон болсоң, мага түшкөн жалбырактарды тазалаганга жардам бер. Бул жерде түшкөн жалбырактар өтө көп экен.

B: Luò yè qīnglǐ wán le, xiànzài zánmen gǎnjǐn duī chái ba.
落叶 清理 完 了，现在 咱们 赶紧 堆 柴 吧。
Түшкөн жалбырактарды тазалап бүттүк, эми отундарды тезинен жыйнай салалы.

A: Duī zài nǎlǐ? Nàlǐ háishì zhèlǐ?
堆 在 哪里？那里 还是 这里？
Отундарды кайда жыйнайбыз? Тигил жаккабы же бул жергеби?

B: Hǎoxiàng duī zài zhèlǐ fāngbiàn yìxiē, zán zài zhèlǐ duī ba.
好像 堆 在 这里 方便 一些，咱 在 这里 堆 吧。
Бул жер ыңгайлуу окшойт. Бул жерге эле жыйнайлы.

A: A, zánmen zhōngyú shōushi hǎo le.
啊，咱们 终于 收拾 好 了。
Аа. Жыйнап бүттүк окшойт.

B: Aiyā! zánmen wàngle dào lājī.
哎呀！咱们 忘了 倒 垃圾。
Ой! Биз таштандыны төккөндү унутуп коюптурбуз.

日常生活 | 021

06 天气与四季
Tiānqì yǔ Sìjì
АБА ЫРАЙЫ ЖАНА ТӨРТ МЕЗГИЛ

天气 Tiānqì АБА ЫРАЙЫ

汉语　　吉语

🅐 阿米尔，你冷吗？今天天气很冷。
Āmǐ'ěr, nǐ lěng ma? Jīntiān tiānqì hěn lěng.
Амир, сен үшүгөн жоксуңбу? Аба ырайы бүгүн абдан суук экен.

🅑 不，我不冷，我穿得很厚，你冷吗？
Bù, wǒ bù lěng, wǒ chuānde hěn hòu, nǐ lěng ma?
Жок, мен үшүгөн жокмун. Жылуу кийинип алгам. Сен үшүп жатасыңбы?

🅐 是的，风刮得很大。
Shìde, fēng guāde hěn dà.
Ооба, шамал катуу согуп жатат.

🅑 我没有感觉到风刮得很大。因为我们巴雷克奇市经常刮风，我习惯了。
Wǒ méiyǒu gǎnjué dào fēng guāde hěn dà. Yīnwèi wǒmen Bāléikèqí Shì jīngcháng guāfēng, wǒ xíguàn le.
Мага шамал өтө катуу соккону сезилген жок. Себеби биздин Балыкчы шаарында ар дайым шамал согуп турат. Мен көнүп калгам.

🅐 我从奥什市来，那里的天气比这里暖和，即使刮风下雨气温也不会那么低。
Wǒ cóng Àoshí Shì lái, nàlǐ de tiānqì bǐ zhèlǐ nuǎnhuo, jíshǐ guāfēng xiàyǔ qìwēn yě bú huì nàme dī.
Мен Ош шаарынан келдим. Ал жакта бул жерге караганда аба ырайы жылуу. Жамгыр жааса, шамал болсо дагы мынчалык суук болбойт.

🅑 你要是冷的话，我们去那个商场待一会儿，我们就在那里喝茶聊一会儿，等风停了再走。
Nǐ yàoshi lěng dehuà, wǒmen qù nàge shāngchǎng dāi yíhuìr, wǒmen jiù zài nàlǐ hē chá liáo yíhuìr, děng fēng tíngle zài zǒu.
Үшүгөн болсоң жүрү тигил соода борборуна кирип, бороон басаңдагыча ысык чай ичип, сүйлөшүп отура туралы, шамаал токтогондо кайра жүрөлү.

🅐 好吧。
Hǎo ba.
Жарайт.

🅑 我一点儿也不喜欢暴风雨，不喜欢寒冷的天气，所以我不太喜欢冬天。
Wǒ yìdiǎnr yě bù xǐhuan bàofēngyǔ, bù xǐhuan hánlěng de tiānqì, suǒyǐ wǒ bú tài xǐhuan dōngtiān.
Мага бороон, суук аба ырайы такыр жакпайт. Ошондуктан кыш мезгилин өтө жактыра бербейм.

A Nǐ zhīdào zhè jǐ tiān de tiānqì qíngkuàng ma?
你 知道 这 几 天 的 天气 情况 吗？
Ушул бир нече күндөрдүн аба ырайын билесиңби?

B Yùbào míngtiān tiānqì qínglǎng, báitiān qìwēn shíbā shèshìdù, wǎnshang yǒu xiǎoyǔ.
预报 明天 天气 晴朗，白天 气温 十八 摄氏度， 晚上 有 小雨。
Аба ырайы эртең күн ачык, күндүз 18 градус жылуу, түнкүсүн бир аз жаан жаайт экен.

A Xiàyǔ tǐng hǎo de, wǒmen zhèlǐ hǎojiǔ méi xiàyǔ le.
下雨 挺 好 的，我们 这里 好久 没 下雨 了。
Жамгыр жааса абдан сонун да, бул жерге көптөн бери жамгыр жаай элек.

B Hòutiān hái yào gèng nuǎnhuo yìxiē, jiē xiàlái de tiānqì dōu hěn nuǎnhuo.
后天 还 要 更 暖和 一些， 接 下来 的 天气 都 很 暖和。
Бүрсүгүнү күн бир аз жылуураак болот экен, кийинки аба ырайынын баары жылуу болот экен.

A Wǒ xǐhuan nuǎnhuo de tiānqì.
我 喜欢 暖和 的 天气。
Мага жылуу аба ырайы жагат.

B Nà zánmen Zhōuliù qù jiāowài, zěnmeyàng?
那 咱们 周六 去 郊外， 怎么样？
Анда ишемби күнү шаар четине кетсек, кандай?

A Hǎo a. Dào shíhou xiān tōng gè diànhuà o.
好 啊。到 时候 先 通 个 电话 哦。
Болот, анда ошол кезде телефон чалышалы э.

B Wèi! Gàn má ne? Wǒ shì Āmǐ'ěr.
喂！干 吗 呢？我 是 阿米尔。
Алло! Сен эмне кылып жатасың? Мен Амирмин.

A O, Āmǐ'ěr, nǐ hǎo, nǐ zěnmeyàng a?
哦，阿米尔，你 好，你 怎么样 啊？
Оо, Амир, салам. Кандайсың?

B Tǐng hǎo de. Míngtiān qù bú qù jiāowài?
挺 好 的。明天 去 不 去 郊外？
Өтө жакшы. Эртең шаар четине барабызбы?

A Nǐ méi kàn tiānqì yùbào ma? Míngtiān yǒu yǔ. Gǎi tiān zài qù zěnmeyàng?
你 没 看 天气 预报 吗？明天 有 雨。改 天 再 去 怎么样？
Аба ырайын текшерген жоксуңбу? Аба ырайы эртең жамгыр жаайт дейт, анан башка күнү барсакчы?

B Yěxǔ jiāowài bú xià ne? Nǐ qiáo, jīntiān de tiānqì duōme hǎo a.
也许 郊外 不 下 呢？你 瞧，今天 的 天气 多么 好 啊。
Балким шаар четинде жамгыр жаабаса керек. Кара, бүгүн аба ырайы кандай сонун.

A Shìde, shì zhēnzhèng de xiàtiān.
是的，是 真正 的 夏天。
Ооба, бул чыныгы жай.

日常生活 | 023

Ⓑ Nà zánmen qù ba! Zài sēnlín zhōng sànsan bù, hūxī hūxī xīnxiān kōngqì.
那 咱们 去 吧！在 森林 中 散散 步，呼吸 呼吸 新鲜 空气。
Анда кетелиби! Токойдо сейилдеп, таза абадан жутуп жутуп алалы.

Ⓐ Nà hǎo ba. Bié wàng dài sǎn.
那 好 吧。别 忘 带 伞。
Анда мейли, кол чатыр алганды унутпа.

Ⓑ Hǎo de. Míngtiān jiàn.
好 的。明天 见。
Макул, эртең көрүшөлү.

Ⓐ Míngtiān jiàn.
明天 见。
Эртең көрүшөлү.

喜欢 的 季节　ЖАКТЫРГАН МЕЗГИЛ
Xǐhuan de Jìjié

汉语　　吉语

Ⓐ Nǐ xǐhuan shénme jìjié?
你 喜欢 什么 季节？
А сага кайсы мезгил жагат?

Ⓑ Wǒ xǐhuan chūntiān hé qiūtiān, bú tài lěng, yě bú tài rè. Nǐ ne?
我 喜欢 春天 和 秋天，不 太 冷，也 不 太 热。你 呢？
Мага жаз менен күз мезгили жагат. Өтө суук эмес, өтө ысык дагы эмес. А сагачы?

Ⓐ Wǒ xǐhuan suǒyǒu jìjié. Wǒ juéde měi ge jìjié dōu yǒu tā de tèdiǎn, suǒyǐ dōu hǎo.
我 喜欢 所有 季节。我 觉得 每 个 季节 都 有 它 的 特点，所以 都 好。
Мага баардык эле мезгилдер жага берет. Мен ар бир мезгилдин өзүнө тиешелүү жакшы жактары бар деп ойлойм, ошого баары жагат.

Ⓑ Dōngtiān yǒu shénme hǎo? Dōngtiān de bàofēng huì shǐ yíqiè biànde hěn lěng.
冬天 有 什么 好？冬天 的 暴风 会 使 一切 变得 很 冷。
Кыш мезгилинин кандай жакшы жагы бар? Кышында бороон болуп баары суук болот.

Ⓐ Dōngtiān xiàxuě de shíhou duō měi a, fángzi、mǎlù、shānluán, yíqiè dōu xiàng gàishàngle bái miánbèi, dàdì yípiàn xuěbái, xuěhuā zài tiānkōng zhōng fēiwǔ. Nà shì duōme měimiào de jǐngxiàng.
冬天 下雪 的 时候 多 美 啊，房子、马路、山峦，一切 都 像 盖上了 白 棉被，大地 一片 雪白，雪花 在 天空 中 飞舞。那 是 多么 美妙 的 景象。
Кышында кар жааганда, абдан кооз болуп, үйлөр, жолдор, тоолор айтоор бардык нерселер ак пакта менен жамынып жер бети ак түскө оролот. Карлардын учкундары асманда учуп, сонун бир көрүнүш болот ко.

Ⓑ Zhōuwéi kàn qǐlái yòu bái yòu piàoliang, quèshí hěn měi, dànshì tài lěng le.
周围 看 起来 又 白 又 漂亮，确实 很 美，但是 太 冷 了。
Айлана ары аппак ары көрктүү түскө кирип, чынында абдан кооз, бирок аябай суук болот.

Ⓐ　Xiàxuě shí kōngqì huì biàn qīngxīn. Nǐ bù xǐhuan dōngtiān de yùndòng ma? Bǐrú xuěqiāo、huábīng hé huáxuě.
下雪 时 空气 会 变 清新。你 不 喜欢 冬天 的 运动 吗？比如 雪橇、滑冰 和 滑雪。

Кар жааган кезде аба тазарат. Сен кышкы оюндарды жактырбайсыңбы? Чана, коньки, лыжа дегендей?

Ⓑ　Wǒ xǐhuan. Nǐ xǐhuan xiàtiān de shénme?
我 喜欢。你 喜欢 夏天 的 什么？

Жактырам. Сага жай мезгили эмнеси менен жагат?

Ⓐ　Wǒmen jīngcháng hé jiārén yìqǐ dùguò xiàtiān. Dào cǎoyuán qí mǎ, jiāowài páshān, hé lǐ yóuyǒng, xīnshǎng dàzìrán de měijǐng.
我们 经常 和 家人 一起 度过 夏天。到 草原 骑马，郊外 爬山，河里 游泳，欣赏 大自然 的 美景。

Биз үй бүлөбүз менен чогуу көбүнчө жайында эс алабыз. Жайлоодон ат минип, тоого чыгып, өзөндөрдө суу малтап, жаратылыштын кооздугунан үзүрлөнөбүз.

Ⓑ　Zhè jiùshì nǐ xǐhuan xiàtiān de yuányīn ma?
这 就是 你 喜欢 夏天 的 原因 吗？

Жайды жактырганыңдын себеби ушулбу?

Ⓐ　Bùzhǐ zhèxiē, hái yǒu qítā yuányīn, xiàtiān de shíhou zhèlǐ shèngchǎn xǔduō shuǐguǒ, xiàng xīguā、tiánguā zhè lèi de.
不止 这些，还 有 其他 原因，夏天 的 时候 这里 盛产 许多 水果，像 西瓜、甜瓜 这 类 的。

Ал эле эмес, жана башка себептер да бар, жайында бул жерде көптөгөн мөмө чөмөлөр өндүрүлөт, дарбыз коон дегендейлер.

Cānguǎn　Jiùcān
餐馆 就餐

РЕСТОРАНДА ТАМАКТАНУУ

① 餐位预订　ТАМАК ҮСТӨЛҮН БРОНДОО
② 点餐订餐　ТАМАККА БУЮРТМА БЕРҮҮ
③ 菜肴推荐　ТАМАКТАРДЫ СУНУШТОО
④ 品尝菜肴　ТАМАК ТАТУУ
⑤ 付款结账　АКЧА ТӨЛӨӨ

01 餐位 预订
Cānwèi Yùdìng
ТАМАК ҮСТӨЛҮН БРОНДОО

预订 餐位　ТАМАК ҮСТӨЛҮН БРОНДОО
Yùdìng Cānwèi

Ⓐ Nín hǎo, qǐngwèn yǒu shénme néng bāngzhù nín?
您 好，请问 有 什么 能 帮助 您？
Саламатсызбы, сизге кандай жардам керек?

Ⓑ Wǒ xiǎng yùdìng yí gè kàojìn yuèduì de bāojiān.
我 想 预订 一 个 靠近 乐队 的 包间。
Мен оркестрдин жанынан жеке бөлмөгө буюртма берейин дедим эле.

Ⓐ Wǒmen yǒu dà fángjiān hé xiǎo fángjiān, nín xūyào shénme fángjiān?
我们 有 大 房间 和 小 房间，您 需要 什么 房间？
Бизде чоң жана кичи бөлмөлөр бар. Сизге кандай бөлмө керек?

Ⓑ Wǒmen yígòng jiǔ gè rén. Nǐ juéde shénme fángjiān héshì?
我们 一共 九 个 人。你 觉得 什么 房间 合适？
Биз жалпы тогуз кишибиз. Сен кандай бөлмө ылайык деп ойлойсуң?

Ⓐ Nà wǒ wèi nín tuījiàn yí gè dà fángjiān, fángjiān kuānchǎng liángshuǎng.
那 我 为 您 推荐 一 个 大 房间，房间 宽敞 凉爽。
Анда сизге чоң бөлмөнү сунуштаймын. Бөлмөнүн ичи кенен жана салкын.

Ⓑ Fángjiān lǐ yàoshì yǒu kǎlā OK jiù hǎo le.
房间 里 要是 有 卡拉 OK 就 好 了。
Бөлмөдө караоке болсо эле болду.

Ⓐ Wǒmen měi ge fángjiān dōu yǒu yì tái kǎlā OK.
我们 每 个 房间 都 有 一 台 卡拉 OK。
Бизде ар бир бөлмөдө бирден караоке телевизору бар.

Ⓑ Wǒ hěn xǐhuan, máfan nǐ bāngmáng yùdìng yì jiān.
我 很 喜欢，麻烦 你 帮忙 预订 一 间。
Мага абдан жакты, бир бөлмөнү буюртма бергенге жардам бериңиз.

Ⓐ Hǎo de. Nín shénme shíhou guòlái ne?
好 的。您 什么 时候 过来 呢？
Жарайт, сиз качан келесиз?

Ⓑ Dàyuē wǎnshang qī diǎn.
大约 晚上 七 点。
Болжол менен кечки саат жетиде.

汉语　　吉语

Ⓐ
Duìbùqǐ, wǎnshang qī diǎn de suǒyǒu zuòwèi dōu bèi yùdìng le.
对不起，晚上七点的所有座位都被预订了。
Кечириңиз, саат жетиге баардык орундарга буюртма берилип болду.

Ⓑ
Nà kěyǐ yùdìng shénme shíjiān de ne?
那可以预订什么时间的呢？
Андай болсо кайсы убакытка буюртма берүүгө болот?

Ⓐ
Wǎnshang qī diǎn bàn yǒu bāojiān.
晚上七点半有包间。
Кечки саат жети жарымга жеке бөлмө бош.

Ⓑ
Hǎo de.
好的。
Болот.

Ⓐ
Qǐng liúxià nín de xìngmíng hé diànhuà.
请留下您的姓名和电话。
Аты-жөнүңүздү жана телефонуңузду калтырыңыз.

Ⓑ
Wǒ jiào Āshān, wǒ de diànhuà shì líng wǔ líng wǔ jiǔ èr líng wǔ sì bā. Wǒmen kěyǐ yùxiān diǎn cài ma?
我叫阿山，我的电话是０５０５９２０５４８。我们可以预先点菜吗？
Менин атым Асан, телефон номурум нөл беш жүз беш токсон эки нөл беш кырк сегиз. Биз алгач тамакка буюртма берсек болобу?

Ⓐ
Nín yào diǎn shénme yàng de cài? Wǒmen zhèlǐ shénme cài dōu yǒu, nín yě kěyǐ diǎn tèsècài.
您要点什么样的菜？我们这里什么菜都有，您也可以点特色菜。
Сиз кандай тамакка буюртма берет элеңиз? Бизде баардыгы бар, кааласаңыз өзгөчө тамактардан да алсаңыз болот.

Ⓑ
Xiān diǎn mǎròu, niúròutāng, Bāosuǒkè Yóubǐng, hái yǒu qīngdàn shālā. Zhèxiē cài gòu le. Nín néng gěi bāojiān zhuāngshì chéng shìhé guò shēngrì de yàngzi ma?
先点马肉、牛肉汤、包索克油饼，还有清淡沙拉。这些菜够了。您能给包间装饰成适合过生日的样子吗？
Алгач жылкынын эти, уй шорпосу, борсок, жана дагы салат сыяктуу жеңил тамактардан. Ушул тамактар жетет. Туулган күнгө ылайыкташтырып бөлмөнү кооздоп бере аласызбы?

Ⓐ
Wǒmen kěyǐ zhuāngshì, dànshì jiàgé huì bǐ píngcháng guì yìxiē.
我们可以装饰，但是价格会比平常贵一些。
Кооздой алабыз, бирок акчасы баштагыдан кымбатыраак болот.

Ⓑ
Kěyǐ.
可以。
Болот.

Ⓐ
Nà wǎnshang qī diǎn bàn nín dào qiántái bào nín de míngzi hé diànhuà jiù kěyǐ.
那晚上七点半您到前台报您的名字和电话就可以。
Анда кечки жети жарымда кабылдамага барып атыңызды жана телефон номериңизди берсеңиз эле болду.

电话 预订　ТЕЛЕФОН АРКЫЛУУ БУЮРТМА БЕРҮҮ
Diànhuà Yùdìng

A 您好，希尔顿饭店，有什么能帮助您的？
Nín hǎo, Xī'ěrdùn Fàndiàn, yǒu shénme néng bāngzhù nín de?
Салам, бул Хилтон ашканасы, сизге кандай жардам керек?

B 你好，我要预订一个八人桌。
Nǐ hǎo, wǒ yào yùdìng yí gè bārénzhuō.
Саламатсызбы, сегиз кишилик бир үстөлгө буюртма бермекчимин.

A 您想什么时候用餐？
Nín xiǎng shénme shíhou yòngcān?
Кайсы маалда тамактанасыздар?

B 我不确定具体时间，大约中午十二点吧。
Wǒ bú quèdìng jùtǐ shíjiān, dàyuē zhōngwǔ shí'èr diǎn ba.
Анык убагын айта албаймын, мүмкүн түшкү саат он экилерде болсо керек.

A 好的。您能留一下您的姓名和电话号码吗？
Hǎo de. Nín néng liú yíxià nín de xìngmíng hé diànhuà hàomǎ ma?
Макул, аты жөнүңүздү жана телефонуңузду калтырып коёсузбу?

B 你可以叫我丹尼亚尔，我的电话号码是０７７２８５１０７７。
Nǐ kěyǐ jiào wǒ Dānníyà'ěr, wǒ de diànhuà hàomǎ shì líng qī qī èr bā wǔ yī líng qī qī.
Мени Данияр деп чакырсаң болот, менин телефон номерим нөл жети жүз жетимиш эки сексен беш он жетимиш жети.

A 好的，这边帮您预订４０３号包间，还有其他要求吗，丹尼亚尔先生？
Hǎo de, zhè biān bāng nín yùdìng sì líng sān hào bāojiān, hái yǒu qítā yāoqiú ma, dānníyà'ěr xiānsheng?
Жарайт, мен сизге төрт жүз үч номерлүү жеке бөлмөнү брондоп коёюн, дагы башка кандай талаптарыңыз бар, Данияр мырза?

B 房间要装饰一下。
Fángjiān yào zhuāngshì yíxià.
Бөлмө жасалгалуу болуу керек.

A 您喜欢什么风格？
Nín xǐhuan shénme fēnggé?
Сизге кандай стилде жасалга жагат?

B 我们要庆祝生日，希望喜庆、舒适一些。
Wǒmen yào qìngzhù shēngrì, xīwàng xǐqìng、shūshì yìxiē.
Биз туулган күн белгилейбиз, маанайды көтөргөн жана жанга жай болсо дейм.

A 我们的房间有充满活力的鲜花，还有特别的生日装饰，我觉得您会喜欢的。
Wǒmen de fángjiān yǒu chōngmǎn huólì de xiānhuā, hái yǒu tèbié de shēngrì zhuāngshì, wǒ juéde nín huì xǐhuan de.
Биздин бөлмөлөр жандуу гүлдөр менен кооздолгон, туулган күнгө атайын жасалгалар да болот, сиздерге жагат деп ойлойм.

汉语　　吉语

Ⓑ 请 提前 十 分钟 打开 空调。
Qǐng tíqián shí fēnzhōng dǎkāi kōngtiáo.
Он мүнөт мурда кондиционер күйгүзүп коюулса.

Ⓐ 好 的。您 用 银行卡 支付 账单 吗？
Hǎo de. Nín yòng yínhángkǎ zhīfù zhàngdān ma?
Жарайт. Эсептик төлөөнү карта менен төлөйсүзбү?

Ⓑ 可以 用 现金 支付 吗？
Kěyǐ yòng xiànjīn zhīfù ma?
Накталай төлөсөм болобу?

Ⓐ 可以。您 还 有 其他 要求 吗？
Kěyǐ. Nín hái yǒu qítā yāoqiú ma?
Болот. Дагы башка талаптарыңыз барбы?

Ⓑ 没 有 了。谢谢。
Méiyǒu le. Xièxie.
Жок. Рахмат.

Ⓐ 好 的，先生，中午 见。
Hǎo de, xiānsheng, zhōngwǔ jiàn.
Макул, мырза түштө көрүшкөнчө.

Ⓑ 中午 见！
Zhōngwǔ jiàn!
Түштө көрүшкөнчө!

02 点餐 订餐 *Diǎncān Dìngcān*
ТАМАККА БУЮРТМА БЕРҮҮ

点餐 订餐 *Diǎncān Dìngcān* ТАМАККА БУЮРТМА БЕРҮҮ

汉语　　　吉语

Ⓐ 您 好，我 订了 十二 点 半 的 双人桌。
Nín hǎo, wǒ dìngle shí'èr diǎn bàn de shuāngrénzhuō.
Саламатсызбы, мен саат он эки жарымга эки кишилик столго буюртма берген элем.

Ⓑ 您 这 边 请。
Nín zhè biān qǐng.
Сиз бул жакка келиңиз.

Ⓐ 谢谢，能 给 我们 一 份 菜单 吗？
Xièxie, néng gěi wǒmen yí fèn càidān ma?
Рахмат, бизге менюну берип коёсузбу?

> Gěi nín càidān.
>
> Ⓑ 给您菜单。
>
> Мынакей меню.

> Āzhāmǎtè, wǒ yào chūqù liǎng fēnzhōng. Qǐng nǐ tì wǒ diǎncān ba.
>
> Ⓒ 阿扎马特，我要出去两分钟。请你替我点餐吧。
>
> Азамат, мен эки мүнөткө сыртка барып келишим керек. Мен үчүн да буюртма берип койчу, сураныч.

> Nǐ chī shénme?
>
> Ⓐ 你吃什么？
>
> Сен эмне жейсиң?

> Nǐ chī shénme wǒ yě chī shénme ba, dōu yíyàng. Wǒ mǎshàng jiù lái!
>
> Ⓒ 你吃什么我也吃什么吧，都一样。我马上就来！
>
> Сен эмне жесең, мага деле ошондой, баары окшош. Мен азыр келем!

> Hǎo de.
>
> Ⓐ 好的。
>
> Макул.

> Nín zhǔnbèi hǎo diǎncān le ma?
>
> Ⓑ 您准备好点餐了吗？
>
> Сиз тамакка буюртма бергенге даярсызбы?

> Qǐng gěi wǒ liǎng pán kǎoyángròu、liǎng fèn juǎnmiànbāo hé liǎng gè náng.
>
> Ⓐ 请给我两盘烤羊肉、两份卷面包和两个馕。
>
> Сураныч, мага эки табак куурдак койдун эти менен, эки табак оромо жана эки нан алып келсеңиз.

> Hǎo de, nín lái diǎnr chá ma?
>
> Ⓑ 好的，您来点儿茶吗？
>
> Макул. А сиз чай аласызбы?

> Lái yì hú chá.
>
> Ⓐ 来一壶茶。
>
> Бир чайнек чай алып келсеңиз.

> Nǎichá háishì zhuānchá?
>
> Ⓑ 奶茶还是砖茶？
>
> Сүт мененби же кара чайбы?

> Nǎichá, bù jiā táng. Xièxie.
>
> Ⓐ 奶茶，不加糖。谢谢。
>
> Сүт менен, канттын кереги жок. Рахмат.

> Hǎo de. Quèrèn yíxià nín de dìngdān: liǎng pán kǎoyángròu、liǎng fèn juǎnmiànbāo、liǎng gè náng hé yì hú nǎichá, duì bú duì?
>
> Ⓑ 好的。确认一下您的订单：两盘烤羊肉、两份卷面包、两个馕和一壶奶茶，对不对？
>
> Макул. Сиздин буюртмаңызды тактап койсок: эки табак куурдак, эки табак оромо, эки нан жана бир чайнек сүт чай, туурабы?

> Duì de. Zài lái liǎng wǎn tāng ba.
>
> Ⓐ 对的。再来两碗汤吧。
>
> Туура. Дагы эки чыны шорпо алып келесизби.

B　Nín yào shénme yàng de tāng?
　　您要什么样的汤?
　　Сиз кандай шорпо аласыз?

A　Bú dài ròu de niúròutāng.
　　不带肉的牛肉汤。
　　Эти жок, уй шорпосу болсо болот.

B　Hǎo de. Qǐng nín shāoděng.
　　好的。请您稍等。
　　Макул, сураныч бир аз күтө туруңуз.

A　Duìbùqǐ, nǐ kěyǐ zài gěi wǒ yì bēi kāfēi ma?
　　对不起,你可以再给我一杯咖啡吗?
　　Кечириңиз, анан дагы бир стакан кофе берип коёсузбу?

B　Hǎo de, wǒ xiànzài ná guòlái.
　　好的,我现在拿过来。
　　Макул. Азыр алып келип беремин.

Jiào Wàimài 叫外卖　БУЙРУТМА БОЮНЧА ЧАКЫРУУ

A　Nǐ hǎo, qǐngwèn shì kuàicāndiàn ma?
　　你好,请问是快餐店吗?
　　Саламатсызбы. Бул тез татым ресторанкбы?

B　Shìde, yǒu shénme néng bāng nín de ma?
　　是的,有什么能帮您的吗?
　　Ооба, сизге кандай жардам керек?

汉语　吉语

A　Wǒ xiǎng diǎn yìxiē bǐsà hé shǔtiáo.
　　我想点一些比萨和薯条。
　　Мага пицца менен картошка фри керек.

B　Nín xiǎng yào nǎ zhǒng bǐsà hé shǔtiáo?
　　您想要哪种比萨和薯条?
　　Кандай пицца менен картошка фри керек?

A　Wǒ xiǎng yào chāodàxíng bǐsà, shàngmiàn shénme dōu yǒu.
　　我想要超大型比萨,上面什么都有。
　　Мага чоң пицца керек, үстүндө бардык нерсеси бар.

B　Shǔtiáo ne?
　　薯条呢?
　　Картошка фричи?

A　Wǒ yào wǔ fèn biāozhǔn róngliàng de shǔtiáo.
　　我要五份标准容量的薯条。
　　Мага беш куту стандарттуу картошка фри керек.

B
Dà hézi háishì xiǎo hézi?
大 盒子 还是 小 盒子？
Чоң куту же кичине кутубу?

A
Xiǎo de.
小 的。
Кичине.

B
Hái yǒu bié de xūyào ma?
还 有 别 的 需要 吗？
Дагы эмне каалайсыз?

A
Yǒu hànbǎo ma?
有 汉堡 吗？
Сизде гамбургерлер барбы?

B
Yǒu, bìngqiě wǒmen xiànzài yǒu yōuhuì huódòng, hànbǎo mǎi èr zèng yī.
有，并且 我们 现在 有 优惠 活动，汉堡 买 二 赠 一。
Бар, азыр бизде акция жүрүп жатат. Эки гамбургер алсаңыз үчүнчүсү бекер.

A
Nà lái sì gè hànbǎo.
那 来 四 个 汉堡。
Анда мен төрт гамбургер алайын.

B
Jīròu de háishì niúròu de?
鸡肉 的 还是 牛肉 的？
Тооктун эти мененби же уйдун эти мененби?

A
Jīròu de.
鸡肉 的。
Тооктун эти менен.

B
Hǎo de. Nín diǎnle sì gè hànbǎobāo, huódòng zèng nín liǎng gè, yígòng liù gè hànbǎobāo, kěyǐ ma?
好 的。您 点了 四 个 汉堡包，活动 赠 您 两 个，一共 六 个 汉堡包，可以 吗？
Сиз төрт гамбургерге буюртма бердиңиз, биз сизге алты гамбургер беребиз. Болобу?

A
Kěyǐ.
可以。
Болот.

B
Hái yǒu bié de xūyào ma?
还 有 别 的 需要 吗？
Дагы бир нерсе каалайсызбы?

A
Jiù zhèxiē, xièxie.
就 这些，谢谢。
Болду ушул эле, рахмат.

B
Hǎo de. Qǐng nín tígōng yíxià sòng cān dìzhǐ hé diànhuà.
好 的。请 您 提供 一下 送 餐 地址 和 电话。
Макул, сураныч жеткирүү дарегиңизди жана телефон номериңизди берсеңиз.

A
Huángshān Qū Èrhào Jiē Wǔhào Gōngyù, diànhuà shì líng wǔ líng wǔ jiǔ èr líng wǔ sì bā.
黄山 区 二号 街 五号 公寓，电话 是 0505920548。
Макул. Сары-Тоонун экинчи номерлүү көчөсүнүн бешинчи квартирасы, телефон номерим 0505920548.

B 　Hǎo de.　Yùjì　èrshí　fēnzhōng zuǒyòu sòngdào.
好 的。预计 二十 分钟 左右 送到。

Жакшы, жыйырма мүнөттүн ичинде жеткирип берем.

A 　Xièxie!
谢谢！

Рахмат!

03 　Càiyáo　Tuījiàn
菜肴 推荐
ТАМАКТАРДЫ СУНУШТОО

Tuījiàn　Tèsècài
推荐 特色菜　ӨЗГӨЧӨ ТАМАКТАРДЫ СУНУШТОО

A 　Yǒu shénme néng bāng nín de ma?
有 什么 能 帮 您 的 吗？

Сизге кандай жардам керек?

B 　Nǐmen fàndiàn yǒu nǎxiē　tèsècài?　Nǐ néng gěi wǒ tuījiàn yíxià ma?
你们 饭店 有 哪些 特色菜？你 能 给 我 推荐 一下 吗？

Силердин ресторанда кандай өзгөчө даамдар бар, мага сунуш бере аласыңбы?

A 　Wǒmen diàn de zhāopáicài shì kǎoyángròu,　nà shì wǒmen diàn dāpèi xiāngliào tèzhì de tèsècài.　Gùkè fǎnkuì hěn búcuò.
我们 店 的 招牌菜 是 烤羊肉，那 是 我们 店 搭配 香料 特制 的 特色菜。顾客 反馈 很 不错。

Биздин ресторандын негизги тамагы куурулган кой эти, ал жыттуу татытмалар менен жасалган ашканабыздын өзгөчө тамагы. Кардарлардын пикири абдан жакшы.

B 　Yǒu méiyǒu　Jí'ěrjísī　mínzúcài?
有 没有 吉尔吉斯 民族菜？

Кыргыздын улуттук тамактарынан барбы?

A 　Yǒu, yǒu yì zhǒng tèsècài jiào Jiābōyīrèkè,　yìsi shì Gōngshènfàn.
有，有 一 种 特色菜 叫 加波衣热克，意思 是 弓肾饭。

Бар, Жаа бөйрөк деген атайын тамак бар.

B 　Zhège míngzì tīng qǐlái búcuò,　nà shì shénme fàn?
这个 名字 听 起来 不错，那 是 什么 饭？

Аты жакшы угулат экен. Ал кандай тамак?

A 　Tā shì yòng yánggāoròu hé yánggāoshèn zuò chūlái de.
它 是 用 羊羔肉 和 羊羔肾 做 出来 的。

Ал жаш козунун бөйрөктөрү жана эттери менен жасалат.

B Jiāshàng yánggāoròu, tài duō le ba?
加上 羊羔肉，太 多 了 吧？
Козунун этин кошсок көп болуп калат го?

A Yě kěyǐ yòng huǒjīròu zuò tóngyàng de cài.
也可以 用 火鸡肉 做 同样 的 菜。
Кааласаңыз ошол эле тамакты үндүктүн эти менен жасап бере алабыз.

B Wèidào zěnmeyàng?
味道 怎么样？
Даамы кандай?

A Gùkè fǎnkuì wèidào hěn hǎo. Rúguǒ nín xiǎng chī là de, wǒmen gěi nín zuò là de, rúguǒ nín yào bú là de,
顾客 反馈 味道 很 好。如果 您 想 吃辣 的，我们 给 您 做 辣 的，如果 您 要 不 辣 的，
wǒmen kěyǐ zuò bú là de.
我们 可以 做 不 辣 的。
Кардарлар даамы өтө жакшы деп пикир айтышат. Эгер сиз ачуу жегиңиз келсе, ачуу кылып жасап беребиз, каалабасаңыз ачуусун кошпой да жасап беребиз.

B Duōshao qián?
多少 钱？
Баасы канча?

A Qībǎi suǒmǔ.
七百 索姆。
Жети жүз сом болот.

B Hǎo de, nà jiù ràng wǒ shìshi nàge huǒjī de Jiābōyīrèkè ba.
好 的，那 就 让 我 试试 那个 火鸡 的 加波衣热克 吧。
Жарайт. Анда мен ошол "Жаа бөйрөктү" татып көрөйүн.

A Nín hái xiǎng yào bié de ma?
您还 想 要 别 的 吗？
Дагы башка бир нерсе каалайсызбы?

B Lái diǎnr shénme jiǔshuǐ ne?
来 点儿 什么 酒水 呢？
Ичкенге эмне суусундук алсак болоор?

A Rúguǒ nǐ yào mínzú yǐnliào, wǒmen zhèlǐ yǒu tèzhì mǎnǎizi, qīngkējiǔ, suānnǎitāng.
如果 你 要 民族 饮料，我们 这里 有 特制 马奶子、青稞酒、 酸奶汤 。
Кыргыз улуттук суусундуктарынан десеңиз, биздин бул жерде өзгөчө бал кымыз жана жарма, чалап бар.

B Nǐ gěi wǒmen ná pǔtōng de zhuānchá jiù kěyǐ le.
你给 我们 拿 普通 的 砖茶 就 可以 了。
Бизге кадимки эле кара чай алып келсеңиз болот.

A Hǎo de, xiānsheng, nín de cài èrshí fēnzhōng jiù hǎo.
好 的， 先生 ， 您 的 菜 二十 分钟 就 好。
Макул, мырза, сиздин тамагыңыз жыйырма мүнөттө даяр болот.

菜肴 推荐　ЖАКШЫ ТАМАКТАРДЫ СУНУШТОО

A Nín xiànzài diǎncài ma?
您 现在 点菜 吗？
Сиз азыр буюртма бересизби?

B Shì de, nǐ yǒu shénme tuījiàn de cài?
是的，你 有 什么 推荐 的 菜？
Ооба, мага кайсы тамактарды сунуштайсыз?

A Tuījiàn nín chángchang wúgǔ yángpái. Wèidào búcuò.
推荐 您 尝尝 无骨 羊排。味道 不错。
Койдун сөөксүз кабырга этин сунуштайм. Татып көрүңүз, даамы жаман эмес.

B Hǎo de, wǒ jiù diǎn nǐ tuījiàn de cài.
好的，我 就 点 你 推荐 的 菜。
Жарайт, мен ошол сен сунуштаган тамакка буйрутма берейин.

A Yángpái yào jǐ fēn shú?
羊排 要 几 分 熟？
Кой кабыргасы канчалык бышкан болсун?

B Wǔ fēn shú, xièxie.
五 分 熟，谢谢。
Бештен бири бышкан болсун. Ыракмат.

A Hǎo de. Xiānsheng nín ne? Nín xūyào shénme?
好 的。先生 您 呢？您 需要 什么？
Макул. А сизгечи мырза кандай тамак алып келейин? Сизге эмне керек?

C Qǐng gěi wǒ tuījiàn yíxià bù chǎo de, hǎochī de cài.
请 给 我 推荐 一下 不 炒 的，好吃 的 菜。
Сураныч мага куурулбаган, жакшы тамактарыңардан айтсаңыз...

A Rúguǒ nín yào bù chǎo de cài, wǒ gěi nín tuījiàn Gǔlìquètàifàn.
如果 您 要 不 炒 的 菜，我 给 您 推荐 古力阙泰饭。
Куурулбаган болсо, анда сизге «Гүлчөтайды» сунуштайт элем.

C Zhè shì shénme yàng de càipǐn?
这 是 什么 样 的 菜品？
Ал кандай тамак?

A Tā yǒu ròu, dàn bú shì yóu zhá de, tā shì tōngguò jiārù shuǐ zhǔ miàntuán zhì chéng de.
它 有 肉，但 不 是 油炸 的，它 是 通过 加入 水 煮 面团 制 成 的。
Анын эти бар, бирок куурулган эмес, сууга бышырылган камыр кошулуп жасалат.

C Wèidào zěnmeyàng?
味道 怎么样？
Даамы кандай?

A Wèidào hěn hǎo, zhǔchú zìjǐ zuò de.
味道 很 好, 主厨 自己 做 的。
Даамы эң сонун, башкы аш позчу өзү жасап берет.

B Wǒmen hē shénme?
我们 喝 什么?
Биз эмне ичсек болот?

A Nín kěyǐ yào jiā tāng de.
您 可以 要 加 汤 的。
Шорпосун кошуп алсаңыз болот.

C Nà wǒmen jiù diǎn zhège ba.
那 我们 就 点 这个 吧。
Анда биз ушуну алалы.

A Hǎo de. Nín xiān hē diǎnr chá, shāoděng yíhuìr.
好 的。您 先 喝 点儿 茶, 稍等 一会儿。
Макул. Сиз чай ичип азыраак күтө туруңуз.

B Nà xiān gěi wǒmen ná yíxià Bāosuǒkè Yóubǐng hé chá ba.
那 先 给 我们 拿 一下 包索克 油饼 和 茶 吧。
Анда бизге боорсок менен чай алып келе туруңуз.

A Shénme yàng de chá?
什么 样 的 茶?
Чай кандай болсун?

B Nǎichá.
奶茶。
Сүт чай болсун.

A Hǎo, shāoděng yíxià.
好, 稍等 一下。
Макул. Күтө туруңуз.

04 品尝 菜肴
Pǐncháng Càiyáo
TAMAK TATUU

<u>品尝 菜肴</u> TAMAK TATUU
Pǐncháng Càiyáo

A 先生，这是您点的餐，请慢用。
Xiānsheng, zhè shì nín diǎn de cān, qǐng màn yòng.
Мырза, бул сиздин тамагыңыз, шашпай жеңиз.

B 谢谢。
Xièxie.
Ыракмат.

C 你点了什么？
Nǐ diǎnle shénme?
Сен кандай тамакка буюртма бердиң?

B 饺子。
Jiǎozi.
Чүчпара.

C 味道怎么样？
Wèidào zěnmeyàng?
Даамы кандай экен?

B 皮儿薄馅儿大，好吃！你的菜怎么样？
Pír báo xiànr dà, hǎochī! Nǐ de cài zěnmeyàng?
Камыры жука, түймөчү чоң жана даамдуу болуптур! Сенин тамагың кандай экен?

C 有点儿辣，你知道的，我忍受不了辣的东西。
Yǒu diǎnr là, nǐ zhīdào de, wǒ rěnshòu bù liǎo là de dōngxī.
Бираз ачуу, билесиң го, мен ачуу нерсеге чыдай албаймын.

B 如果你吃不了辣的，那就点别的吧。
Rúguǒ nǐ chī bù liǎo là de, nà jiù diǎn bié de ba.
Жей албай жатсаң, анда башка тамакка буюртма бер.

C 好吧，我再点别的菜。
Hǎo ba, wǒ zài diǎn bié de cài.
Макул, башка тамак алайын.

B 你要了什么？
Nǐ yàole shénme?
Эмне тамак алдың?

C: Wǒ diǎnle chǎofàn, fēicháng hǎochī. Nǐ yě chángchang.
我 点了 炒饭， 非常 好吃。你 也 尝尝 。
Куурулган күрүч алдым, абдан даамдуу экен. Сен дагы татып көрсөң.

B: Zhēn de hěn hǎochī.
真 的 很 好吃。
Чын эле абдан даамдуу экен.

A: Zhè shì wǒ māma zuò de měiwèi dàngāo, nǐ chángchang.
这 是 我 妈妈 做 的 美味 蛋糕， 你 尝尝 。
Бул апам жасаган даамдуу торт. Сен татып көрсөң.

B: Fēicháng hǎochī, tā zěnme zuòde zhème hǎochī?
非常 好吃， 她 怎么 做得 这么 好吃？
Абдан даамдуу экен. Кантип мынча даамдуу кылып жасаган?

A: Yòng niúnǎi huómiàn, zhōngjiān jiā nǎilào zuò chūlái de.
用 牛奶 和面， 中间 加奶酪 做 出来 的。
Сүткө жууруп, ортосуна быштак кошуп жасаган.

B: Nǐ yě huì zuòfàn ma?
你 也 会 做饭 吗？
Сен дагы тамак жасаганды билесиңби?

A: Shìde, wǒ māma jiāo wǒ zuò hěn duō zhǒng fàn.
是的， 我 妈妈 教 我 做 很 多 种 饭。
Ооба, апам көп тамактардын түрүн жасаганды үйрөткөн.

B: Nǐ zhēn bàng! Nǐ néng jiāo wǒ zuòfàn ma?
你 真 棒！ 你 能 教 我 做饭 吗？
Сен азаматсың! Сен мага да тамак жасаганды үйрөтө аласыңбы?

A: Dāngrán kěyǐ. Yǒukòngr de shíhou wǒ jiāo nǐ. Zài chángchang nǎipízi.
当然 可以。 有空儿 的 时候 我 教 你。 再 尝尝 奶皮子。
Албетте. Убактым болгондо мен сага үйрөтөм. Каймактан дагы даамдап көрчү.

B: Hái búcuò, jiùshì yǒu diǎnr yóunì.
还 不错， 就是 有 点儿 油腻。
Жаман эмес, бир аз майлуу.

A: Hé náng yìqǐ chī, jiù méi nàme yóunì le.
和 馕 一起 吃， 就 没 那么 油腻 了。
Сен аны нанга кошуп жесең анчалык майлуу болбойт.

B: Ng, zhēn de hěn hǎochī.
嗯， 真 的 很 好吃。
Ии, чын эле даамдуу экен.

享受 美食   ДААМДУУ ТАМАКТАРДАН ЫРАХАТТАНУУ

Ⓐ Qǐng suíbiàn chī, jīntiān wǒ qǐngkè.
请 随便 吃，今天 我 请客。
Каалаганча жеңиз, бүгүн мен коноктойм.

Ⓑ Hǎo de, xièxie.
好 的，谢谢。
Макул, ыракмат.

Ⓐ Zhège niúpái wèidào tài hǎo le, nǐ yào chángchang ma?
这个 牛排 味道 太 好 了，你 要 尝尝 吗？
Бул уй этинин даамы абдан жакты. Даамдап көрөсүңбү?

Ⓑ Hǎo de. Tā cháng qǐlái xīnxiān nènhuá, jiàngzhī hěn là, hěn duì wǒ de wèikǒu.
好 的。它 尝 起来 新鲜 嫩滑，酱汁 很 辣，很 对 我 的 胃口。
Макул. Ал жаңы жана жумшак экен! Ширеси өтө ачуу, бул даам менин каалоомо дал келди.

Ⓐ Shì de, rúguǒ yǒu mǎnǎizi dehuà wèidào huì gèng hǎo.
是的，如果 有 马奶子 的话 味道 会 更 好。
Ооба, кымыз болсо анда андан бетер жакшы болмок экен.

Ⓑ Ng. Nǐ chángchang zhè dào cài.
嗯。你 尝尝 这 道 菜。
Ии. Сен бул тамакты даамдап көр.

Ⓐ Zhè shì shénme cài?
这 是 什么 菜？
Бул эмне тамак?

Ⓑ Kǎoyú.
烤鱼。
Куурулган балык.

Ⓐ Wén qǐlái hěn xiāng, wǒ chángchang.
闻 起来 很 香，我 尝尝。
Жыты жакшы экен, мен даамдап көрөйүн.

Ⓑ Zěnmeyàng?
怎么样？
Кандай экен?

Ⓐ Wèidào búcuò. Wǒ hěn xǐhuan.
味道 不错。我 很 喜欢。
Даамы жаман эмес, мага жакты.

Ⓐ Zhège Bèi'ěrméití zuò de tāng zěnmeyàng?
这个 贝尔梅提 做 的 汤 怎么样？
Бул Бермет жасаган шорпо, кандай экен?

B
Tāng shì hóngsè de ò.
汤 是 红色 的 哦。
Шорпонун өңү кызыл го.

A
Wǒ jiāle tiáncài zuòle zhè dào tāng.
我 加了 甜菜 做了 这 道 汤。
Мен бул шорпого кызылча кошуп жасагам.

B
Xiāngwèi zhème nóng, yídìng hěn hǎochī ba?
香味 这么 浓, 一定 很 好吃 吧?
Жыты да буркурайт, бул сөзсүз даамдуу болуш керек?

A
Nǐ chángchang kàn.
你 尝尝 看。
Даамдап көрбөйсүңбү?

B
Ng, wèidào búcuò.
嗯, 味道 不错。
Ммм, даамы жаман эмес.

A
Wǒ lái chángchang, wǒ dì-yī cì zuò zhège, zhēn de búcuò.
我 来 尝尝, 我 第一 次 做 这个, 真 的 不错。
Кана мен даамдап көрөйүн, биринчи жолу жасашым, чын эле сонун экен.

B
Shìde, dōu hěn hǎochī.
是的, 都 很 好吃。
Ооба, баары жакшы болуптур.

B
Zhè dùn fàn tài hǎochī le, xièxie nǐ dài wǒ lái zhèr.
这 顿 饭 太 好吃 了, 谢谢 你 带 我 来 这儿。
Бул жолку тамак абдан жакты мага, бул жерге алып келгениңе ыраазычылык.

A
Nǐ míngtiān zài lái.
你 明天 再 来。
Сен эртең дагы кел.

B
Wèishénme?
为什么?
Эмне үчүн?

A
Míngtiān wǒmen hái huì zuò hěn hǎochī de dōngxi, rúguǒ nǐ xiǎng xué, wǒmen jiāo nǐ zuòfàn.
明天 我们 还 会 做 很 好吃 的 东西, 如果 你 想 学, 我们 教 你 做饭。
Эртең дагы биз даамдуу тамактардан жасайлы, эгер сен үйрөнгөндү кааласаң биз сага үйрөтөбүз.

B
Hǎo de, nà míngtiān jiàn!
好 的, 那 明天 见!
Жарайт. Анда эртең көрүшкөнчө!

05 付款 结账
Fùkuǎn Jiézhàng
АКЧА ТӨЛӨӨ

饭店 结账　РЕСТОРАНДА АКЧА ТӨЛӨӨ
Fàndiàn Jiézhàng

A 有什么能帮您，先生？
Yǒu shénme néng bāng nín, xiānsheng?
Сизге кандай жардам керек, мырза?

B 我现在要买单。
Wǒ xiànzài yào mǎidān.
Мен азыр акча төлөйүн.

A 一共五千索姆，先生。
Yígòng wǔqiān suǒmǔ, xiānsheng.
Жалпы беш миң сом болуптур, мырза.

B 好的，刷卡可以吗？
Hǎo de, shuākǎ kěyǐ ma?
Жарайт, кредит карта менен төлөсөм болобу?

A 当然可以。抱歉，这张卡余额不足。
Dāngrán kěyǐ. Bàoqiàn, zhè zhāng kǎ yú'é bùzú.
Албетте болот, кечиресиз, бул картада каражат жетишсиз.

B 哦？那换这张卡吧。
Ò? Nà huàn zhè zhāng kǎ ba.
Оо Анда бул картага алмаштырайын.

A 好的。
Hǎo de.
Жарайт.

B 这张卡的余额够吗？
Zhè zhāng kǎ de yú'é gòu ma?
Бул картада каражат жетиштүүбү?

A 够了。
Gòu le.
Жетиштүү.

B 那就好。
Nà jiù hǎo.
Жакшы болду.

A
Xūyào fāpiào ma?
需要 发票 吗？
Чек керекпи?

B
Bù xūyào.
不 需要。
Кереги жок.

A
Qǐng zài zhèlǐ qiān nín de míngzi.
请 在 这里 签 您 的 名字。
Бул жерге атыңызды жазыңыз.

B
Zhèyàng kěyǐ ma?
这样 可以 吗？
Мындай болсо болобу?

A
Kěyǐ. Zhù nín tiāntiān yúkuài.
可以。祝 您 天天 愉快。
Болот, ар бир күнүңүз көңүлдүү өтсүн.

Mǎidān
买单　АКЧА ТӨЛӨӨ

A
Fúwùyuán, mǎidān.
服务员，买单。
Тейлөөчү, төлөмдү кабыл алып коюңуз.

B
Xiānsheng, nǐmen yìqǐ fù háishì fēnkāi fù?
先生，你们 一起 付 还是 分开 付？
Мырза, чогуу төлөйсүздөрбү же өз-өзүнчө төлөйсүзбү?

A
Yìqǐ fù.
一起 付。
чогуу эле төлөйбүз.

C
Gè fù gè de ba, A A gèng hǎo.
各 付 各 的 吧，A A 更 好。
Өз-өзүбүзгө төлөйлү, өз-өзүнүкүн төлөө жакшыраак.

A
Bùxíng, jīntiān wǒ qǐngkè.
不行，今天 我 请客。
Болбойт, бүгүн мен коноктоюн.

C
O, xièxie, nà xià cì wǒ qǐng nǐ.
哦，谢谢，那 下次 我 请 你。
Ээ, ыракмат! Анда эмкисинде мен коноктоюн.

A
Hǎo de.
好 的。
Болуптур.

汉语　吉语

B 这是您的消费账单。您一共消费了 1070 索姆，用信用卡支付还是现金支付？
Сизге берейин. Бул сиздин эсебиңиз. Жалпы бир миң жетимиш сом болуптур, мырза. Кредит карта менен төлөйсүзбү же накталайбы?

A 用信用卡支付。
Кредит карта менен төлөйм.

B 对不起，您的卡锁住了。
Кечиресиз, картаңыз бекилип калыптыр.

A 那就用现金吧。
Анда нак акча эле төлөй салайын.

B 好的。这是您的找零。
Жарайт, бул сиздин ашкан акчаңыз.

A 谢谢。
Рахмат.

B 欢迎下次光临。
Келип туруңуз.

休闲 娱乐
Xiūxián Yúlè

ЭС АЛУУ, КӨҢҮЛ АЧУУ

01	电影世界	КӨРКӨМ ТАСМА ДҮЙНӨСҮ
02	游乐场	КӨҢҮЛ АЧУУ БОРБОРУ
03	休闲畅饮	ЭС АЛУУ, СУУСУНДУКТАН РАХАТ АЛУУ
04	美容化妆	СУЛУУЛУК МАКИЯЖЫ
05	狂欢与派对	КУБАНЫЧКА БӨЛӨНҮҮ ЖАНА ВЕЧЕРИНКА
06	野外露营	ТАЛААДА ТҮНӨӨ
07	叼羊游戏	КӨК БӨРҮ ОЮНУ

01 电影 世界
KӨRKӨM TACMA ДҮЙНӨСҮ

去 看 电影   TACMA KӨRGӨNY БАРУУ

Ⓐ Wǒ jīnwǎn yào qù kàn diànyǐng, yào bú yào yìqǐ qù?
我 今晚 要 去 看 电影，要 不 要 一起 去？
Бүгүн кечинде тасма көргөнү барам, кошо барасыңбы?

Ⓑ Tīng qǐlái búcuò! Nǐ yào kàn nǎ bù piānzi?
听 起来 不错！你 要 看 哪 部 片子？
Жакшы сунуш экен, кайсы тасманы көрмөксүң?

Ⓐ Diànyǐng 《Lánláng》.
电影 《蓝狼》。
«Көк бөрү» деген тасманы.

Ⓑ Wǒ zhèng yào qù kàn nà bù diànyǐng.
我 正 要 去看 那 部 电影。
Мен ал фильмди көрөйүн деп жүрдүм эле.

Ⓐ Wǒ tīngshuō zhè shì yí bù fēicháng yǒuqù de diànyǐng, shì zhùmíng yǎnyuán yǎn de.
我 听说 这 是 一 部 非常 有趣 的 电影，是 著名 演员 演 的。
Угушума караганда бул тасма өтө кызыктуу экен. Белгилүү актёрлор катышыптыр.

Ⓑ Kàn zhè bù diànyǐng de rén hái tǐng duō de, tā yídìng hěn yǒuqù.
看 这 部 电影 的 人 还 挺 多 的，它 一定 很 有趣。
Ал фильмди көргөнү барган адамдар да көп экен. Кызыктуу болсо керек.

Ⓐ Rúguǒ hěn duō rén xǐhuan kàn, nàme wǒ xiǎng wǒmen yě huì xǐhuan.
如果 很 多 人 喜欢 看，那么 我 想 我们 也 会 喜欢。
Көп адамга жакса бизге да жагат деген ойдомун.

Ⓑ Nǐ xǐhuan shénme yàng de diànyǐng?
你 喜欢 什么 样 的 电影？
А сага кандай тасмалар жагат?

Ⓐ Wǒ tōngcháng xǐhuan kàn lìshǐ tícái diànyǐng, nǐ ne?
我 通常 喜欢 看 历史 题材 电影，你 呢？
Мага көбүнчө тарыхый тасмалар жагат. А сагачы?

Ⓑ Wǒ yě xǐhuan lìshǐpiàn, dàn wǒ tōngcháng kàn xǐjùpiàn.
我 也 喜欢 历史片，但 我 通常 看 喜剧片。
Мага дагы тарыхый тасмалар жагат, бирок көбүнчө тамашалуу фильмдерди жактырам.

汉语   吉语

A Jīntiān xiān kàn zhè bù diànyǐng, xià cì wǒmen qù kàn nǐ xǐhuan de gǎoxiào diànyǐng ba?
今天先看这部电影，下次我们去看你喜欢的搞笑电影吧？
Бүгүн бул тасманы көрөлү, эмкиде сага жаккан тамашалуу тасманы көргөнү баралы э?

B Hǎo de. Zhè bù yǐngpiàn zhǐ yǒu wǒmen liǎ qù kàn háishì nǐ yǒu péngyou yě qù kàn?
好的。这部影片只有我们俩去看还是你有朋友也去看？
Жарайт. Биз экөөбүз гана көргөнү барабызбы же сенин досторуң да барабы?

A Wǒ de liǎng gè péngyou dōu qù. Tāmen shuō wǒmen zài diànyǐngyuàn jiànmiàn.
我的两个朋友都去。他们说我们在电影院见面。
Менин эки курбум да барат. Алар кинотеатр жактан кезигели дешти.

B Wǒmen yào qù nǎge diànyǐngyuàn?
我们要去哪个电影院？
Кайсы кинотеатрга барабыз?

A Mǎnàsī diànyǐngyuàn.
玛纳斯电影院。
Манас кинотеатрына барабыз.

B Diànyǐng shénme shíhou kāishǐ?
电影什么时候开始？
Тасма саат канчада башталат?

A Qī diǎn bàn yì chǎng, jiǔ diǎn yì chǎng.
七点半一场，九点一场。
Бири жети жарымда, бири тогузда.

B Jiǔ diǎn tài wǎn le, zánmen qù kàn qī diǎn bàn de ba.
九点太晚了，咱们去看七点半的吧。
Саат тогузда өтө эле кеч болуп кетет экен. Жети жарымга баралы.

A Méi wèntí, wǒmen qī diǎn chūfā.
没问题，我们七点出发。
Маселе эмес, биз жетиде жолго чыгалы.

B Hǎo de! Nà wǒ qī diǎn lái nǐ zhèlǐ.
好的！那我七点来你这里。
Жарайт. Анда сага жетиде келем.

A Búyào chídào!
不要迟到！
Кечигип калба!

B Hǎo de, yíhuìr jiàn.
好的，一会儿见。
Жарайт, бир аздан соң жолугалы.

谈论 影片　ТАСМА ЖӨНҮНДӨ АҢГЕМЕЛЕШҮҮ
Tánlùn Yǐngpiàn

Ⓐ Nǐ kànguò Àibiékè·Dáyī'ěrbiékèfū de xīn diànyǐng ma?
你 看过 艾别克·达伊尔别克夫 的 新 电影 吗？
Айбек Дайырбековтун жаңы тасмасын көрдүңбү?

Ⓑ Nǐ shuō de shì nǎ bù diànyǐng?
你 说 的 是 哪 部 电影？
Кайсы тасмасын айтып жатасың?

Ⓐ 《Shù zhī Gē》, wǒ gēn Sàizīmǔ zuówǎn kàn le.
《树 之 歌》，我 跟 塞兹姆 昨晚 看 了。
«Дарак ыры», кечээ кечинде Сезим экөөбүз көрүп келдик.

Ⓑ Wǒ hái méiyǒu kànguò. Wǒ kànguò 《Liǎng Gè Yīngxióng》, nà shì yí bù hǎo diànyǐng.
我 还 没有 看过。我 看过 《两 个 英雄》，那 是 一 部 好 电影。
Аны көрө элекмин. «Эки баатыр» дегенди көргөнмүн. Жакшы тасма.

Ⓐ Yǐngpiàn zhōng de Àomù'ěrbèikè fēicháng lìhai.
影片 中 的 奥穆尔贝克 非常 厉害。
Тасмадагы Өмүрбек абдан кыйын экен.

Ⓑ Zhēn de ma? Wèishénme zhèyàng shuō? Tā méi nàme hǎo ya.
真 的 吗？为什么 这样 说？他 没 那么 好 呀。
Чын элеби? Кандайча? Ал анча деле жакшы эмес го.

Ⓐ Dàn tā què xiǎnde yǔzhòngbùtóng, tā yǎnde hěn hǎo.
但 他 却 显得 与众不同，他 演得 很 好。
Бирок ал өтө башкача, ал ролду жакшы ойнойт.

Ⓑ Nǐ zhème xǐhuan tā, zhēnshì qíguài. Nǐmen nǚháir tōngcháng xǐhuan shuàigē.
你 这么 喜欢 他，真是 奇怪。你们 女孩儿 通常 喜欢 帅哥。
Аны мынчалык жактырганың кызык. Кыздар көбүнчө эркек актёрлорду жактырат экенсиңер.

Ⓐ Yě bù néng nàme shuō, wǒ xǐhuan yǎnyuán bù zhǐshì yīnwèi tāmen zhǎngde hěn shuài.
也 不 能 那么 说，我 喜欢 演员 不 只是 因为 他们 长得 很 帅。
Баарын антип айтууга болбойт. Мен актёрлорду келишкен болгондугу үчүн гана жактыра бербейм.

Ⓑ Nà nǐ wèishénme xǐhuan tāmen ne?
那 你 为什么 喜欢 他们 呢？
Анан эмнеге жактырасың?

Ⓐ Dāngrán, kàn tiānfù, yě kàn yǎnjì.
当然，看 天赋，也 看 演技。
Албетте талантына, аткара билүү жөндөмүнө.

Ⓑ Bié shuō tā le, nǐ kànguò 《Ālái Nǚwáng Kù'ěrmànjiāng》 zhè bù diànyǐng ma?
别 说 他 了，你 看过 《阿莱 女王 库尔曼江》这 部 电影 吗？
Аны кой, «Курманжан Датка» тасмасын көрдүңбү?

A Kànguò, zhè shì yí bù fēicháng chūsè de diànyǐng.
看过，这是一部 非常 出色 的 电影。
Көргөнмүн, ал абдан мыкты тасма.

B Wǒ tèbié xǐhuan Kù'ěrmànjiāng qízhe mǎ cóng xuányá tiàojìn hé lǐ de nà yí piànduàn.
我 特别 喜欢 库尔曼江 骑着 马 从 悬崖 跳进 河里 的 那一 片段。
Мага өзгөчө Курманжан Датканын ат менен жардан секирген эпизоду жагат.

A Duì wǒ lái shuō, Kù'ěrmànjiāng de quàngào hé nàixīn gěi wǒ liúxiàle shēnkè de yìnxiàng.
对 我 来 说， 库尔曼江 的 劝告 和 耐心 给 我 留下了 深刻 的 印象。
Мен үчүн, Курманжан Датканын насаат айткан жери жана сабырдуулугу абдан таасир берди.

B Shìde, yǎnyuán men yě yǎnde hěn chūsè.
是的，演员 们 也 演得 很 出色。
Ооба, актёрлор да абдан жеткиликтүү ойношкон.

A Nǐ kànguò diànyǐng 《Xúnzhǎo Māma》 ma?
你 看过 电影《寻找 妈妈》吗？
«Апамды издеп» деген фильмди көргөнсүңбү?

B Wǒ kànguò, zhè bù diànyǐng shì gāo shuǐpíng de.
我 看过，这部 电影 是 高 水平 的。
Мен көргөм. Мыкты деңгээлде тартылган.

A Wǒ yě xǐhuan nà bù diànyǐng lǐ de yǎnyuán, yóuqí shì Āzhāmǎtè zhège juésè yǎnde tèbié hǎo.
我 也 喜欢 那部 电影 里 的 演员，尤其 是 阿扎玛特 这个 角色 演得 特别 好。
Ошол фильмде аткарган актёрлор да мага абдан жагат. Өзгөчө Азамат ролун жакшы аткарган.

B Tā suīrán niánjì xiǎo, dàn yǎnde bú yà yú yǒu jīngyàn de yǎnyuán.
他 虽然 年纪 小， 但 演得 不 亚 于 有 经验 的 演员。
Ал кичинекей болсо дагы тажрыйбалуу актёрлордон кем калышпай ойнойт.

A Tā hái yǒu hěn duō hěn bàng de diànyǐng.
他 还 有 很多 很 棒 的 电影。
Анын дагы көптөгөн мыкты тасмалары бар.

B Wèilái, wǒ yě xiǎng zhìzuò yí bù búcuò de diànyǐng.
未来， 我 也 想 制作 一部 不错 的 电影。
Келечекте мен дагы мыкты тасма тартсам деп кыялданам.

A Nǐ yǒu yí gè měihǎo de mèngxiǎng. Rúguǒ nǐ xiǎng pāi diànyǐng, ràng wǒ yě yǎn ba, wǒ xiǎng dāng yǎnyuán.
你 有 一个 美好 的 梦想。 如果 你 想 拍 电影， 让 我 也 演 吧，我 想 当 演员。
Жакшы кыялың бар экен. Эгер сен тасма тартсаң, анда мени тарт, мен актриса болуп берем.

B Hǎo ya.
好 呀。
Макул.

02 游乐场
Yóulèchǎng
КӨҢҮЛ АЧУУ БОРБОРУ

在 游乐园 ОЮН-ЗООК ПАРКЫНДА
Zài Yóulèyuán

汉语　　吉语

Ⓐ Wa, nà biān de mótiānlún hǎo dà a, wǒ xiǎng qù zuòzuo.
哇，那边的摩天轮好大啊，我想去坐坐。
Оо, тиги айланпа аттракцион аябай чоң экенээ. Мен ошого олтургум келип жатат.

Ⓑ Nà jiào Jùnéng Fēichuán.
那叫聚能飞船。
Анын аты Космикалык кораблдер топтому.

Ⓐ Kuài kàn nǐ de yòushǒu biān, nà shì Shīluò de Mǎyǎ Zhǔtíqū ma?
快看你的右手边，那是失落的玛雅主题区吗？
Оң колуң жакты тез кара, ал жоголгон Мая өзөктүү темасынын аймагыбы?

Ⓑ Kěnéng ba. O, wǒ kàndào Cónglín Fēichē le, wǒ céngjīng zuòguò, tài cìjī le.
可能吧。哦，我看到丛林飞车了，我曾经坐过，太刺激了。
Балким, оо! Токойдогу учар машиналарын көрдүм. Мурда мен олтуруп көргөнмүн. Кишини чын эле дүүлүктүрөт.

Ⓐ Wǒ xiǎng yíhuìr qù shì yíxià.
我想一会儿去试一下。
Бир аздан кийин барып сынап көргүм келип турат.

Ⓑ Hǎo a, nà wǒmen xiān lái páiduì ba.
好啊，那我们先来排队吧。
Макул, анда биз алгач иретке тизилели.

Ⓐ Dāngrán, zhīhòu wǒ hái xiǎng dài nǐ qù guǐwū.
当然，之后我还想带你去鬼屋。
Албетте. Андан соң сени албарстылар үйүнө алып барайын деп ойлоп турам.

Ⓑ Nàge dìfang yídìng hěn kěpà.
那个地方一定很可怕。
Ал жак чынында коркунучтуу болсо керек.

Ⓐ Wēixiǎn, dàn yǒuqù.
危险，但有趣。
Коркунучтуу, бирок көңүлдүү.

Ⓑ Wǒmen qù zuò huǒchē ba, tā yóujīng gōngyuán de měi ge jiǎoluò.
我们去坐火车吧，它游经公园的每个角落。
Поезд аттракционуна да түшөлү, ал парктын баардык жерин айлантып көргөзүп келет.

Ⓐ Wǒ bù xiǎng zuò huǒchē, bùrú zán qí shuāngrén zìxíngchē ba, wǒmen kěyǐ mànman qù xiǎng qù de rènhé dìfang.
我 不 想 坐 火车，不如 咱 骑 双人 自行车 吧，我们 可以 慢慢 去 想 去 的 任何 地方。
Мен поездге түшкүм келген жок, андан көрө эки кишилик велосипед алалы, биз шашпай каалагандай жерибизге барабыз.

Ⓑ Hǎo de. Nǐ kànkan nà pǐ xiǎo mǎ, tài kě'ài le.
好 的。你 看看 那 匹 小 马，太 可爱 了。
Жарайт. Сен тээ тиги тайды карачы. Абдан сүйкүмдүү экен.

Ⓐ Xiǎo mǎ hé rénmen zhèng pāizhào ne.
小 马 和 人们 正 拍照 呢。
Тай менен кишилер сүрөткө түшүп жатышат.

Ⓑ Zhè mótiānlún fēicháng gāo, tā yǒu duōshao mǐ gāo ne?
这 摩天轮 非常 高，它 有 多少 米 高 呢？
Бул дөңгөлөк аттракциону абдан бийик экен. Бийиктиги канча метр чыгар?

Ⓐ Dàgài wǔshí mǐ zuǒyòu.
大概 五十 米 左右。
Элүү метрдей болсо керек.

Ⓑ Qùnián shāowēi dī yìxiē.
去年 稍微 低 一些。
Мурунку жылы бир аз жапызыраак эле.

Ⓐ Jīnnián xīn xiū le, bǎ tā xiūde dà ér piàoliang.
今年 新 修 了，把 它 修得 大 而 漂亮。
Быйыл жаңы жасашты, чоңураак анан коозураак кылып.

Ⓑ Nà shì tónghuà shìjiè ma? Tài piàoliang le. Hái yǒu tónghuà zhōng de rénwù. Lái, zánmen hé zhèxiē tónghuà rénwù hé gè yǐng ba.
那 是 童话 世界 吗？太 漂亮 了。还 有 童话 中 的 人物。来，咱们 和 这些 童话 人物 合 个 影 吧。
Ал жомоктордогу дүйнө го? Абдан кооз экен. Кел бул жомок каармандары менен сүрөткө түшүп алалы.

Ⓐ Zhàopiàn zěnmeyàng?
照片 怎么样？
Кана сүрөт кандай болуптур?

Ⓑ Hǎo jí le.
好 极 了。
Өтө жакшы болду.

Ⓐ Xiànzài wǒmen qù nà biān ba, hǎoxiàng yǒu yǎnchànghuì.
现在 我们 去 那 边 吧，好像 有 演唱会。
Эми болсо тигил жакка баралы. Концерт болуп жатат окшойт.

Ⓑ Zǒu ba.
走 吧。
Кеттик.

在 游乐园 游玩 ОЮН-ЗООК ПАРКЫНДА ОЙНОО
Zài Yóulèyuán Yóuwán

A 我们 到了。
Wǒmen dào le.
Биз жеттик.

B 是啊！咱们 去 坐 过山车 吧。
Shì a! Zánmen qù zuò guòshānchē ba.
Ооба, биз аттракционго барып олтуралы.

A 好 啊。哇，我们 要 穿过 山洞 了，我 坐 在 上面 感觉 像 个 超人，飞向 天空。
Hǎo a. Wa, wǒmen yào chuānguò shāndòng le, wǒ zuò zài shàngmiàn gǎnjué xiàng gè chāorén, fēixiàng tiānkōng.
Макул, оо, биз эми туннелден өтөбүз. Мунун үстүндө олтурсаң өзүңдү супер адамдай сезет экенсиң. Кудум көккө сызып бараткандай болот экен.

B 真 刺激！
Zhēn cìjī!
Чын эле дүүлүктүрөт экен.

A 接下来 我们 玩儿 什么？乘 海盗船 怎么样？
Jiē xiàlái wǒmen wánr shénme? Chéng hǎidàochuán zěnmeyàng?
Эми эмнени ойнойбуз? Деңиз каракчылары кемесине олтурсак кантет?

B 但是 它 看 起来 有 一点儿 危险，我 害怕 坐 后面，因为 太 高 了。
Dànshì tā kàn qǐlái yǒu yìdiǎnr wēixiǎn, wǒ hàipà zuò hòumiàn, yīnwèi tài gāo le.
Бирок ал кооптуу көрүнөт, артына олтуруудан чочулап турам, себеби ал өтө бийик экен.

A 好吧，那 我们 玩儿 些 其他 项目 吧。旋转 木马 怎么样？
Hǎo ba, nà wǒmen wánr xiē qítā xiàngmù ba. Xuánzhuǎn mùmǎ zěnmeyàng?
Макул, анда биз башка оюн түрлөрүн ойнойлу. Тегеренме жыгач атты минелиби?

B 好！我 很 喜欢 玩儿，它 让 我 想起了 童年。
Hǎo! Wǒ hěn xǐhuan wánr, tā ràng wǒ xiǎngqǐle tóngnián.
Жарайт, мен ойногонду абдан жактырам, ал менин балалыгымды эскертти.

A 我们 赛车 吧。
Wǒmen sàichē ba.
Жарыш машинесине отуруп жарышалы.

B 这个 很 危险 吧。
Zhège hěn wēixiǎn ba.
Ал абдан коркунучтуу го.

A 没 那么 危险，戴上 安全帽。
Méi nàme wēixiǎn, dàishàng ānquánmào.
Коркунучтуу деле эмес, сактана турган баш кийим кий.

B 这个 地方 就是 一 个 童话 世界。
Zhège dìfang jiùshì yí gè tónghuà shìjiè.
Бул жер жомоктор дүйнөсү экен.

汉语　　吉语

A: 我们 进去 看看。这里 装饰 得 非常 精美。
Жүрү кирип көрөлү. Абдан кооз жасалыптыр.

B: 这些 是《鹿妈妈》童话 中 的 人物，这 是 一 只 棕熊。
Бул «Бугу эне» жомогунун каармандары, а бул коңур аюу экен.

A: 你 喜欢 什么 样 的 游戏？
Сага кандай оюндар жагат?

B: 所有 的 游戏 我 都 喜欢，但 我 更 喜欢 吉尔吉斯 的 游戏。
Мага бардык эле оюндар жагат, бирок кыргыз оюндарын көбүрөөк жактырам.

A: 哪些 游戏？
Кайсыл оюндар?

B: 比如，我 喜欢 托各兹阔尔郭勒（九棋子）这个 游戏。它 是 一 种 益智游戏，能 让 人 坐 下来 思考，观察。你 喜欢 什么 游戏？
Мага мисалы тогуз коргоол оюну жагат. Ал бир акыл эсти өстүрүүчү оюн болуп олтуруп алып ойлоносуң, күзөтөсүң. Сага кандай оюндар жагат?

A: 我 喜欢 吉尔吉斯 的 叼羊 游戏。我 想 所有 男人 都 喜欢 这个 游戏。
Мага кыргыздын көк бөрү оюну жагат. Менимче эркектердин бардыгы эле ушул оюнду жактырса керек.

B: 你 说得 对，我 也 喜欢 叼羊 游戏。我 喜欢 所有 可以 在 马背 上 玩儿 的 游戏。
Туура айтасың, көк бөрү оюнун мен да жактырам. Ат үстүндө ойноло турчу оюндардын баардыгын жактырам.

A: 对了，我们 去 骑马 吧。
Баса, жүрү биз ат минели.

B: 我 骑 第一 匹。
Мен биринчисине минем.

A: 我 骑 第五 匹 马。
Мен бешинчи атты минем.

B: 走 吧。
Кеттик.

03 休闲 畅饮
Xiūxián Chàngyǐn
ЭС АЛУУ, СУУСУНДУКТАН РАХАТ АЛУУ

喝 咖啡　КОФЕ ИЧҮҮ
Hē Kāfēi

A 您 要 喝 点儿 什么 吗？
Nín yào hē diǎnr shénme ma?
Сиз бир нерсе ичесизби?

B 一 杯 咖啡，谢谢。
Yì bēi kāfēi, xièxie.
Бир стакан кофе, ыракмат.

汉语　吉语

A 没 问题，请问 您 喜欢 喝 哪 种 咖啡？
Méi wèntí, qǐngwèn nín xǐhuan hē nǎ zhǒng kāfēi?
Маселе жок. Сиз кандай кофе ичкенди жактырасыз?

B 我 很 少 喝 咖啡。你 有 什么 建议 吗？
Wǒ hěn shǎo hē kāfēi. Nǐ yǒu shénme jiànyì ma?
Мен адатта кофе ичпеймин. Сенин кандай сунушуң бар?

A 意大利 浓缩 咖啡、拿铁、摩卡、卡布奇诺，这些 现在 都 非常 流行。
Yìdàlì nóngsuō kāfēi, nátiě, mókǎ, kǎbùqínuò, zhèxiē xiànzài dōu fēicháng liúxíng.
Италиянын коюу кофеси, латте кофе, мокко кофе, капучино кофе . Азыр булардын баары модада.

B 稍等 ，请问 什么 是 摩卡？
Shāoděng, qǐngwèn shénme shì mókǎ?
Күтө тур, мокко кофе деген кандай?

A 它 是 由 浓缩 咖啡、巧克力 糖浆 、鲜 奶油 和 牛奶 混合 而 成 的。这 种 咖啡 有 浓厚 的 巧克力 味儿 和 牛奶 味儿，很 受 女性 欢迎 。
Tā shì yóu nóngsuō kāfēi, qiǎokèlì tángjiāng, xiān nǎiyóu hé niúnǎi hùnhé ér chéng de. Zhè zhǒng kāfēi yǒu nónghòu de qiǎokèlì wèir hé niúnǎi wèir, hěn shòu nǚxìng huānyíng.
Ал коюу кофе, шоколад боткосу, жаңы сүт жана каймактарды салып даярдалат. Кофенин бул түрү күчтүү шоколад жана сүт даамына ээ, айымдар арасында өтө популярдуу.

B 哦？那 给 我 来 一 杯 摩卡。
O? Nà gěi wǒ lái yì bēi mókǎ.
Оо! Анда мага бир стакан мокко кофесин берсеңиз.

A 好 的，请 您 稍等 。
Hǎo de, qǐng nín shāoděng.
Макул, сураныч бир аз күтө туруңуз.

B 好的。
Hǎo de.
Жарайт.

C 喜欢摩卡咖啡吗？
Xǐhuan mókǎ kāfēi ma?
Мокко кофе жактыбы?

D 还不错，就是太甜了。你喜欢喝什么样的咖啡？
Hái búcuò, jiùshì tài tián le. Nǐ xǐhuan hē shénme yàng de kāfēi?
Жакшы эле, бирок өтө эле таттуу экен. Сен кандай кофе ичкенди жактырасың?

C 我喜欢苦咖啡，就是不加糖不加奶的咖啡。
Wǒ xǐhuan kǔ kāfēi, jiùshì bù jiā táng bù jiā nǎi de kāfēi.
Мен ачууну жакшы көрөм, кантсыз, сүтсүз кофени.

D 我想再尝尝其他种类的咖啡。
Wǒ xiǎng zài chángchang qítā zhǒnglèi de kāfēi.
Мен дагы башка кофе татып көрсөмбү?

C 那你试试美式咖啡。
Nà nǐ shìshi měishì kāfēi.
Андайда Американо кофесин татып көр.

D 它的味道怎么样？
Tā de wèidào zěnmeyàng?
Анын даамы кандай?

C 它不苦，口味比较淡。
Tā bù kǔ, kǒuwèi bǐjiào dàn.
Ачуу даамы жок, даамы бир аз ачуу эмес.

D 那我要再来一杯美式。
Nà wǒ yào zài lái yì bēi měishì.
Анда мен дагы бир кофе алайын.

C 喜欢吗？
Xǐhuan ma?
Жактыбы?

D 嗯，不错。
Ng, búcuò.
Ии, жаман эмес.

在酒吧 БАРДА

<small>Zài Jiǔbā</small>

汉语　吉语

A 这家酒吧真不错，很多人下班后选择来这里放松。
<small>Zhè jiā jiǔbā zhēn búcuò, hěn duō rén xiàbān hòu xuǎnzé lái zhèlǐ fàngsōng.</small>
Бул бар жаман эмес экен. Көптөгөн кызматчылар кызматтан кайтып ушул жерде чер жазышат.

B 你经常来吗？
<small>Nǐ jīngcháng lái ma?</small>
Сен бат-баттан келип турасыңбы?

A 不，我有时工作累了才来。
<small>Bù, wǒ yǒushí gōngzuò lèile cái lái.</small>
Жок, мен кээде жумуштан чарчаганда келип турам.

B 我已经很久没有来酒吧了。
<small>Wǒ yǐjīng hěn jiǔ méiyǒu lái jiǔbā le.</small>
Мен барга келбегениме көп болду.

A 今天好好放松一下。萨马特，你想喝什么？
<small>Jīntiān hǎohǎo fàngsōng yíxià. Sàmǎtè, nǐ xiǎng hē shénme?</small>
Бүгүн жакшылап чер жазалы. Самат, сен эмне ичесиң?

B 这里的鸡尾酒怎么样？
<small>Zhèlǐ de jīwěijiǔ zěnmeyàng?</small>
Бул жерде коктейль кандай болду экен?

A 这里的鸡尾酒做得很好。
<small>Zhèlǐ de jīwěijiǔ zuòde hěn hǎo.</small>
Коктейльди бул жерде жакшы жасашат.

B 那来一杯鸡尾酒吧。
<small>Nà lái yì bēi jīwěijiǔ ba.</small>
Анда бир стакан коктейль алайын.

A 艾别克你呢？喝什么？
<small>Àibiékè nǐ ne? Hē shénme?</small>
Айбек сенчи, эмне ичесиң?

D 我想喝苏打水。
<small>Wǒ xiǎng hē sūdǎ shuǐ.</small>
Мага газдалган суу болсо болот.

A 甜水还是白水？
<small>Tián shuǐ háishì báishuǐ?</small>
Таттуу суубу же даамсыз суубу?

D 都可以。
<small>Dōu kěyǐ.</small>
Баары болот.

C 您 选好 了 吗？
Nín xuǎnhǎo le ma?
Ойлонуп болдуңуз бу?

A 一杯 啤酒，一杯 鸡尾酒，还要 一杯 汽水。
Yì bēi píjiǔ, yì bēi jīwěijiǔ, hái yào yì bēi qìshuǐ.
Бир стакан пиво, бир стакан коктейль, дагы бир стакан газдалган суу.

C 一会儿 就来。
Yíhuìr jiù lái.
Азыр алып келем.

A 谢谢。
Xièxie.
Ыракмат.

04 美容 化妆
Měiróng Huàzhuāng
СУЛУУЛУК МАКИЯЖЫ

去 美容院　СУЛУУЛУК САЛОНУНА БАРУУ
Qù Měiróngyuàn

A 我 要 去 美容院，你 想 一块儿 去 吗？
Wǒ yào qù měiróngyuàn, nǐ xiǎng yíkuàir qù ma?
Мен сулуулук салонуна барышым керек. Бирге барасыңбы?

B 好 啊，我们 一块儿 去 吧！你 打算 做 什么 项目？
Hǎo a, wǒmen yíkuàir qù ba! Nǐ dǎsuàn zuò shénme xiàngmù?
Албетте, биз бирге баралы! Сен кандай жасанмаксың?

A 我 想 做 一个 泥敷 美容 面膜，这 对 改善 面部 皮肤 有 帮助。
Wǒ xiǎng zuò yí ge ní fū měiróng miànmó, zhè duì gǎishàn miànbù pífū yǒu bāngzhù.
Мен бир припарка ажарландыруучу бет маска(косметика)сын коёюн деп турам. Бул беттин терисине пайдалуу.

B 好 主意。我们 还 应该 给 手 和 脚 做 美甲。
Hǎo zhǔyi. Wǒmen hái yīnggāi gěi shǒu hé jiǎo zuò měijiǎ.
Жакшы пикир, Биз колу бутубуздун тырмактарын да жасаталы.

A 我 同意。我们 工作 十分 辛苦，偶尔 做做 美容 有助于 减缓 压力。
Wǒ tóngyì. Wǒmen gōngzuò shífēn xīnkǔ, ǒu'ěr zuòzuo měiróng yǒu zhù yú jiǎnhuǎn yālì.
Кошулам, биздин кызматыбыз абдан жапалуу, Кээде ушундай кылып өзүбүздү ажарландырсак кызмат басымын жеңилдетет.

汉语　吉语

B 我 想 每天 都 漂漂亮亮 的。
Wǒ xiǎng měi tiān dōu piàopiàoliangliang de.

Мен күн сайын өзүмдү сулуу алып жүргүм келет.

A 你可以 粘上 假 睫毛，那样 显得 眼睛 更 大。
Nǐ kěyǐ zhānshàng jiǎ jiémáo, nàyàng xiǎnde yǎnjīng gèng dà.

Сен кирпик чаптатсаң болот, ошондо көзүң чоң көрүнөт.

B 感谢 你的 建议。
Gǎnxiè nǐ de jiànyì.

Рахмат кеңешиңе.

A 我 打算 把 头发 染成 其他 颜色。
Wǒ dǎsuàn bǎ tóufà rǎnchéng qítā yánsè.

А мен чачтарымды башка түскө боёсомбу деп жатам.

B 你的 头发 很 长，而且 很 柔顺。真 漂亮。
Nǐ de tóufà hěn cháng, érqiě hěn róushùn. Zhēn piàoliang.

Сенин чачтарың абдан узун, анын үстүнө жумшак. Абдан көрктүү.

A 谢谢，我 每天 都 用 护发素 洗 头，气味 也 不错。
Xièxie, wǒ měi tiān dōu yòng hùfàsù xǐ tóu, qìwèi yě búcuò.

Рахмат, мен күн сайын чач асыроочуу шампунь менен жууп турам, жыты да абдан жакшы.

B 嗯，真 香。
Ng, zhēn xiāng.

Мм, абдан жыттуу жыттанат экен.

A 你 用 什么 染发？
Nǐ yòng shénme rǎn fà?

Сен чач үчүн кайсы боёкторду колдоносуң?

B 我 用 印度 染料，我 一直 用 这个。
Wǒ yòng yìndù rǎnliào, wǒ yìzhí yòng zhège.

Индия боёкторун колдоном, ушуну иштетип келем.

A 如果 可以 的话，咱们 在 美容院 做 一 次 面部 按摩 吧。
Rúguǒ kěyǐ dehuà, zánmen zài měiróngyuàn zuò yí cì miànbù ànmó ba.

Мүмкүнчүлүк болсо, сулуулук салондон бетибизге массаж да жасаталы.

B 好的，按摩 后 我们 的 脸 会 更 光滑。
Hǎo de, ànmó hòu wǒmen de liǎn huì gèng guānghuá.

Ооба, массаждан соң бетибиз жылмакай болуп калат.

A 你 觉得 什么 面霜 好？
Nǐ juéde shénme miànshuāng hǎo?

Бет үчүн кандай бет майлар жакшы деп ойлойсуң?

B 我 认为 黄瓜霜 很 好，它 也 可以 让 人的 脸 变白。
Wǒ rènwéi huángguāshuāng hěn hǎo, tā yě kěyǐ ràng rén de liǎn biànbái.

Менимче бадыраңдан жасалган бет майлар жакшы, ал беттин агарышына да жардам берет.

A 那 我 今天 买 那个 面霜。
Nà wǒ jīntiān mǎi nàge miànshuāng.

Бүгүн анда мен ошол бет майды сатып алам.

B 美容院 里 应该 所有 的 化妆品 都 有 吧？
Měiróngyuàn lǐ yīnggāi suǒyǒu de huàzhuāngpǐn dōu yǒu ba?

Сулуулук салонунда бардык косметикалар бар болсо керек?

A Shìde, nǐ bù xūyào dài rènhé dōngxi, nàlǐ yǒu suǒyǒu de huàzhuāngpǐn.
是的，你不需要带任何东西，那里有所有的化妆品。
Ооба, эч нерсе көтөрүп барбай деле койсоң болот. Ал жакта баардык косметикалар бар.

B Fēicháng hǎo.
非常好。
Абдан жакшы болду.

A Nǐ cóng měiróngyuàn mǎi rǎnfàgāo ma?
你从美容院买染发膏吗？
Чач боёкту сулуулук салонунан сатып аласыңбы?

B Bù, wǒ zuótiān zài chāoshì mǎi le, wǒ dàishàng nàge rǎnfàgāo jiù kěyǐ.
不，我昨天在超市买了，我带上那个染发膏就可以。
Жок. Мен кечээ эле дүкөндөн сатып алган элем. Ошол чач боёкту ала барайын.

A Míngbai le. Nà zánmen kuài diǎnr chūfā ba.
明白了。那咱们快点儿出发吧。
Түшүнүктүү. Бол анда батыраак жолго чыгалы.

Huàzhuāng
化妆   АЖАРЛАНУУ

汉语   吉语

A Wa, nín kàn qǐlái zhēn piàoliang!
哇，您看起来真漂亮！
Оо, Сиз аябагандай сулуу болуп кетипсиз!

B Xièxie! Nǐ de qìsè yě hěn búcuò. Wǒ juéde zhè zhǒng kǒuhóng de yánsè hěn pèi nǐ de fūsè.
谢谢！你的气色也很不错。我觉得这种口红的颜色很配你的肤色。
Ыракмат! Сенин өңүң да жаман эмес көрүнөт. Менин оюмча бул түстөгү эриндик сенин териңе жарашат экен.

A Xièxie.
谢谢。
Ыракмат.

B Nǐ zuì tuījiàn shénme páizi de huàzhuāngpǐn?
你最推荐什么牌子的化妆品？
Сен кайсы бренддеги сулуулук буюмдарын сунуштайсың?

A Wǒ hěn xǐhuan Àishā de huàzhuāngpǐn.
我很喜欢艾莎的化妆品。
Мен Айшанын боёнуучу каражаттарын өтө жактырам.

B Nǐ zhīdào wǒ shì zhōngxìng pífū, nǎ yì zhǒng páizi de huàzhuāngpǐn shìhé wǒ?
你知道我是中性皮肤，哪一种牌子的化妆品适合我？
Сен билесиңго менин теримдин нормалдуулугу жакшы, кайсы бренддеги сулуулук каражаттары мага ылайык?

休闲娱乐　　061

A　Yíhàn, wǒ duì bié de pǐnpái liǎojiě de bù duō.
遗憾，我 对 别 的 品牌 了解 得 不 多。
Кечиресиз, бул бренддин товарларын анча билбеймин.

B　Nǐ juéde wǒ tàngtóufà zěnmeyàng?
你 觉得 我 烫头发 怎么样？
Чачымды тармал кылсам кандай?

A　Xiànzài juǎnfà bù shímáo le, xiān bǎ nín de tóufà nòngzhí, ránhòu bǎ tā nòngsōng, nín xǐhuan ma?
现在 卷发 不 时髦 了，先 把 您 的 头发 弄直，然后 把 它 弄松，您 喜欢 吗？
Азыр тармал чачтар модада эмес, чачыңызды түздөп туруп, көптүрүп койсок кандай. Сизге жагабы?

B　Hǎoxiàng búcuò.
好像 不错。
Менимче болот окшойт.

A　Nín yào bǎ zhǐjia túchéng shénme yánsè?
您 要 把 指甲 涂成 什么 颜色？
Тырмагыңызды кайсы түстө боёйсуз?

B　Wǒ xǐhuan hóngsè, nǐ shuō ne?
我 喜欢 红色，你 说 呢？
Мага кызыл түс жагат. Сен кандай дейсиң?

A　Wǒ juéde qiǎn lánsè gèng shìhé nín. Rúguǒ nín zài tiēshàng cǎisè zhūzi, nà jiù huì biànchéng xiānnǚ le ò.
我 觉得 浅 蓝色 更 适合 您。如果 您 再 贴上 彩色 珠子，那 就 会 变成 仙女 了 哦。
Сага кочкул көк түс жакшы жарашат деп ойлойм. Анан жана түстүү мончоктордү жабыштырсаң перинин өзү эле болосуң го.

B　Wǒ yào bǎ jiémáo yě rǎnchéng hēisè.
我 要 把 睫毛 也 染成 黑色。
Кирпиктеримди да кара түскө боёп коёюн.

A　Méimáo yě huà yíxià.
眉毛 也 画 一下。
Кашыңызды да боёп коюңуз.

B　Kàn yíxià, zěnmeyàng?
看 一下，怎么样？
Карасаң, эми кандай болду?

A　Nín biànde gèng piàoliang le.
您 变得 更 漂亮 了。
Абдан сулуу болуп калдыңыз.

B　Nǐ juéde zhège xiàngliàn shìhé wǒ ma?
你 觉得 这个 项链 适合 我 吗？
Сенин оюнча бул мончок мага жарашабы?

A　Dāngrán, qīn'ài de, jīnwǎn nín jiùshì zuì liàng de míngxīng.
当然，亲爱 的，今晚 您 就是 最 靓 的 明星。
Албетте, сүйүктүүм, бүгүн сиз жаркыраган жылдыз болуп кеттиңиз.

B　Xièxie.
谢谢。
Ыракмат.

05 狂欢 与 派对
Kuánghuān yǔ Pàiduì
КУБАНЫЧКА БӨЛӨНҮҮ ЖАНА ВЕЧЕРИНКА

生日 派对　ТУУЛГАН КҮН ВЕЧЕРИНКАСЫ
Shēngrì Pàiduì

Ⓐ Nǐ jīnwǎn yǒukòngr ma, Āimǐ'ěr?
你 今晚 有空儿 吗，埃米尔？
Бүгүн кечинде убактың барбы, Эмир?

Ⓑ Yǒukòngr, yǒu shénme shì ma?
有空儿，有 什么 事 吗？
Убактым бар, жумуш бар беле?

Ⓐ Jīntiān shì Sàmǎtè de shēngrì, wǒ xiǎng wèi tā kāi gè shēngrì pàiduì, nǐ néng lái ma?
今天 是 萨马特 的 生日，我 想 为 他 开 个 生日 派对，你 能 来 吗？
Бүгүн Саматтын туулган күнү, мен ага туулган күн кечесин өткөрүп берейин дедим эле, сен келе аласыңбы?

Ⓑ Wǒ dāngrán lèyì qù. Xūyào wǒ dài diǎnr shénme ma?
我 当然 乐意 去。需要 我 带 点儿 什么 吗？
Албетте, кубануу менен барам. Мен эмне алып барсам экен?

Ⓐ Rúguǒ kěyǐ, dài yìxiē shuǐguǒ hé yǐnliào ba.
如果 可以，带 一些 水果 和 饮料 吧。
Мүмкүн болсо бир аз мөмө-жемиш жана суусундук ала келесиңби.

Ⓑ Méi wèntí. Nǐ gàosù Sàmǎtè le ma?
没 问题。你 告诉 萨马特 了 吗？
Маселе эмес, Саматка айттыңбы?

Ⓐ Méiyǒu, wǒ xiǎng gěi tā yí gè jīngxǐ.
没有，我 想 给 他 一 个 惊喜。
Жок, ага күтүүсүз белек кылайын дедим.

Ⓑ Hǎo zhǔyi! Dào shíhou tā kěndìng hěn kāixīn.
好 主意！到 时候 他 肯定 很 开心。
Жакшы идея экен. Кези келгенде ал абдан кубанат.

Ⓐ Wǒ gěi tā zuòle yí gè dàngāo, shàngmiàn xiězhe tā de míngzi, kànkan zěnmeyàng?
我 给 他 做了 一 个 蛋糕，上面 写着 他 的 名字，看看 怎么样？
Мен ага торт даярдадым, үстүнө анын атын жаздым. Көрсөң, кандай экен?

Ⓑ Kàn qǐlái hěn búcuò. Wǒmen zài nǎlǐ jiànmiàn?
看 起来 很 不错。我们 在 哪里 见面？
Абдан жакшы көрүнөт экен. Кайсыл жерден кезигебиз?

汉语　吉语

Ⓐ
Shí'èr diǎn zhěng, wǒmen bú gàosù tā, zhíjiē qù tā jiā?
十二 点 整，我们 不 告诉 他，直接 去 他 家？
Биз ага айтпайбыз. Анын үйүнө туура он экиде кирип барабыз?

Ⓑ
Sàmǎtè yídìng huì hěn jīngyà.
萨马特 一定 会 很 惊讶。
Самат сөзсүз аябай таң калатко.

Ⓐ
Wǒ xiāngxìn tā xǐhuan zhège jīngxǐ.
我 相信 他 喜欢 这个 惊喜。
Күтүүсүз белек жагат деп ишенем.

Ⓑ
Hái yǒu shuí yìqǐ qù?
还 有 谁 一起 去？
Дагы кимдер барат?

Ⓐ
Wǒmen tóngxué dōu qù. Tāmen zhèngzài zhǔnbèi xiānhuā hé qìqiú.
我们 同学 都 去。他们 正在 准备 鲜花 和 气球。
Биздин класташтардын баардыгы барат. Алар гүлдөрдү, жел шарларды даярдап жатышат.

Ⓑ
Tài bàng le, nà wǒ duō mǎi diǎnr yǐnliào.
太 棒 了，那 我 多 买 点儿 饮料。
Сонун. Анда суусундуктардан көп алайын.

Ⓐ
Bié wàngle dàishàng jíta, wǒmen yào jìnqíng gēchàng.
别 忘了 带上 吉他，我们 要 尽情 歌唱。
Гитараңды да унутпа, болушуна көңүл ачып ырдайлы.

Ⓑ
Hǎo zhǔyi!
好 主意！
Жакшы идея!

庆祝 诺茹孜节　НООРУЗ МАЙРАМЫН МАЙРАМДОО

A: 阿扎马特，诺茹孜节 快乐！
Азамат, Нооруз майрамың менен куттуктайм!

B: 也 祝 你 快乐！
Сени да куттуктайм!

A: 今天 我们 去 阿拉图 广场 庆祝 节日。
Бүгүн Ала-Тоо аянтына барып майрамды белгилейли.

B: 今天 那里 会 有 一 个 热闹 的 晚会。
Бүгүн ал жакта шаң-шөкөттүү майрам кечеси болот.

A: 这个 地方 装饰 得 真 漂亮。
Бул жерди абдан кооздошкон экен.

B: 看 那里，母亲 拿 出来了 杜松，正在 做 仪式。
Тигине, эне арчасын көтөрүп чыкты, аластап жатат.

A: 每 个 人 的 心情 都 很 好，真 好。
Баарынын маанайлары абдан жакшы, кандай сонун.

B: 你 说得 对。今天 是 年初，据说，如果 年初 是 怎样 开始，那 整 年 也 会 那样 结束。
Туура айтасың. Бүгүн "жыл башы" эмеспи, эгер жыл башы кандай башталса, ошол жыл ошондой болот деп айтышат.

A: 那 咱们 尽情地 享受 吧。
Анда биз дагы көңүлдү болушунча көтөрөлү ээ.

B: 走 吧，我们 品尝 一下 那边 为 节日 准备 的 食物。
Жүрү, тигил жактан майрамга даярдалган даамдардан ооз тийели.

A: 你 知道 这 是 什么 吗？
Сен бул эмне экенин билесиңби?

B: 知道 啊，这 当然 是 苏美莱克饭 呀。我 无法 想象 没有 苏美莱克 的 诺茹孜。
Билбей анан, бул деген сүмөлөк да. Нооруз майрамын сүмөлөксүз эч бир элестетүү мүмкүн эмес деп ойлойм.

汉语　吉语

Ⓐ Shìde, wǒ wèile chī Sūměiláikèfàn ér qīdài Nuòrúzījié de dàolái.
是的，我 为了 吃 苏美莱克饭 而 期待 诺茹孜节 的 到来。
Ооба, мен ар бир Нооруз майрамын ушул сүмөлөк үчүн күтөм.

Ⓑ Nǐ zhīdào zěnme zuò Sūměiláikèfàn ma?
你 知道 怎么 做 苏美莱克饭 吗？
Сен сүмөлөк жасаганды билесиңби?

Ⓐ Bù zhīdào, dàn wǒ jiànguò mǔqīn zuò.
不 知道，但 我 见过 母亲 做。
Билбейм, бирок энелердин жасагандарын көргөм.

Ⓑ Nuòrúzījié de shíhou chúle Sūměiláikèfàn hái yǒu hěn duō shíwù, rú Bózuǒ、Kuòjué①、Biéxībā'ěrmǎkèfàn, hái yǒu duō zhǒng tiándiǎn shénme de.
诺茹孜节 的 时候 除了 苏美莱克饭 还 有 很 多 食物，如 博佐、阔厥①、别西巴尔马克饭，还有 多 种 甜点 什么 的。
Нооруз майрамында сүмөлөктөн башка дагы көптөгөн тамактар бар. Мисалы, бозо, көжө, беш бармак, жана дагы таттуулардын түрлөрү.

Ⓐ Wǒ xǐhuan Bózuǒ, hěn hǎo de yǐnliào.
我 喜欢 博佐，很 好 的 饮料。
Мен бозону абдан жакшы көрөм. Кандай соонун суусундук.

Ⓑ Gěi nǐ, gěi nǐ jiěkě.
给 你，给 你 解渴。
Кел ал. Суусунуң кансын.

Ⓐ Xièxie.
谢谢。
Рахмат.

Ⓑ Yì qún háizi zài nàlǐ wánshuǎ, wǒmen yě qù wánr zěnmeyàng?
一 群 孩子 在 那里 玩耍，我们 也 去 玩儿 怎么样？
Тигил жакта бир топ балдар ойноп жатышат. Биз да барып ойносок кандай?

Ⓐ Wǒmen wánr shénme yàng de yóuxì ne?
我们 玩儿 什么 样 的 游戏 呢？
Биз кандай оюн ойнойбуз?

Ⓑ Wǒmen kěyǐ wánr dàngqiūqiān、Ào'ěrduō（gōngzhàn huánggōng）、diūshǒujuàn、Báiyáng yǔ Lányáng. Nǐ xiǎng wánr shénme yóuxì wǒmen jiù wánr shénme yàng de yóuxì.
我们 可以 玩儿 荡秋千、奥尔多（攻占皇宫）、丢手绢、白杨 与 蓝杨。你 想 玩儿 什么 游戏 我们 就 玩儿 什么 样 的 游戏。
Селкинчек, чүкө, топу салмай, ак терек-көк терек ойносок болот. Кандай оюн кааласаң, ошол оюнду ойной беребиз.

Ⓐ Nà wǒmen wánr dàngqiūqiān ba.
那 我们 玩儿 荡秋千 吧。
Анда биз селкинчек тебели.

Ⓑ Hǎo de.
好 的。
Жарайт.

---

① Kuòjué: Jí'ěrjísī rén zài Nuòrúzījié zuò de mínzú chuántǒng měishí zhī yī.
阔厥：吉尔吉斯 人 在 诺茹孜节 做 的 民族 传统 美食 之 一。

06 野外 露营
Yěwài Lùyíng
ТАЛААДА ТҮНӨӨ

去 露营　ТАЛААДА ТҮНӨГӨНҮ БАРУУ
Qù Lùyíng

汉语　　吉语

A Érzi, wǒmen zhè zhōumò yào qù lùyíng.
儿子，我们 这 周末 要 去 露营。
Уулум, бул аптанын дем алыш күндөрүндө талаада конууга барабыз.

B Tīng qǐlái hěn hǎowánr, wǒ gāi dài shénme ne?
听 起来 很 好玩儿，我 该 带 什么 呢?
Кулакка жагымдуу угулат го. Мен эмне ала барайын?

A Dài yìxiē yīfu jiù gòu le.
带 一些 衣服 就 够 了。
Кээ бир кийимдериңди ала барсаң болду.

B Zhù de xiǎo mùwū lǐ yǒu diànshì ma?
住 的 小 木屋 里 有 电视 吗?
Конуучу кичинекей үйдө телевизор барбы?

A Wǒmen shuì zài zhàngpeng lǐ.
我们 睡 在 帐篷 里。
Биз чатырдын ичинде уктайбыз.

B Tài hǎo le, wǒ kěyǐ dài wǒ de yóuxìjī ma?
太 好 了，我 可以 带 我 的 游戏机 吗?
Жакшы болду, мен оюнчугумду ала барсам болобу?

A Búyào dài, nǐ yòng bú shàng de.
不要 带，你 用 不 上 的。
Албай эле кой, иштетпейсиң.

B Wǒ juéde wúliáole zuò xiē shénme?
我 觉得 无聊了 做 些 什么?
Зеригип калсак эмне кылабыз?

A Bié dānxīn, nàlǐ yǒu hěn duō shìqing kěyǐ zuò!
别 担心，那里 有 很 多 事情 可以 做!
Кабатырланбай эле кой, ал жерде жасай турган иштер көп!

B Wǒmen zài nàlǐ zuò shénme?
我们 在 那里 做 什么?
Ал жактан эмне иш кылабыз?

A Wǒmen diàoyú, jiǎn yěcǎoméi hé mógu. Zǒngzhī, dào nàlǐ nǐ bú huì gǎndào wúliáo.
我们 钓鱼，捡 野草莓 和 蘑菇。总之，到 那里 你 不 会 感到 无聊。
Балык уулайбыз, бүлдүркөн жана козу карын жыйнайбыз. Кыскасы, сен ал жактан зэрикпейсиң.

B Dàishàng zhàoxiàngjī ma?
带上 照相机 吗？
Фотоаппаратты ала барсам болобу?

A Shìde, dàishàng, zài dàishàng yìxiē diànchí.
是的，带上，再 带上 一些 电池。
Ооба, алып ал. Кошумча батарея дагы алып ал.

B Nín dōngjì qù lùyíngguò ma?
您 冬季 去 露营过 吗？
Кышта түнөккө барып көргөнсүңбү?

A Duì, qùnián dōngtiān qùguò.
对，去年 冬天 去过。
Ооба, былтыр кышта барганмын.

B Nà nǐmen shì dāi zài shìwài, háishì dāi zài xiǎo wū lǐ?
那 你们 是 待 在 室外，还是 待 在 小 屋 里？
Анда силер үйдүн ичинде жаттыңарбы же кепеде түнөдүңөрбү?

A Dà bùfēn shíjiān wǒmen zài hùwài huáxuě, hái dājiànle yí gè línshí xiǎo wū xiūxi.
大 部分 时间 我们 在 户外 滑雪，还 搭建了 一 个 临时 小 屋 休息。
Көбүнчө биз талада карда коньки тээп жүрдүк, андан башка кичинекей эс алуу үйүн тиктик.

B Wǒ yě xiǎng shìshi.
我 也 想 试试。
Мен да сынап көргүм келип турат.

A Hǎo ya, yǒu hěn duō lèqù, búguò tèbié lěng.
好 呀，有 很 多 乐趣，不过 特别 冷。
Макул, абдан көңүлдүү, бирок аябай суук болот.

B Xūyào zhùyì shénme?
需要 注意 什么？
Эмнеге көңүл буруу керек?

A Chúle lùyíng de jīngyàn wài, hái děi dài zúgòu de wùzī, fǒuzé kěnéng huì dòngsǐ.
除了 露营 的 经验 外，还 得 带 足够 的 物资，否则 可能 会 冻死。
Талаада түнөө тажрыйбасынан сырткары башка жеткиликтүү нерселер болуу керек. Болбосо, талаада тоңуп каласың.

在 草原 度假　ЖАЙЛООДО ЭС АЛУУ

A　Cǎoyuán de kōngqì zhēn qīngxīn, dàole cǎoyuán jiù bù xiǎng zài huí chéng lǐ le.
草原 的 空气 真 清新，到了 草原 就 不 想 再 回 城 里 了。
Жайлоонун абасы ушунча таза, жайлоого келген соң шаарга кетким да келбейт.

B　Nǐ shuōde duì, cǎoyuán zhēn shì gè hǎo dìfang.
你 说得 对，草原 真 是 个 好 地方。
Туура айтасың, жайлоо чынында эле абдан керемет жер.

A　Nǐ yǐqián láiguò cǎoyuán ma?
你 以前 来过 草原 吗？
Сен мурда жайлоого келип көрдүң беле?

B　Méiyǒu, dì-yī cì lái, búguò wǒ tīngshuōguò duō cì guānyú cǎoyuán de měilì.
没有，第一 次 来，不过 我 听说过 多 次 关于 草原 的 美丽。
Жок, биринчи жолу келишим. Бирок жайлоонун кооздугу тууралуу көп укканмын.

A　Wǒ tóngnián de dà bùfēn shíjiān dōu shì zài cǎoyuán dùguò de.
我 童年 的 大 部分 时间 都 是 在 草原 度过 的。
А менин бала чагымдын көбү жайлоодо өткөн.

B　Nà shí nǐ zài cǎoyuán zuò shénme?
那 时 你 在 草原 做 什么？
Ал кезде жайлоодо эмне менен алек болчусуң?

A　Bàba fàngyáng, māma yí dà zǎo qǐlái jǐ mǎnǎi hé niúnǎi, wǒ gēn tāmen yìqǐ, yǒushí gēnzhe bàba fàngyáng, yǒushí bāng māma jǐnǎi.
爸爸 放羊，妈妈 一 大 早 起来 挤 马奶 和 牛奶，我 跟 他们 一起，有时 跟着 爸爸 放羊，有时 帮 妈妈 挤奶。
Атам кой кайтарат, апам таң эрте туруп бээ саайт, уй саайт, мен алар менен чогуу, кээде атам менен кой кайтарам, кээде апама сааганга жардам берет элем.

B　Tīng qǐlái hěn yǒu yìsi.
听 起来 很 有 意思。
Абдан кызыктуу угулат экен.

A　Wǒ zuì xǐhuan de shì gēn fùqīn yìqǐ qù dǎliè.
我 最 喜欢 的 是 跟 父亲 一起 去 打猎。
Эң жакшы көргөн нерсе болсо атам менен бирге аңчылыкка чыгуу эле.

B　Nǐmen qù dǎ shénme?
你们 去 打 什么？
Силер эмнеге аң уулого чыкчусуңар?

A　Zhège dìfang hěn ānjìng, suǒyǐ yǒu hěn duō yěshēng dòngwù, rú húli、láng、pányáng hé lù. Búguò, xiànzài bù yǔnxǔ suíbiàn dǎliè le.
这个 地方 很 安静，所以 有 很 多 野生 动物，如 狐狸、狼、盘羊 和 鹿。不过，现在 不 允许 随便 打猎 了。
Бул жер абдан тынч болгондуктан, жапайы жаныбарлар абдан көп. Мисалы, түлкү, карышкыр, аркар, кийик, дегендер өтө көп. Бирок азыр аңчылык кылууга болбойт.

休闲娱乐 | 069

B 　Zhèlǐ kěyǐ diàoyú ma?
　　这里 可以 钓鱼 吗？
　　Бул жерден балык кармаса болобу?

A 　Dāngrán. Zhèlǐ de hú lǐ yǒu hěn duō dà yú, dàn nǐ hěn nán diàodào tāmen.
　　当然。这里 的 湖 里 有 很 多 大 鱼，但 你 很 难 钓到 它们。
　　Албетте, бул сууда чоң-чоң балыктар көп. Бирок аларды оңой эле кармай албайсың.

B 　Wǒ xiǎng pá nàge gāo shān.
　　我 想 爬 那个 高 山。
　　Тээтиги бийик тоолорго чыккым келип жатат.

A 　Wǒmen jīntiān zǒule hěn duō lù, nǐ bú lèi ma?
　　我们 今天 走了 很 多 路，你 不 累 吗？
　　Бүгүн көп жол жүрдүк, чарчаган жоксуңбу?

B 　Xīnshǎng měijǐng, wǒ dōu bù juéde lèi le.
　　欣赏 美景，我 都 不 觉得 累 了。
　　Бул жакта кооздугуна суктанып жүрүп чарчаганың деле билинбей калат экен.

A 　Méi cuò. Búguò tǎng zài hé biān tīngzhe huāhuā de liúshuǐ shēng, gǎnjué huì gèng hǎo.
　　没 错。不过 躺 在 河 边 听着 哗哗 的 流水 声，感觉 会 更 好。
　　Дал ошондой, бирок шаркырап аккан суунун жээгинде жатып суунун добушун уксаң андан да сонун.

B 　Shì a. Fēng chuī guòlái, huā xiāng pūbí.
　　是 啊。风 吹 过来，花 香 扑鼻。
　　Ооба, шамалдын соғушунан гүлдүн атыр жыттары мурдуңа жыттанып турат экен.

A 　Zhège mùchǎng yǒu hěnduō yàoyòng zhíwù.
　　这个 牧场 有 很多 药用 植物。
　　Бул жайлоодо ар кандай дары өсүмдүктөр бар.

B 　Zài cǎoyuán shàng chī tiānrán qīngcǎo zhǎngdà de mǔmǎ mǎnǎi wèidào yě hěn nóng.
　　在 草原 上 吃 天然 青草 长大 的 母马 马奶 味道 也 很 浓。
　　Жайлоодо табыгый чөптөрдү оттоп чоңойгон бээлердин кымызынын даамы да күчтүү болот турбайбы.

A 　Dāngrán, méiyǒu rènhé dōngxi bǐ dé shàng cǎoyuán de mǎnǎizi hé suānnǎi gēda.
　　当然，没有 任何 东西 比 得 上 草原 的 马奶子 和 酸奶 疙瘩。
　　Албетте жайлоонун кымызы менен курутуна эч нерсе жетпейт.

B 　Nǐ shuōde duì. Nǐ xiǎng hē mǎnǎizi ma?
　　你 说得 对。你 想 喝 马奶子 吗？
　　Туура айтасың. Кымыз ичкиң келдиби?

A 　Shìde, wǒ xiǎng hē.
　　是的，我 想 喝。
　　Ооба, кымыз ичким келип жатат.

B 　Zǒu ba, wǒmen huí jiā hē bēi mǎnǎizi ba.
　　走 吧，我们 回 家 喝 杯 马奶子 吧。
　　Жүрү, үйгө барып кымыз ичели.

07 叼羊 游戏
KÖK BÖRÜ OYUNU

> Diāoyáng Shì Zuì Shòu Huānyíng de Chuántǒng Tǐyù Yóuxì
> 叼羊 是 最 受 欢迎 的 传统 体育 游戏
> Көкбөрү болсо эң белгилүү салттуу оюн

汉语　　吉语

A Zuótiān wǒ gēn gēge yìqǐ qù cūnjiāo kàn Diāoyáng yóuxì le.
昨天 我 跟 哥哥 一起 去 村郊 看 叼羊 游戏 了。
Биз кечээ байкем экөөбүз көк бөрү көргөнү айылдын четине барып келдик.

B Diāoyáng? Nà shì shénme?
叼羊 ? 那 是 什么 ?
Көк бөрү? Ал эмне?

A Diāoyáng shì Jí'ěrjísīsītǎnrén de chuántǒng tǐyù yóuxì zhī yī.
叼羊 是 吉尔吉斯斯坦人 的 传统 体育 游戏 之一。
Көк бөрү деген кыргыздын улуттук оюндарынын бири.

B Zěnme wánr?
怎么 玩儿 ?
Аны кантип ойнойт?

A Cānsài zhě shí gè rén zuǒyòu wéi yì zǔ, bǎ zǎile de yáng fàng zài sàichǎng zhōngyāng, cáipànyuán yì shēng lìng xià,
参赛者 十 个 人 左右 为 一 组,把 宰了 的 羊 放 在 赛场 中央 ,裁判员 一 声 令下 ,
liǎng zǔ qíshǒu jí chí ér qù, mǎ kuài qiě mǎ shàng gōngfu hǎo zhě bǎ yáng chāoqǐ tízhe jiā zài dēngdài xià huò tuózhe
两 组 骑手 急驰 而去,马 快 且 马 上 功夫 好 者 把 羊 抄起 提着 夹 在 蹬带 下 或 驮着
bēnpǎo, qítā rén zhuīgǎn qiǎngduó. Jīngguò fǎnfù de hùxiāng zhēngduó, nǎ yì zǔ zuìhòu bǎ yáng fàngdào zhǐdìng
奔跑 ,其他 人 追赶 抢夺 。经过 反复 地 互相 争夺 ,哪 一 组 最后 把 羊 放到 指定
dìdiǎn, jiù suàn huòshèng.
地点 ,就 算 获胜 。

Оюнчулар он адам бир тайпа болуп бириет.Мууздалган улакты майдандын ортосуна таштап коёт, анан калыс команда берээри менен эле эки жааттагы улакчылар майдандагы улакка карай чаап жөнөйт. Аты тез чапкан жана улакты жакшы эңген улакчы жерде жаткан улакты эңип алып такымына кыстырып же ат үстүнө артып тай казанга карай чаап жөнөйт. Башка улакчылар анын артынан кубалашат. Ушинтип кайра-кайра ат үстүндө тартышып жүрүп акыры бир команда көкбөрүнү тай казанга салат да жеңишке жетип упай топтойт. Соңунда кайсы тайпанын топтогон упайы көп болсо ошол жеңген болот.

B Wǒ bú tài míngbái, nǐ kěyǐ xiángxì jiěshì ma?
我 不 太 明白 ,你 可以 详细 解释 吗?
Мен анча жакшы түшүнө алган жокмун. Кененирээк түшүндүрсөң?

A 你看篮球赛吗？
Nǐ kàn lánqiúsài ma?
Сен баскетбол оюнун көрөсүңбү?

B 看。我很喜欢篮球。
Kàn. Wǒ hěn xǐhuan lánqiú.
Көрөм. Мага баскетбол абдан жагат.

A 叼羊游戏跟篮球赛差不多。篮球的话两组运动员抢球并试图把球投进篮筐里，叼羊也是一样。骑手把地上的羊抄起来往指定地方急驰。同组队员互相配合，对手组想方设法争夺。到了那个地方，把羊投入指定的地方。它们的区别就是一个是地上运动员抢夺球，一个是马背上抢夺羊。共同之处是都通过把东西扔到指定的地方来得分。
Diāoyáng yóuxì gēn lánqiúsài chàbuduō. Lánqiú dehuà liǎng zǔ yùndòngyuán qiǎng qiú bìng shìtú bǎ qiú tóujìn lánkuāng lǐ, Diāoyáng yě shì yíyàng. Qíshǒu bǎ dìshàng de yáng chāo qǐlái wǎng zhǐdìng dìfang jí chí. Tóng zǔ duì yuán hùxiāng pèihé, duìshǒuzǔ xiǎngfāngshèfǎ zhēngduó. Dàole nàge dìfang, bǎ yáng tóurù zhǐdìng de dìfang. Tāmen de qūbié jiù shì yí gè shì dìshàng yùndòngyuán qiǎngduó qiú, yí gè shì mǎbèi shàng qiǎngduó yáng. Gòngtóng zhī chù shì dōu tōngguò bǎ dōngxī rēngdào zhǐdìng de dìfang lái dé fēn.
Иш жүзүндө ал баскетболго окшош. Баскетболдо эки топ оюнчулар топту себетке киргизүүгө аракет кылышат. Көкбөрү да ушундай, атчандар жердеги улакты эңип алышып тайказанга карай куюндай чабышат да анан ошол жерге жеткенде улакты ошол тайказанга ыргытышат. Бул экөөнүн айырмасы, бири жер бетинде топту талашып ойношот. Экинчиси ат үстүндө улакты талашып ойношот. Алардын жалпылыгы – баары бир нерсени белгиленген жерге ыргытып киргизүү аркылуу балл топтошот.

B 哦！现在清楚了。骑手们必须抢夺羊吗？
O! Xiànzài qīngchǔ le. Qíshǒu men bìxū qiǎngduó yáng ma?
Аа, эми түшүнүктүү болду. Атчандар сөзсүз эле улакты тартышабы?

A 通常抢夺宰了的小山羊或公山羊，把羊的头和四条腿割掉，去掉内脏。我也见过叼一岁两岁的牦牛的。
Tōngcháng qiǎngduó zǎile de xiǎo shānyáng huò gōng shānyáng, bǎ yáng de tóu hé sì tiáo tuǐ gēdiào, qùdiào nèizàng. Wǒ yě jiànguò diāo yí suì liǎng suì de máoniú de.
Көбүнчө улак же серкени мууздап, шыйрагы менен башын кесип ичеги-кардын алып салып тартышат. Мен дагы бир-эки жаштык торпокту тартышкандарын көргөм.

B 你玩儿过叼羊游戏吗？
Nǐ wánrguò Diāoyáng yóuxì ma?
Сен көк бөрү оюнун ойноп көрдүң беле?

A 我从来没有玩儿过，但我的哥哥是最勇猛的叼羊手。
Wǒ cónglái méiyǒu wánrguò, dàn wǒ de gēge shì zuì yǒngměng de Diāoyángshǒu.
Мен ойноп көргөн эмесмин, бирок менин байкем эң мыкты улакчы.

B 你想玩儿吗？
Nǐ xiǎng wánr ma?
Сен ойногуң келеби?

A 我当然想玩儿，等我的小马再长大一点儿，我就会开始练习玩儿叼羊游戏了。
Wǒ dāngrán xiǎng wánr, děng wǒ de xiǎo mǎ zài zhǎngdà yìdiǎnr, wǒ jiù huì kāishǐ liànxí wánr Diāoyáng yóuxì le.
Албетте ойногум келет. Менин тайым бир аз чоңойсо мен дагы көк бөрү оюнун ойноп баштайм.

B Nǐ kěyǐ jiāo wǒ zěnme wánr ma?
你 可以 教 我 怎么 玩儿 吗？
Сен мага ойногонду үйрөтөсүңбү?

A Méi wèntí. Búguò nǐ děi xiān xuéhuì qí mǎ.
没 问题。不过 你 得 先 学会 骑马。
Маселе эмес, бирок сен алгач ат мингенди үйрөнүшүң керек.

B Wǒ hái bú huì qí mǎ.
我 还 不 会 骑马。
Мен атка мингенди билбейм.

A Méi guānxi, wǒ kěyǐ jiāo nǐ. Děng nǐ néng shúliàn qí mǎ le, wǒmen yìqǐ wánr Diāoyáng yóuxì, hǎo ma?
没 关系，我 可以 教 你。等 你 能 熟练 骑马 了，我们 一起 玩儿 叼羊 游戏，好 吗？
Эч нерсе эмес, мен сага үйрөтөм. Сен анда алгач атка мингенди жакшы бил, анан улакты чогуу тарталы, жарайбы?

B Hǎo de.
好 的。
Жарайт.

Jiāotōng　Chūxíng

交通 出行

КАТТОО-ТАШМАЛ ЖАНА ЖОЛГО ЧЫГУУ

01	乘坐地铁	МЕТРОДО ЖҮРҮҮ
02	乘坐公交	АВТОБУСКА ОЛТУРУУ
03	乘坐出租车	ТАКСИГЕ ОЛТУРУУ
04	乘坐火车	ПОЕЗДГЕ ОЛТУРУУ
05	乘坐飞机	УЧАККА ЧЫГУУ

01 乘坐 地铁
Chéngzuò Dìtiě
МЕТРОДО ЖҮРҮҮ

去 图书馆 КИТЕПКАНАГА БАРУУ
Qù Túshūguǎn

A Bù hǎoyìsi, jiějie! Wǒ kěyǐ wèn gè wèntí ma?
不好意思，姐姐！我可以问个问题吗？
Кечиресиз, эже! Бир суроо сурасам мүмкүнбү?

B Dāngrán, nǐ xiǎng wèn shénme?
当然，你想问什么？
Албетте, эмне сурайт элең?

A Qǐngwèn túshūguǎn zěnme zǒu?
请问图书馆怎么走？
Китепканага кантип барсам болот?

B Wǒmen zhèlǐ yǒu hěn duō túshūguǎn, nǐ xiǎng qù nǎge túshūguǎn?
我们这里有很多图书馆，你想去哪个图书馆？
Бизде китепканалар көп го, сен кайсыл китепканага барайын дедиң элең?

A Nà shì gè dà túshūguǎn, qiánmiàn yǒu dà gōngyuán.
那是个大图书馆，前面有大公园。
Ал чоң китепкана, маңдайында чоң парк бар.

B Wǒ zhīdào le, nǐ wèn de shì shì túshūguǎn.
我知道了，你问的是市图书馆。
Мен билдим, сен шаардык китепкананы сурап жаткан экенсиң.

A Shìde, shì túshūguǎn. Tīngshuō xīn jìnle xǔduō shū, wǒ xiǎng qù kànkan, kěshì wǒ bù zhīdào qù túshūguǎn de lù.
是的，市图书馆。听说新进了许多书，我想去看看，可是我不知道去图书馆的路。
Ооба, угушума караганда жаңы китептерди көп алып келишкен экен, барып көрүп келейин дегем. Бирок китепканага баруучу жолду билбей жатамын.

B Nǐ qù qiánmiàn nàge gōngjiāozhàn, nàlǐ yǒu gōnggòng qìchē kěyǐ dào túshūguǎn, wǒ bù zhīdào jùtǐ nǎ lù gōnggòng qìchē, nǐ qù kàn yíxià zhànpái huòzhě zài wènwen biérén.
你去前面那个公交站，那里有公共汽车可以到图书馆，我不知道具体哪路公共汽车，你去看一下站牌或者再问问别人。
Сен тигил алдыдагы аялдамага бар, ошол жактан китепканага бара турчу автобустар өтөт, мен кайсыл автобустун бара турганын так билбейм, сен барып жол тактасын карап көр же башка адамдардан сура.

A Xièxie!
谢谢！
Рахмат!

A Dǎrǎo yíxià, qǐngwèn zuò nǎ lù gōnggòng qìchē qù shì túshūguǎn?
打扰一下，请问坐哪路公共汽车去市图书馆？
Кечиресиз, шаардык китепканага кайсыл автобус менен барат?

C Nǐ kěyǐ zuò shísì hào diànchē, zài dì-liù zhàn xià chē.
你可以坐14号电车，在第六站下车。
Сен он төртүнчү троллейбуска отур. Алтынчы аялдамадан түшүп калсаң болот.

A Dì-liù zhàn ma?
第六站吗？
Алтынчы аялдамабы?

C Shìde, dàole sījī huì bàozhàn de. Cóng gōngjiāo chēzhàn zhí zǒu jiù kěyǐ kàndào.
是的，到了司机会报站的。从公交车站直走就可以看到。
Ооба, жеткенде айдоочу жеткен аялдаманын атын айтат. Аялдамадан түз жүрсөң эле көрө аласың.

A Hǎo de, xièxie.
好的，谢谢。
Макул, рахмат.

C Nǐ gāng lái zhège chéngshì ma?
你刚来这个城市吗？
Сен бул шаарга жаңы келдиңби?

A Shìde, wǒ shì yì míng xīnshēng.
是的，我是一名新生。
Ооба, мен жаңы студентмин.

C Fàngxīn qù ba, bú huì mílù de, dàole gōngjiāo chēzhàn jiù néng kàndào.
放心去吧，不会迷路的，到了公交车站就能看到。
Коркпой эле бара бер, адашпайсың, аялдамага жетип алсаң эле көрө аласың.

A Tài gǎnxiè nín le.
太感谢您了。
Сизге абдан ыраазымын.

C Búyòng kèqi.
不用客气。
Эч нерсе эмес.

去 艺术馆　KӨРКӨМ ӨНӨР МУЗЕЙИНЕ БАРУУ

A Dǎrǎo yíxià, wǒ xiǎng qù yìshùguǎn, chéng gōngjiāochē háishì zuò dìtiě fāngbiàn?
打扰 一下，我 想 去 艺术馆，乘 公交车 还是 坐 地铁 方便？
Кечириңиз, мен көркөм өнөр музейине бармак элем. Автобуска олтурганым жакшыбы же метрого олтурганым жакшыбы?

B Zuò dìtiě yào hǎo xiē, gèng biànjié.
坐 地铁 要 好 些，更 便捷。
Метро жакшыраак, ары ыңгайлуу.

A Hǎo de. Nà zuìjìn de dìtiězhàn zài nǎlǐ ne?
好 的。那 最近 的 地铁站 在 哪里 呢？
Жарайт, анда жакын айланадагы метро станциясы кайда?

B Yánzhe zhè tiáo lù zhí zǒu, zài dì-yī gè shízì lùkǒu zuǒ zhuǎn, nǐ jiù néng kànjiàn.
沿着 这 条 路 直 走，在 第一 个 十字 路口 左 转，你 就 能 看见。
Ушул жолду бойлоп түз жүр, биринчи төрт көчөдөн солго бурулсаң эле көрө аласың.

A Tài hǎo le! Nín néng gàosù wǒ gāi chéngzuò nǎ tiáo xiàn qù yìshùguǎn ma?
太 好 了！您 能 告诉 我 该 乘坐 哪 条 线 去 艺术馆 吗？
Аябай жакшы болду! Сиз кайсы линиядагы метро көркөм өнөр музейине бара турганын айтып бере аласызбы?

B Nǐ kěyǐ zuò èr hào xiàn, sì zhàn hòu zhuǎn chéng sān hào xiàn.
你 可以 坐 二号 线，四 站 后 转 乘 三号 线。
Экинчи линияга олтуруп төрт бекеттен кийин түшүп, үчүнчү линияга өтөсүң.

A Wǒ zhīdào le, tài gǎnxiè nín le.
我 知道 了，太 感谢 您 了。
Билдим. Аябай ыракмат, сизге.

B Bú yòng xiè.
不 用 谢。
Эчтеке эмес.

A Nín hǎo, qǐngwèn qù yìshù bówùguǎn zěnme zǒu?
您 好，请问 去 艺术 博物馆 怎么 走？
Саламатсызбы! Мен көркөм өнөр музейине кантип барсам болот?

B Chuānguò jǐ tiáo mǎlù, jìngzhí zǒudào yí gè shāngchǎng, jiù zài nàlǐ.
穿过 几 条 马路，径直 走到 一 个 商场，就 在 那里。
Сен бир нече жолдорду кесип өтүп, түз өйдө баса берсең соода борборуна барасың, дал ошол жерде эле.

A Hǎo de, xièxie!
好 的，谢谢！
Макул, рахмат!

B Rúguǒ nǐ yuànyì dehuà, yìqǐ zǒu, wǒ zhènghǎo wǎng nàge fāngxiàng.
如果 你 愿意 的话，一起 走，我 正好 往 那个 方向 。
Эгер сен кааласаң, чогуу басалы, мен дал ошол тарапка барам.

A Tài hǎo le, nǐ yě qù bówùguǎn ma?
太 好 了，你 也 去 博物馆 吗 ？
Абдан жакшы болду, сен дагы музейге барасыңбы?

B Bù, wǒ qù shāngchǎng.
不，我 去 商场 。
Жок, мен соода борборуна барам.

A Shì nǐ shuō de nàge shāngchǎng ma?
是 你 说 的 那个 商场 吗 ？
Сен айткан тигил соода борборубу?

B Bù, nǐ hái yào wǎng qián zǒu, zài guò yì tiáo jiē.
不，你 还 要 往 前 走，再 过 一 条 街 。
Жок, сен дагы алдыга басып, жана бир көчө өйдө басасың.

A Hǎo ba.
好 吧。
Жарайт.

B Wǒmen dào le, nǐ zìjǐ zhí zǒu jiù dào.
我们 到 了，你 自己 直 走 就 到 。
Мына эми келип жеттик, мындан ары өзүң түз жүрсөң эле жетесиң.

A Wǒ juéde nàge guàzhe qízi de jiù shì.
我 觉得 那个 挂着 旗子 的 就 是。
Менимче тигил желек илинип турган музей окшойт.

B Duì, jiù zài nàr.
对，就 在 那儿。
Туура, дал ошол жерде.

A Tīngshuō bówùguǎn hěn dà.
听说 博物馆 很 大。
Угушума караганда музейи өтө чоң дешти эле.

B Wàimiàn kàn qǐlái bú suàn dà, lǐmiàn què hěn dà.
外面 看 起来 不 算 大，里面 却 很 大。
Сыртынан караганда чоң көрүнбөйт, бирок ичи абдан чоң.

A Fēicháng gǎnxiè nín.
非常 感谢 您。
Сизге абдан ыраазымын.

B Bú kèqi.
不 客气。
Эч нерсе эмес.

02 | 乘坐 公交
Chéngzuò Gōngjiāo
АВТОБУСКА ОЛТУРУУ

坐错车 Zuòcuò Chē АВТОБУСКА ЖАҢЫЛЫШ ОТУРУУ

A Zhè tàng gōngjiāochē kāiwǎng huǒchēzhàn ma?
这 趟 公交车 开往 火车站 吗？
Бул автобус поезд станциясына барабы?

B Nǐ zuòcuò chē le, nǐ yīnggāi chéngzuò shísì lù gōngjiāochē.
你 坐错 车 了，你 应该 乘坐 14 路 公交车。
Сен автобуска жаңылыш олтурупсуң. Сен он төртүнчү линиядагы автобуска олтурушуң керек эле.

汉语   吉语

A Tiān a! Nà xiànzài wǒ gāi zěnme bàn?
天 啊！那 现在 我 该 怎么 办？
Кудай ай! Анда мен кандай кылышым керек?

B Nǐ zài xià yí zhàn xiàchē, ránhòu chéngzuò xiāngfǎn fāngxiàng de shísì lù chē jiù kěyǐ le.
你 在 下 一 站 下车，然后 乘坐 相反 方向 的 14 路 车 就 可以 了。
Сен кийинки бекеттен түшүп кал, андан кийин жолдун каршы жагынан он төртүнчү линиядагы автобуска олтурсаң эле болот.

A Hǎo de, wǒ yào zuò duōshao zhàn cái dào ne?
好 的，我 要 坐 多少 站 才 到 呢？
Макул, мен канча бекеттен соң жетемин?

B Ràng wǒ xiǎngxiang, dàyuē bā zhàn lù ba.
让 我 想想，大约 八 站 路 吧。
Кана, ойлоноюнчу, болжолу сегиз бекеттен кийин жетесиң.

A Yào duō jiǔ cái néng dào ne?
要 多 久 才 能 到 呢？
Канча убакыттан кийин жетет?

B Dàyuē bàn xiǎoshí ba.
大约 半 小时 吧。
Болжолу жарым саатта жетет.

A Qǐngwèn, shísì lù gōngjiāochē cóng zhè biān jīngguò ma?
请问，14 路 公交车 从 这 边 经过 吗？
Кечиресиз, ушул жолдон он төртүнчү автобус өтөбү?

B
Shìde, cóng zhèlǐ jīngguò.
是的，从 这里 经过。
Ооба, ушул жактан өтөт.

A
Wǒ yào qù huǒchēzhàn, shì zài zhèlǐ zuòchē ma?
我 要 去 火车站，是 在 这里 坐车 吗？
Поезд станцияга барат элем, ушул жактан автобуска отурсам жетемби?

B
Cuò le, fāngxiàng fǎn le, nǐ yīnggāi dào mǎlù duìmiàn zuòchē.
错 了， 方向 反 了，你 应该 到 马路 对面 坐车。
Жок. Бул жактан тескери кетесиң, жолдун аркы бетине өтүп ошол жактан автобуска отур.

A
Yuǎn ma?
远 吗？
Алыспы?

B
Bù yuǎn, èrshí fēnzhōng jiù dào le.
不 远， 二十 分钟 就 到 了。
Алыс эмес, жыйырма мүнөттө эле жетесиң.

A
Wǒ gǎn huǒchē láibují le.
我 赶 火车 来不及 了。
Мен поездге жетишпей калдым.

B
Nà nǐ zuìhǎo dǎchē qù.
那 你 最好 打车 去。
Анда сен жакшысы таксиге отуруп бар.

A
Hǎo de, xièxie!
好 的，谢谢！
Жарайт, рахмат!

B
Bú kèqi.
不 客气。
Эч нерсе эмес.

Qù Ālātáo Guǎngchǎng
去 阿拉陶 广场 АЛА-ТОО АЯНТЫНА БАРУУ

A
Huānyíng chéngzuò bā lù gōngjiāochē.
欢迎 乘坐 8 路 公交车。
Сегизинчи линиядагы автобуска кош келиңиз.

B
Qǐngwèn dào Ālātáo Guǎngchǎng ma?
请问 到 阿拉陶 广场 吗？
Кечиресиз, бул автобус Ала-Тоо аянтына барабы?

A
Dào de.
到 的。
Барат.

汉语　　吉语

交通出行 | 081

B
Qǐngwèn chēfèi shì duōshao?
请问 车费是 多少？

Кечиресиз жол акы канча? \ Транспорттук чыгымы канча?

A
Sānshí suǒmǔ. Tóu bì jiù xíng le. Qǐng wǎng chēxiāng hòumiàn zǒu.
三十 索姆。投币就行了。请 往 车厢 后面 走。

Отуз сом. Акчаңызды кассага салсаңыз болду. Автобустун ичине карай жүрүңүз.

B
Qǐngwèn duō jiǔ néng dào?
请问 多久 能 到？

Канча убакытта жетет?

A
Rúguǒ bù dǔchē dehuà, dàyuē yí kèzhōng nín jiù néng dào le.
如果 不 堵车 的话，大约 一 刻钟 您 就 能 到 了。

Эгер жол тыгыны болбосо, болжолу бир чейректе эле жетет.

B
Dàozhàn qǐng jiào wǒ yì shēng hǎo ma?
到站 请叫 我一 声 好 吗？

Бекетке жеткенде мени чакырып коё аласызбы?

A
Nǐ zìjǐ liúxīn, zhùyì bàozhàn, wǒ kěnéng huì wàng le.
你自己留心，注意 报站，我 可能 会 忘 了。

Өзүң байкап, аялдаманы айтканына көңүл буруп тур, мүмкүн мен унутуп калам.

B
Zhīdào le.
知道 了。

Түшүнүктүү.

A
Xiānsheng, qǐng guānshàng nǐ pángbiān de chuānghù.
先生，请 关上 你 旁边 的 窗户。

Мырза, жаныңыздагы терезеңизди жаап алыңыз.

B
Sījī, wǒmen dào nǎlǐ le?
司机，我们 到 哪里 了？

Айдоочу, биз кайсыл жакка жеттик?

A
Wǒmen dào Shènglì Jiē le.
我们 到 胜利 街 了。

Жеңиш көчөсүнө жеттик.

B
Hái xūyào duō cháng shíjiān cái néng dào Ālātáo Guǎngchǎng?
还 需要 多 长 时间 才 能 到 阿拉陶 广 场 ？

Дагы канча убакытта Ала-Тоо аянтчасына жетебиз?

A
Wǔ fēnzhōng.
五 分钟 。

Беш мүнөттө.

B
Míngbai le.
明白 了。

Түшүнүктүү.

A
Nǐ zài Ālātáo Guǎngchǎng de nǎ biān xià?
你在 阿拉陶 广 场 的 哪 边 下？

Ала-Тоо аянтынын кайсыл жагынан түшөсүң?

B
Wǒ cóng zhèngmiàn de zhǔ rùkǒu nà biān xià.
我 从 正面 的 主 入口 那 边 下。
Алдыңкы кире бериш тарабынан түшөм.

A
Wǒmen bú dào zhèngmiàn de zhǔ rùkǒu jiù guǎi guòqù.
我们 不 到 正面 的 主 入口 就 拐 过去。
Биз кире беришке жетпей бурулабыз.

B
Hǎo ba, nà jiù zài nàge guǎijiǎo xià chē.
好 吧，那 就 在 那个 拐角 下 车。
Макул, анда ошол бурулуштан түшүп калайын.

A
Hǎo de, wǒmen dào zhàn le.
好 的，我们 到 站 了。
Жарайт. Мына келип жеттик.

03 Chéngzuò Chūzūchē 乘坐 出租车 ТАКСИГЕ ОЛТУРУУ

Dǎ Diànhuà Jiào Chūzūchē 打 电话 叫 出租车 ТЕЛЕФОНДОН ТАКСИ ЧАКЫРУУ

A
Wèi, nǐ hǎo! Wǒ xiǎng jiào liàng chūzūchē.
喂，你 好！我 想 叫 辆 出租车。
Алло, саламатсызбы! Мен такси чакырайын дедим эле.

B
Wǒmen zài tīng, qǐng jiǎng.
我们 在 听，请 讲。
Угуп жатабыз, сүйлөңүз.

A
Kěyǐ zài shàngwǔ jiǔ diǎn zhīqián pài liàng chūzūchē sòng wǒ qù jīchǎng ma?
可以 在 上午 九 点 之前 派 辆 出租车 送 我 去 机场 吗？
Эртең менен саат тогузга чейин такси жиберип мени аэропортко жеткирип коё аласызбы?

B
Kěyǐ, nǚshì. Nín de dìzhǐ shì nǎlǐ?
可以，女士。您 的 地址 是 哪里？
Болот, айым. Сиздин дарегиңиз кайда?

A
Hépíng Bīnguǎn.
和平 宾馆。
Тынчтык мейманканасы.

汉语 吉语

B Hǎo de, bā diǎn shíwǔ fēn huì yǒu rén guòqù jiē nín de.
好的，八点十五分会有人过去接您的。

Жарайт, саат сегизден он беш мүнөт өткөндө бирөө сизди алганы барат.

A Wǒ xíngli bǐjiào duō, yào hòubèixiāng dà yìdiǎnr de chē.
我行李比较多，要后备箱大一点儿的车。

Менин жүгүм бираз көп эле, багажниги чоңураак машинени жибериңиз.

B Hǎo de, méi wèntí.
好的，没问题。

Жарайт, маселе эмес.

A Wǒ kěyǐ zhīdào chēpáihào ma?
我可以知道车牌号吗？

Машинанын номерин билип алсам болобу?

B Chēhào shì ×××××.
车号是×××××。

Машинанын номери ...

A Míngbai.
明白。

Түшүнүктүү.

B Qǐng liú yíxià míngzi hé diànhuà.
请留一下名字和电话。

Сиздин атыңызды жана телефон номериңизди айтып койсоңуз.

A Wǒ de míngzi shì Sàizīmǔ, diànhuà shì ×××××.
我的名字是塞兹姆，电话是×××××。

Атым Сезим, телефон номерим...

B Hǎo de. Míngtiān zǎoshang sījī huì diànhuà liánxì nín.
好的。明天早上司机会电话联系您。

Макул, эртең айдоочу эрте сиз менен өзү байланышат.

A Jīchǎng lí zhèr yuǎn ma?
机场离这儿远吗？

Аэропорт бул жерден ыраакпы?

B Dàyuē bàn gè xiǎoshí jiù kěyǐ dàodá jīchǎng.
大约半个小时就可以到达机场。

Болжолу жарым саатта эле ал жерге жетип барууга болот.

A Míngbai le, xièxie.
明白了，谢谢。

Түшүнүктүү, рахмат.

B Zàijiàn.
再见。

Саламатта болуңуз.

坐 出租车 ТАКСИГЕ ОТУРУУ
<small>Zuò Chūzūchē</small>

A 出租车！出租车！停 一下。
<small>Chūzūchē! Chūzūchē! Tíng yíxià.</small>
Такси! Такси! Токтоңуз.

B 请问 您 去 哪里？
<small>Qǐngwèn nín qù nǎlǐ?</small>
Кечиресиз сиз кайда барасыз?

A 火车站，谢谢。
<small>Huǒchēzhàn, xièxie.</small>
Поезд станциясына, рахмат.

B 好 的，请 系好 安全带。
<small>Hǎo de, qǐng jìhǎo ānquándài.</small>
Жарайт. Коопсуздук курун тагыңыз.

A 您 能 不 能 开快 一点儿？我 怕 赶 不 上 火车。
<small>Nín néng bù néng kāikuài yìdiǎnr? Wǒ pà gǎn bú shàng huǒchē.</small>
Мүмкүн болсо ылдамыраак айдай алар бекенсиз? Поездге жетишпей калчудай болуп турам.

B 抱歉，先生，有 车速 限制。
<small>Bàoqiàn, xiānsheng, yǒu chēsù xiànzhì.</small>
Кечириңиз, мырза, машинанын тездиги белгилүү чектен ашпоо керек.

A 天 啊！我 想 我 赶 不 上 火车 了。
<small>Tiān a! Wǒ xiǎng wǒ gǎn bú shàng huǒchē le.</small>
Оо, теңирим! Поездге үлгүрө албай турган болдум.

B 您 是 几 点 的 火车？
<small>Nín shì jǐ diǎn de huǒchē?</small>
Сиздин поезд саат канчада жөнөйт?

A 四 点 二十 分。
<small>Sì diǎn èrshí fēn.</small>
Төрт жыйырмада.

B 别 担心，先生。我 想 我们 三 点 五十 分 前 能 到达 那里。
<small>Bié dānxīn, xiānsheng. Wǒ xiǎng wǒmen sān diǎn wǔshí fēn qián néng dàodá nàlǐ.</small>
Кабатырланбаңыз мырза. Биз үч элүүгө чейин ошол жерге жетебиз.

A 真 的 吗？太 好 了！
<small>Zhēn de ma? Tài hǎo le!</small>
Чын элеби? Жакшы болбодубу!

B 是的，我们 现在 走 直达 火车站 的 一 条 近路。
<small>Shìde, wǒmen xiànzài zǒu zhí dá huǒchēzhàn de yì tiáo jìnlù.</small>
Ооба, биз азыр поезд бекетине баруучу кыска жолго түшөбүз.

汉语　　　吉语

Ⓐ Xièxie shīfu.
谢谢 师傅。
Рахмат байке.

Ⓑ Wǒmen dào le.
我们 到 了。
Жеттик.

Ⓐ Duōshao qián?
多少 钱？
Канча болду?

Ⓑ Liǎngbǎi wǔshí suǒmǔ.
两百 五十 索姆。
Эки жүз элүү сом болду.

Ⓐ Zhè shì sānbǎi suǒmǔ, língqián búyòng zhǎo le.
这 是 三百 索姆，零钱 不用 找 了。
Мына бул үч жүз сом, ашканын кайтарбай эле коюңуз.

Ⓑ Xièxie nín, zhù nín lǚtú yúkuài.
谢谢 您，祝 您 旅途 愉快。
Ыракмат сизге! Ак жол болсун!

04 Chéngzuò Huǒchē
乘坐 火车
ПОЕЗДГЕ ОЛТУРУУ

Gòumǎi Huǒchēpiào
购买 火车票   ПОЕЗД БИЛЕТИН САТЫП АЛУУ

Ⓐ Wǒ yào mǎi qù Bālěikèqí de piào.
我 要 买 去 芭蕾克奇 的 票。
Мага Балыкчыга баруучу билет керек.

Ⓑ Hǎo de, nǎ tiān de?
好 的，哪 天 的？
Жарайт, кайсы күндүкү?

Ⓐ Shí yuè èrshíyī hào.
十 月 二十一 号。
Жыйырма биринчи октябрга.

汉语　　吉语

B　Shàngwǔ bā diǎn sānshí fēn yǒu yī bān kuàichē.
　　上午 八 点 三十 分 有 一 班 快车。
　　Түштөн мурда саат сегиз отузда ылдам жүрүүчү бир поезд бар.

A　Jǐ gè xiǎoshí néng dào ne?
　　几 个 小时 能 到 呢?
　　Канча убакта жетип барат?

B　Dàyuē sì gè xiǎoshí, ànzhào lièchē shíkèbiǎo shì shí'èr diǎn wǔshí fēn dào.
　　大约 四 个 小时, 按照 列车 时刻表 是 十二 点 五十 分 到。
　　Болжолу төрт саатта, поезддин убакыт жадыбалы менен карасак он эки элүүдө жетип барат экен.

A　Duōshao qián?
　　多少 钱?
　　Баасы канча?

B　Dānchéngpiào shì yībǎi èrshíwǔ suǒmǔ, wǎngfǎnpiào shì liǎngbǎi sìshí suǒmǔ.
　　单程票 是 一百 二十五 索姆, 往返票 是 两百 四十 索姆。
　　Бир тарапка жүз жыйырма беш сом, эки тарапка болсо эки жүз кырк сом.

A　Yǒu méiyǒu bǐ zhège gèng piányi de piào?
　　有 没有 比 这个 更 便宜 的 票?
　　Мындан арзаныраак билеттер барбы?

B　Rúguǒ zuò mànchē dehuà, chēpiào gèng piányi.
　　如果 坐 慢车 的话, 车票 更 便宜。
　　Эгер жай жүрүүчү поездге отурсаңыз, билети арзан.

A　Wǒ háishì yào kuàichē ba.
　　我 还是 要 快车 吧。
　　Мен анда ылдам поездде эле барайын.

B　Nà nín mǎi kuàichē de wú zuò piào huì gèng piányi.
　　那 您 买 快车 的 无 座 票 会 更 便宜。
　　Анда тез жүрүүчү поезддин туруп баруучу билетин алсаңыз андан да арзан болот.

A　Yào duōshao qián?
　　要 多少 钱?
　　Баасы канча болот?

B　Nín yào dānchéngpiào dehuà nà jiùshì liùshíwǔ suǒmǔ.
　　您 要 单程票 的话 那 就是 六十五 索姆。
　　Бир тарапка алсаңыз алтымыш беш сом болот.

A　Bù, yuǎntú wǒ bù néng zhànzhe qù, máfan gěi wǒ yìngzuòpiào.
　　不, 远途 我 不 能 站着 去, 麻烦 给 我 硬座票。
　　Жок, мен алыс жолго туруп бара албайм, мага отуруп бара турган билет бериңиз.

B　Nín xūyào jǐ zhāng piào?
　　您 需要 几 张 票?
　　Сизге канча билет керек?

A　Dānchéng liǎng zhāng, yīgòng duōshao qián?
　　单程 两 张, 一共 多少 钱?
　　Экини. Жалпы канча болот?

Liǎng zhāng shì liǎngbǎi wǔshí suǒmǔ.
Ⓑ 两 张 是 两百 五十 索姆。
Экөө эки жүз элүү сом болот.

Gěi nǐ.
Ⓐ 给 你。
Мына .

Nín de piào. Zhù nín lǚtú yúkuài!
Ⓑ 您 的 票。祝 您 旅途 愉快！
Билетиңиз. Жолуңуз шыдыр болсун!

Xièxie.
Ⓐ 谢谢。
Рахмат!

Kuàichē Háishì Mànchē
快车 还是 慢车
ТЕЗ ЖҮРҮҮЧҮ ПОЕЗДБИ ЖЕ ЖАЙ ЖҮРҮҮЧҮ ПОЕЗДБИ

Wǒ yào yì zhāng qù Tuōkèmǎkè de huǒchēpiào.
Ⓐ 我 要 一 张 去 托克马克 的 火车票。
Мага Токмокко бара турган бир поезд билети керек.

Yào pǔtōng chē háishì kuàichē?
Ⓑ 要 普通 车 还是 快车 ？
Жай жүрүүчү поезддин билетиби же ылдам жүрүүчү поезддин билети керекпи?

Kuàichē néng bǐ pǔtōng chē jiéshěng duōshao shíjiān?
Ⓐ 快车 能 比 普通车 节省 多少 时间？
Ылдам жүрүүчү поездке отурса жай жүрүүчү поездке караганда канчалык убакытты үнөмдөй аламын?

Chàbuduō yí gè xiǎoshí. Xià yì bān kuàichē zài sān diǎn èrshí fēn dàodá Tuōkèmǎkè.
Ⓑ 差不多 一 个 小时。下 一 班 快车 在 三 点 二十 分 到达 托克马克。
Болжолу бир саат. Кийинки жолку ылдам жүрүүчү поезд үч жыйырмада Токмокко жетип барат.

Kuàichē yào duō fù duōshao qián?
Ⓐ 快车 要 多 付 多少 钱？
Ылдам жүрүүчү поездке олтурсам канча акча төлөймүн?

Tóuděng piào duō fù liùshísān suǒmǔ, èr děng piào duō fù sìshí suǒmǔ.
Ⓑ 头等 票 多 付 六十三 索姆，二 等 票 多 付 四十 索姆。
Биринчи класстагы билетке алтымыш үч сом, экинчи класстагы билетке кырк сом көп төлөйсүз.

A Rúguǒ néng zǎo yí gè xiǎoshí dàodá, wǒ bú jièyì duō fù yìxiē qián. Qǐng gěi wǒ yì zhāng èr děng kuàichēpiào.
如果能早一个小时到达，我不介意多付一些钱。请给我一张二等快车票。
Бир саат мурда барганы болсо анда акчаны көбүрөөк төлөсөк да мейли. Мага экинчи класс билеттен бирди бериңизчи.

B Hǎo de. Zhè shì nín de piào, zhù nín lǚtú yúkuài!
好的。这是您的票，祝您旅途愉快！
Макул, мына сиздин билетиңиз. Сапарыңыз көңүлдүү болсун!

C Yě gěi wǒ yì zhāng huǒchēpiào.
也给我一张火车票。
Мага да поездге бир билет берип коюңузчу.

B Nín xūyào kuàichē háishì pǔtōng chē?
您需要快车还是普通车？
Ылдам жүрүүчү поезддин билети керекпи же жай жүрүүчү поезддин билети керекпи?

C Kuàichē, yì zhāng èr děng chēpiào.
快车，一张二等车票。
Тез жүрүүчү поездге, экинчи класстагы билеттен.

B Duìbùqǐ, gānggāng shì zuìhòu yì zhāng piào.
对不起，刚刚是最后一张票。
Кечиресиз, азыркы акыркы билет эле.

C Xià yì bān shénme shíhou zǒu?
下一班什么时候走？
Кийинкиси качан кетет?

B Wǔ gè xiǎoshí hòu.
五个小时后。
Беш сааттан кийин кетет.

C Zǎo diǎnr de méiyǒu ma?
早点儿的没有吗？
Эртерээк кете турганы жокпу?

B Zhǐ yǒu pǔtōng chē.
只有普通车。
Жай жүрүүчү поезд гана бар.

C Hǎo de. Nà wǒ jiù mǎi pǔtōng chē de piào.
好的。那我就买普通车的票。
Жарайт. Анда ошол жай жүрүүчү поездге билет алайын.

B Nín mǎi jǐ zhāng piào?
您买几张票？
Канча билет аласыз?

C Liǎng zhāng.
两张。
Экини бериңиз.

B Hǎo de. Zhè shì nín de língqián hé chēpiào, zhù lǚtú yúkuài!
好的。这是您的零钱和车票，祝旅途愉快！
Жарайт. Мына ашкан акчаңыз жана билетиңиз. Сапарыңыз көңүлдүү болсун!

05 乘坐 飞机
Chéngzuò Fēijī
УЧАККА ЧЫГУУ

晕机 БАШЫ ТЕГЕРЕНҮҮ
Yùnjī

Ⓐ 打扰 一下，我 感觉 不 舒服，有 点儿 头 晕。
Dǎrǎo yíxià, wǒ gǎnjué bù shūfu, yǒu diǎnr tóu yūn.
Кечирип коюңуз, өзүмдү начар сезип турам, башым айланып жатат.

Ⓑ 我 能 为 您 做 些 什么 吗？您 晕机 吗？
Wǒ néng wèi nín zuò xiē shénme ma? Nín yùnjī ma?
Сизге кандай жардам керек? Башыңыз айланып жатабы?

Ⓐ 是的，有 没有 晕机 药？
Shìde, yǒu méiyǒu yùnjī yào?
Ооба, баш айланганды басуучу дары барбы?

Ⓑ 稍等 一下，我 去 找 一 找。给 您，一 次 服用 一 片。
Shāoděng yíxià, wǒ qù zhǎo yi zhǎo. Gěi nín, yí cì fúyòng yí piàn.
Тура туруңуз, мен карап көрөйүн, алыңыз. Бир жолу бир таблеткадан жейсиз.

Ⓐ 再 帮 我 拿 杯 水 好 吗？谢谢。
Zài bāng wǒ ná bēi shuǐ hǎo ma? Xièxie.
Мага бир стакан суу алып бересизби? Ыракмат.

Ⓑ 不 用 谢。您 以前 坐过 飞机 吗？
Bú yòng xiè. Nín yǐqián zuòguò fēijī ma?
Эч нерсе эмес. Сиз мурда учакка отуруп көрдүңүз беле?

Ⓐ 我 坐过 很 多 次。
Wǒ zuòguò hěn duō cì.
Ооба, көп эле жолу отурганмын.

Ⓑ 坐 飞机 时，您 是否 总是 头晕目眩？
Zuò fēijī shí, nín shìfǒu zǒngshì tóuyūnmùxuàn?
Учакка отурганда сиздин башыңыз ар дайым айланабы?

Ⓐ 没有，这 是 第一 次 出现。我 从来 没 想过 我 会 头 晕。
Méiyǒu, zhè shì dì-yī cì chūxiàn. Wǒ cónglái méi xiǎngguò wǒ huì tóu yūn.
Жок, бул биринчи жолу. Мен эч качан башым айланат деп ойлгон эмесмин.

Ⓑ 您 现在 怎么样？好 一点儿 了 吗？
Nín xiànzài zěnmeyàng? Hǎo yìdiǎnr le ma?
Сиз азыр кандай? Жакшы болуп калдыңызбы?

汉语　吉语

A 我 觉得 头疼。
Wǒ juéde tóuténg.
Бир аз башым ооругансып турат.

B 要 我 再 给 您 拿 杯 水 吗？
Yào wǒ zài gěi nín ná bēi shuǐ ma?
Дагы суу алып келип берейинби?

A 麻烦 了，谢谢 您。
Máfan le, xièxie nín.
Убара кылдым. Рахмат сизге.

B 给 您 水。盖好 毛毯，闭上 眼睛 休息 一会儿。再 有 需要，请 随时 呼叫。
Gěi nín shuǐ. Gàihǎo máotǎn, bìshàng yǎnjīng xiūxi yíhuìr. Zài yǒu xūyào, qǐng suíshí hūjiào.
Мына сиздин сууңуз. Одеялону жамынып, көзүңүздү жумуп бир аз эс алыңыз. Дагы керек болсо, чакырыңыз.

确认 机票 УЧАК БИЛЕТИН ЫРАСТОО

A 打扰一下，我叫萨马特。我事先已订了明天飞往巴黎的820次航班机票，上午九点离开比什凯克。可现在我想改一下行程。

Кечирип коюңуз, Менин атым Самат. Мен эртең эрте Парижге учуучу 820-рейстеги авиация билетин буйрутма кылганмын. Ал саат тогузда Бишкектен учат. Бирок мен азыр учуу күн тартибимди өзгөртөйүн дегем.

B 好的，请告诉我您新的日程安排。

Жарайт. Жаңы күн тартибиңизди айтып бериңиз.

A 能不能将我订的票改到后天？

Заказ кылган билетимди бүрсүгүнкүгө өзгөртүүгө болобу?

B 让我查一下。后天同次航班还有一个座位。

Карап көрөйүн. Бүрсүгүнү окшош самолетто бир орун бар экен.

A 我需要两张票。

Мага эки билет керек эле.

B 后天没有两张票，只有一张。

Бүрсүгүнкүгө эки билет жок, болгону бир билет эле бар.

A 那有没有其他航班？

Анда жакынкы башка каттамга барбы?

B 请稍等。后天有经过阿拉木图的两张票，可以吗？

Күтө туруңуз. Бүрсүгүнкүгө Алматы аркылуу өтүүчү эки кишиге билет бар экен, болобу?

A 路过阿拉木图是什么意思？

Алматы аркылуу өтүүчү дегениңиз кандай?

B 它从比什凯克飞往阿拉木图，在那里停留一个小时，然后去往巴黎。

Бишкектен Алматыга учат, ал жактан бир саатка токтоп, кайра Парижге учат.

A 改天有没有直飞巴黎的航班？

Башка күнкүгө болсо деле Парижге түз кетүүчү учак барбы?

B Wǔ tiān hòu yǒu.
五天后有。
Беш күндөн кийинкиге бар экен.

A Bǐ zhège zǎo diǎnr de hángbān yǒu méiyǒu?
比这个早点儿的航班有没有？
Андан да эртерээк убакытка билет бар экенби?

B Yǒu sān tiān hòu de.
有三天后的。
Үч күндөн кийинкиге бар.

A Tài hǎo le.
太好了。
Өтө жакшы болду.

B Hǎo de, nín yǐ chóngxīn quèrèn shíbā rì fēiwǎng Bālí de bā'èrlíng cì hángbān, shàngwǔ jiǔ diǎn líkāi Bǐshíkǎikè.
好的，您已重新确认十八日飞往巴黎的820次航班，上午九点离开比什凯克。
Жарайт, сиз Парижге кетчү 820 каттамын 18-не ырастадыңыз. Эртең мененки саат тогузда Бишкектен жолго чыгат.

A Piàojià bú huì biàndòng ba?
票价不会变动吧？
Билеттин баасы ошол бойдон эле калабы?

B Tā huì gāo yìdiǎnr, nín xūyào bǔ chājià, liǎngqiān suǒmǔ.
它会高一点儿，您需要补差价，两千索姆。
Тилекке каршы бир аз жогору болот. Сиз айырма баасы үчүн эки миң сом төлөшүңүз керек.

A Duō fù zhème duō ma?
多付这么多吗？
Ошончо көп кошулуп кетеби?

B Yīnwèi mǎi piào de shíjiān jiàngé duǎn, piàojià gāo yìxiē. Nín juéde kěyǐ ma?
因为买票的时间间隔短，票价高一些。您觉得可以吗？
Убакыттын аралыгы кыска болгон үчүн кымбатыраак болот. Сизге жарайбы?

A Kěyǐ, xièxie nǐ de bāngzhù.
可以，谢谢你的帮助。
Жарайт. Көмөк бергениңизге ыракмат!

B Bú kèqi.
不客气。
Эч нерсе эмес.

Gòuwù　Xiāofèi
购物 消费

БУЮМ САТЫП АЛУУ, СООДА ЧЫГЫМ КЫЛУУ

① 购物场所　СООДА КЫЛУУ БОРБОРЛОРУ
② 挑选商品　ТОВАРЛАРДЫ ТАНДОО
③ 询问价格　БААСЫН СУРОО
④ 试穿试用　КИЙИП КӨРҮҮ, ИШТЕТИП КӨРҮҮ
⑤ 讲价议价　БААЛАШУУ
⑥ 退货换货　ТОВАРДЫ КАЙТАРУУ ЖЕ АЛМАШТЫРУУ

01 购物 场所
Gòuwù Chǎngsuǒ

СООДА КЫЛУУ БОРБОРЛОРУ

汉语 吉语

去 家具城 ҮЙ ЭМЕРЕКТЕРИ СООДА САРАЙЫНА БАРУУ
Qù Jiājùchéng

A 劳驾, 您 能 告诉 我 在 哪儿 可以 买到 桌子 吗?
Láojià, nín néng gàosù wǒ zài nǎr kěyǐ mǎidào zhuōzi ma?

Кечириңиз, сиз мага үстөлдү кайдан сатып алууга болоорун айтып бере аласызбы?

B 当然, 你 可以 去 阳光 家具城。
Dāngrán, nǐ kěyǐ qù Yángguāng Jiājùchéng.

Албетте, Сен «Күн Нуру» үй буюмдар соода борборуна барсаң болот.

A 多 远? 我 应该 怎么 去 那里?
Duō yuǎn? Wǒ yīnggāi zěnme qù nàlǐ?

Канчалык ыраак? Ал жерге мен кандай барсам болот?

B 大约 两 公里。你 可以 乘 28 路 公交车, 十 分钟 左右 就 到, 在 那里 你 可以 买到 各种各样 的 家具。
Dàyuē liǎng gōnglǐ. Nǐ kěyǐ chéng èrshíbā lù gōngjiāochē, shí fēnzhōng zuǒyòu jiù dào, zài nàlǐ nǐ kěyǐ mǎidào gèzhǒnggèyàng de jiājù.

Болжолу эки километр. Жыйырма сегизинчи лениядагы автобуска олтуруп барсаң болот. Болжолу он мүнөттө жетет. Ал жерден сен түрдүү үй жабдууларын сатып ала аласың.

A 谢谢 您。
Xièxie nín.

Чоң ыракмат, сизге.

B 不 客气。
Bú kèqì.

Эч нерсе эмес.

A 姐, 您 能 告诉 我 阳光 家具城 在 哪里 吗?
Jiě, nín néng gàosù wǒ Yángguāng Jiājùchéng zài nǎlǐ ma?

Эжеке, сиз «Күн Нуру» соода борбору кайда экенин көргөзүп бере аласызбы?

C 沿着 这 条 路 直 走 就 可以 看到 阳光 家具城。
Yánzhe zhè tiáo lù zhí zǒu jiù kěyǐ kàndào Yángguāng Jiājùchéng.

«Күн Нуру» соода борбору ушул жол менен түз чыксаң эле көрүнүп турат.

A 好 的, 谢谢。
Hǎo de, xièxie.

Жарайт, рахмат.

D: Huānyíng láidào Yángguāng Jiājùchéng!
欢迎 来到 阳光 家具城！
«Күн Нуру» үй буюмдары соода борборуна кош келиңиз!

A: Zhèlǐ shénme jiājù dōu mài ma?
这里 什么 家具 都 卖 吗？
Бул жерде үй тиричилигине керектүү баардык нерсе сатылабы?

D: Dāngrán, wǒmen zhèlǐ de jiājù pǐnzhǒng qíquán, kuǎnshì fēngfù.
当然，我们 这里 的 家具 品种 齐全，款式 丰富。
Албетте, каалаганыңызды таба аласыз, түрлөрү көп.

A: Zhuōzi zài nǎlǐ?
桌子 在 哪里？
Үстөлдөр кайда?

D: Nín chéng diàntī shàng èr lóu, ránhòu wǎng yòu guǎi, nàlǐ yīnggāi yǒu nín xiǎng yào de zhuōzi.
您 乘 电梯 上 二楼，然后 往 右 拐，那里 应该 有 您 想 要 的 桌子。
Экинчи кабатка көтөрүлүп, оң жакты көздөй бассаңыз, ошол жерден каалаган үстөлүңүздү табасыз.

A: Wa! Zhège dìfang hěn dà ya.
哇！这个 地方 很 大 呀。
Охоо! Бул жер абдан чоң тура.

E: Xiānsheng, nín xūyào shénme ne?
先生，您 需要 什么 呢？
Мырза, сизге эмне керек?

A: Wǒ xiǎng mǎi yì zhāng zhuōzi.
我 想 买 一 张 桌子。
Мага бир үстөл керек эле.

E: Kànkan, yǒu nín xǐhuan de bu?
看看，有 您 喜欢 的 不？
Карап көрүңүз, жакканы бар экенби?

A: Wǒ yào bǐ zhège ǎi yìdiǎnr de zhuōzi.
我 要 比 这个 矮 一点儿 的 桌子。
Мага булардан жапызыраагы керек эле.

E: Nàr, wǎng lǐ zǒu, nín huì zhǎodào tā. Nín qǐng gēn wǒ lái, nà biān shì ǎi yìxiē de zhuōzi.
那儿，往 里 走，您 会 找到 它。您 请 跟 我 来，那边 是 矮 一些 的 桌子。
Тигине, ичкери жүрсөңүз аны таба аласыз. Мени менен жүрүңүз, тигил жакта жапызыраак столдор бар.

去 批发 市场　ОПТОМ СООДА БОРБОРУНА БАРУУ

A 嘿，艾肯，你有时间吗？一起去逛街吧？
Алло, Эркин, сенин убактың барбы? Чогуу базарга чыгып келбейлиби?

B 好啊，你想买什么啊？
Жарайт, эмне сатып алмакчысың?

A 我想买件外套，但是不知道应该去哪里买合适。
Өзүмө бир тон алайын дедим эле. Бирок кайсыл жерге барсам жакшы болоорун билбей жатам.

B 我建议你去批发市场，那里的衣服不仅品种款式多，而且价格便宜。
Дүң сатуу базарына барышыңды сунуштаймын, түрлөрү көп болуп эле калбастан, баасы да арзан.

A 不都说便宜没好货吗？
Баасы арзан нерсенин сапаты начар болот деп жүрүшпөйбү?

B 怎么会？我不这么认为，你看我这身衣服，不错吧？就是批发市场买的。
Кандайча? Мен антип ойлобойм, сен менин бул кийимимди кара, жаман эмеспи? Дал ушул дүң соода борборунан сатып алгам.

A 真的？不错啊！那我们就去批发市场。
Аа, чынбы? Жаман эмес! Анда биз дүң соода борборуна баралы.

B 我来了，走吗？
Мен келдим, кеттикпи?

A 马上，我快准备好了。
Азыр мына, даяр болуп калдым.

B 你要买什么样的外套？
Сен кандай тон алмаксың?

A 不是很厚，但是保暖的那种。你觉得批发市场能买到吗？
Өтө калың эмес, бирок жылуу болгон. Сенин оюңча дүң сатуу базарынан сатып алабыз деп ойлойсуңбу?

B 肯定能。那里的商铺太多了。如果我们在那里找不到喜欢的东西，可以去另一个市场看看。

Албетте. Ал жерде дүкөндөр абдан көп экен. Эгер ал жактан жакканын таба албасак, башка базарга барып деле издесек болот.

A 好的，那你要买什么呢？

Жарайт. А сен эмне алмаксың?

B 我打算给自己买一条保暖裤和一顶帽子。

Мен өзүмө жылуу шым жана шапке алайын деп жүрдүм эле.

A 我知道一家商店的帽子很便宜，种类也很多，你想去那里的话咱到那里看看？

Мен бир дүкөн билем, ичинде шапкелер абдан арзан, түрү да абдан көп. Сен кааласаң ал жакка да барып карай кетели?

B 远吗？会不会太晚？

Алыспы? Кеч болуп кетпейби?

A 不会太晚，这家店营业到晚上十点。

Кеч болбойт. Ал дүкөн кечки саат онго чейин иштейт.

B 太好了，咱们一起去买吧。

Жакшы болду, биз чогуу барып сатып алалы.

A 好。

Жарайт.

B 那我们走吧。

Анда биз жөнөдүк.

02 挑选 商品
Tiāoxuǎn Shāngpǐn
TOVARLARDY TANDOO

买 裙子　KÖYNÖK SATYP ALUU
Mǎi Qúnzi

A 您好，您有什么需要？
Nín hǎo, nín yǒu shénme xūyào?
Саламатсызбы, сизге кандай жардам керек?

B 你好，我想买条裙子。
Nǐ hǎo, wǒ xiǎng mǎi tiáo qúnzi.
Саламатсызбы, мен бир көйнөк алайын дедим эле.

A 好的，这些是今年的新款。您觉得这种样式怎么样？
Hǎo de, zhèxiē shì jīnnián de xīnkuǎn. Nín juéde zhè zhǒng yàngshì zěnmeyàng?
Жарайт, булар быйылкы жылдын жаңы фасону. Сиз бул фасонду кандай деп ойлойсуз?

B 看起来很优雅。
Kàn qǐlái hěn yōuyǎ.
Ал сымбаттуу көрүнөт экен.

A 是的，这是我们最畅销的一款，也很好搭配鞋袜。
Shìde, zhè shì wǒmen zuì chàngxiāo de yì kuǎn, yě hěn hǎo dāpèi xiéwà.
Ооба, бул биздин жакшы сатыктагы фасон, ошондой эле бут кийим жана байпак менен жакшы жарашат.

B 那我试试吧。
Nà wǒ shìshi ba.
Анда мен кийип көрөйүн.

A 有小号，中号和大号。您身材苗条，试试小号的吧。
Yǒu xiǎohào, zhōnghào hé dàhào. Nín shēncái miáotiáo, shìshi xiǎohào de ba.
Кичине, орточо жана чоң өлчөмдөгүсү бар. Сиз сымбаттуу экенсиз, кичинекей өлчөмдөгүсүн кийип көрүңүз.

B 好的。你帮忙看看合身不？
Hǎo de. Nǐ bāngmáng kànkan héshēn bù?
Макул. Сен карап коёсунбу, Жарашат экенби?

A 太合身了。您穿真漂亮。
Tài héshēn le. Nín chuān zhēn piàoliang.
Абдан сонун жарашты. Сиз кийсеңиз чын эле сулуу болуп калат экенсиз.

汉语　吉语

B 这件呢？你觉得怎么样？

А булчу? Сен кандай деп ойлойсуң?

A 这件也不错，但没有适合您的尺码了。

Бул дагы жаман эмес, бирок сизге ылайыктуу өлчөмү жок.

B 哦。那这件怎么样？

Оо, анда бул кандай?

A 我相信这件适合您。

Бул сизге жарашаарына ишенем.

B 但我不太喜欢这个领口的样子，看看别的。

Бирок мага бул жаканын көрүнүшү жаккан жок, башкасын карайын.

A 您喜欢这条裙子吗？

А бул юбка сизге жагаар бекен?

B 挺好的，但是颜色可以吗？还有其他颜色吗？

Жакшы экен. Бирок өңү туура келеби? Же башка өңдөрү барбы?

A 如果您喜欢白色的，那就穿白色吧，因为白色的永远都不过时。

Эгер сизге ак түс жакса, анда ак өңдө кийип көрүңүз, анткени ак түстүүсү ар дайым модада болот.

B 你说得对，我试试看。

Туура айтасың, анда кийип көрөйүн.

A 太漂亮了，非常适合您。

Абдан сулуу болуп калды! Сизге абдан жарашты.

B 这条裙子有没有比这个小一号的？

Ушул эле көйнөктүн бир өлчөм кичинеси барбы?

A 这码不合身吗？

Бул сиздин өлчөмүңүз эмес экенби?

B 不，这条裙子大小可以，我是想给妹妹也买一条，她比我矮一点儿。

Жок, бул менин өлчөмүмө туура келет. Мен сиңдиме да бирди сатып алгым келип жатат, ал менден бир аз жапызыраак.

A 明白了，没有这种颜色的，别的颜色可以吗？

Түшүнүктүү. Ушул өңдөгүсү жок, башка түстөгүлөрү бар, болобу?

B
Hái yǒu shénme yánsè de？
还 有 什么 颜色 的？
Дагы кандай түстөгүлөрү бар?

A
Yǒu qiǎn huángsè hé qiǎn lánsè de.
有 浅 黄色 和 浅 蓝色 的。
Ачык сары жана ачык көк түстөр бар.

B
Nà nǐ gěi wǒ qiǎn lánsè de ba.
那 你 给 我 浅 蓝色 的 吧。
Анда мага ачык көк түстөгү көйнөктү бериңиз.

选购 礼物 Xuǎngòu Lǐwù — БЕЛЕК ТАНДАП САТЫП АЛУУ

A
Nín xūyào shénme， xiānsheng?
您 需要 什么， 先生 ？
Сизге эмне керек, мырза?

汉语　　吉语

B
Wǒ xiǎng wèi wǒ tàitai tiāo yí gè lǐwù. Nǐ kěyǐ bāngmáng tuījiàn ma?
我 想 为 我 太太 挑 一 个 礼物。你 可以 帮忙 推荐 吗？
Мен аялыма бир белек алайын деген болчумун, Сен мага сунуш бере аласыңбы?

A
Hǎo de. Nín tàitai xǐhuan wéijīn ma?
好 的。您 太太 喜欢 围巾 吗？
Жарайт, аялыңыз шарфты жактырабы?

B
Bù, tā hěn shǎo dài wéijīn.
不， 她 很 少 戴 围巾。
Жок. Ал шарфты өтө аз оронот.

A
Zhè shuāng gāogēnxié zěnmeyàng?
这 双 高跟鞋 怎么样？
Бул такалуу туфли кандай?

B
Zhè shuāng hóngsè de kàn qǐlái búcuò, dànshì wǒ bù xǐhuan zhè zhǒng kuǎnshì.
这 双 红色 的 看 起来 不错， 但是 我 不 喜欢 这 种 款式。
Бул кызыл бийик такалуу туфли жакшы эле көрүнөт экен, бирок мен мындай фасонду жактырбаймын.

A
Wǒ xīwàng zhè kuǎn shìhé nín tàitai.
我 希望 这 款 适合 您 太太。
Бул фасон сиздин аялыңызга жарашат деп үмүттөнөм.

B
Zhè kuǎn hěn shìhé wǒ de tàitai, nǐ néng gěi wǒ zhǎo yì shuāng hóngsè de sānshíbā mǎ de ma?
这 款 很 适合 我 的 太太，你 能 给 我 找 一 双 红色 的 三十八 码 的 吗？
Мына бул аялыма жарашат го. Мага кызыл түстөгү отуз сегизинчи өлчөмдөгү туфлини таап берчи.

Ⓐ Hǎo de. Nín kànkan.
好 的。您 看看。
Жарайт, сиз көрүңүз.

Ⓑ Zhè shì gěi wǒ tàitai de jiéhūn jìniànrì lǐwù, bāozhuāng yíxià dehuà jiù gèng hǎo le.
这 是 给 我 太太 的 结婚 纪念日 礼物, 包装 一下 的话 就 更 好 了。
Бул аялыма үйлөнгөн күнүбүзгө белек, жакшылап ороп берсең жакшы болот эле.

Ⓐ Yòng lǐpǐnhé kěyǐ ma?
用 礼品盒 可以 吗?
Кутучага салып ороп койсом. Болобу?

Ⓑ Guāng yì shuāng xié bú tài hǎo ba? Shì bù shi zài jiā diǎnr bié de dōngxi?
光 一 双 鞋 不太 好 吧? 是 不是 再 加 点儿 别 的 东西?
Жалаң гана туфли анча жакшы болбой калбайбы? Дагы башка нерсе кошсокпу?

Ⓐ Zài lái yì píng xiāngshuǐ, nín juéde zěnmeyàng?
再 来 一 瓶 香水, 您 觉得 怎么样?
Дагы бир атыр алып келейин, сиз кандай ойлойсуз?

Ⓑ Xiāngshuǐ shì shénme wèir de?
香水 是 什么 味儿 的?
Атырдын жыты кандай?

Ⓐ Nín wén yi wén.
您 闻 一 闻。
Жыттап көрүңүз, жагабы?

Ⓑ Zhège xiāngwèi búshì hěn hǎo. Nǐ juéde fàng huā zěnmeyàng?
这个 香味 不是 很 好。你 觉得 放 花 怎么样?
Бул атырдын жыты өтө жакшы эмес экен. Гүл кошсом кандай ойлойсуң?

Ⓐ Nà dāngrán kěyǐ, wǒ xiǎng měi ge nǚrén dōu xǐhuan huā.
那 当然 可以, 我 想 每 个 女人 都 喜欢 花。
Анда албетте болот. Ар бир айымга гүл жагат деп ойлойм.

Ⓑ Hǎo, nà jiù fàng shù xiānhuā. Fùjìn nǎlǐ yǒu mài huā de?
好, 那 就 放 束 鲜花。附近 哪里 有 卖 花 的?
Жакшы, анда гүл кошсоң. Жакын жерде каерде гүл сатат?

Ⓐ Yòubian jiù yǒu gè huādiàn, nàlǐ kěyǐ mǎidào.
右边 就 有 个 花店, 那里 可以 买到。
Оң жагыбызда гүл саткан дүкөн бар, ошол жактан алсаңыз болот.

Ⓑ Hǎo de, xièxie.
好 的, 谢谢。
Жарайт, рахмат.

03 | 询问 价格
Xúnwèn Jiàgé
БААСЫН СУРОО

询问 价格　БААСЫН СУРОО
Xúnwèn Jiàgé

Ⓐ Nín hǎo, nín xūyào shénme?
　 您好，您需要什么？
　 Саламатсызбы, сизге эмне керек эле?

Ⓑ Qǐng gěi wǒ kàn yíxià nà dǐng hēisè de bàngqiú mào?
　 请给我看一下那顶黑色的棒球帽？
　 Тиги төбөсү кара бейсболдук кепканы көрсөтсөңүз?

Ⓐ Hǎo de, gěi nín.
　 好的，给您。
　 Макул, мына.

Ⓑ Xièxie, zhège duōshao qián?
　 谢谢，这个多少钱？
　 Ыракмат, канча турат?

Ⓐ Yìbǎi wǔshí suǒmǔ.
　 一百五十索姆。
　 Жүз элүү сом.

Ⓑ Hǎo ba, yǒu diǎnr guì. Nà dǐng bèiléi mào duōshao qián?
　 好吧，有点儿贵。那顶贝雷帽多少钱？
　 Ии, бираз кымбат экен. Тиги берет канча?

Ⓐ Yìbǎi suǒmǔ.
　 一百索姆。
　 Жүз сом.

Ⓑ Tài hǎo le, jiù mǎi tā le.
　 太好了，就买它了。
　 Жакшы болбодубу, мен ошону алайын.

Ⓐ Nín yào mǎi shénme?
　 您要买什么？
　 А сиз эмне алат элеңиз?

Ⓑ Zhè dǐng màozi duōshao qián?
　 这顶帽子多少钱？
　 Бул баш кийимдин баасы канча турат?

汉语　　吉语

A Liǎngbǎi suǒmǔ.
两百 索姆。
Баасы эки жүз сом турат.

B Zhège ne?
这个 呢？
Ал эми булчу?

A Tā sìbǎi suǒmǔ.
它 四百 索姆。
Ал төрт жүз сом.

B Tāmen kàn qǐlái yíyàng, wèishénme nàge piányi, zhège guì ne?
它们 看 起来 一样，为什么 那个 便宜，这个 贵 呢？
Экөө бирдей эле көрүнөт го, эмнеге бул арзан, мунусу кымбат?

A Pǐnpái bù yíyàng, suǒ yòng cáizhì yě bù yíyàng, jiàgé dāngrán bù yíyàng.
品牌 不 一样，所 用 材质 也 不 一样，价格 当然 不 一样。
Бренди окшош эмес, колдонулган материялы да окшош эмес, баасы албетте окшош эмес.

B Zhìliàng ne?
质量 呢？
Сапатычы?

A Zhìliàng dōu shì yǒu bǎozhèng de.
质量 都 是 有 保证 的。
Бул экөөнө тең кепилдик берилет.

B Yǒu sānbǎi suǒmǔ zuǒyòu de màozi ma?
有 三百 索姆 左右 的 帽子 吗？
Үч жүз сомдун тегерегинде баш кийим барбы?

A Yǒu, nín kěyǐ zài yòubian zhège qūyù xuǎn.
有，您 可以 在 右边 这个 区域 选。
Бар, сиз оң жактагы жерден тандасаңыз болот.

B Zhè dǐng búcuò, tā de jiàgé shì duōshao?
这 顶 不错，它 的 价格 是 多少？
Мунусу жакшы экен, бунун баасы канча турат?

A Liǎngbǎi bāshí suǒmǔ.
两百 八十 索姆。
Бул эки жүз сексен сом болот.

B Piányi diǎnr ba.
便宜 点儿 吧。
Бир аз арзандатып бериңиз.

A Nà jiù liǎngbǎi liùshí suǒmǔ ba, bù néng zài piányi le.
那就 两百 六十 索姆 吧，不 能 再 便宜 了。
Анда эки жүз алтымыш сом болсун. Мындан арзан болбойт.

B Hǎo de, nà wǒ jiù mǎi zhè dǐng.
好的，那 我 就 买 这 顶。
Жарайт, анда ушуну аламын.

买 鞋 БУТ КИЙИМ САТЫП АЛУУ
Mǎi Xié

A: Zǎoshang hǎo, nín xūyào diǎnr shénme?
早上 好，您 需要 点儿 什么？
Кутман таң, сизге бир нерсе керекпи?

B: Wǒ xiǎng gěi wǒ fùqīn mǎi shuāng xié.
我 想 给 我 父亲 买 双 鞋。
Мен атама бир жуп бут кийим алмакмын.

A: Nín fùqīn měi tiān dōu duànliàn ma?
您 父亲 每 天 都 锻炼 吗？
Атаңыз күндө спорт менен алектенеби?

B: Shìde.
是的。
Ооба.

A: Nà nín kěyǐ gěi tā mǎi shuāng yùndòngxié.
那 您 可以 给 他 买 双 运动鞋。
Анда сиз атаңызга спорттук бут кийим алып бериңиз.

B: Jiàgé zěnmeyàng?
价格 怎么样？
Баасы кандай?

A: Wǒmen yǒu bùtóng jiàgé de, zuǒbian zhè kuǎn yīqiān jiǔbǎi jiǔshí suǒmǔ, zhōngjiān de liǎngqiān jiǔbǎi jiǔshí suǒmǔ, yòubian de sānqiān jiǔbǎi jiǔshí suǒmǔ. Zhìliàng dōu búcuò.
我们 有 不同 价格 的，左边 这 款 1990 索姆，中间 的 2990 索姆，右边 的 3990 索姆。质量 都 不错。
Бизде баалары бирдей эмес, сол жактагы фасон бир миң тогуз жүз токсон сом, ортодогусу эки миң тогуз жүз токсон сом, оң жактагысы үч миң тогуз жүз токсон сом. Баарынын сапаттары жаман эмес.

B: Néng gěi wǒ kàn yí gè yàngpǐn ma?
能 给 我 看 一 个 样品 吗？
Мага үлгүсүн көрсөтө аласыңбы?

A: Hǎo de, gěi nín.
好 的，给 您。
Макул, мына.

B: Zhège duōshao qián?
这个 多少 钱？
Бул канча сом?

A: Yīqiān jiǔbǎi jiǔshí suǒmǔ.
1990 索姆。
Бир миң тогуз жүз токсон сом.

B Kàn qǐlái xiāngdāng búcuò, qǐng gěi wǒ shuāng sìshí'èr mǎ de.
看起来 相当 不错，请给我 双 四十二 码 的。
Караганда абдан жакшы көрүнөт экен. Мага кырк экинчи размерлүүсүн бериңизчи.

A Hǎo de.
好 的。
Макул.

B Yǒu méiyǒu shìhé wǒ chuān de?
有 没有 适合 我 穿 的？
Мага ылайыктуусу барбы?

A Nín xūyào shénme yàng de xiézi?
您 需要 什么 样 的 鞋子？
Сизге кандай бут кийим керек?

B Wǒ xiǎng mǎi yì shuāng hēisè de gāogēnxié.
我 想 买 一 双 黑色 的 高跟鞋。
Мага кара түстөгү бийик такалуу туфли керек эле.

A Nín kàn zhèlǐ, zhèxiē xié hěn shíshàng.
您 看 这里，这些 鞋 很 时尚 。
Бул жакты карасаңыз, булар модалуу туфлилер.

B Bù, wǒ bù xūyào shíshàng de, shūfu yìdiǎnr jiù kěyǐ.
不，我 不 需要 时尚 的，舒服 一点儿 就 可以。
Жок, мага модалуусу кереги жок, жаңга жайлуу болсо эле болот.

A Nàyàng dehuà, wǒ tuījiàn zhè kuǎn, zhè kuǎn xié yòu nàichuān yòu shūfu.
那样 的话，我 推荐 这 款，这 款 鞋 又 耐穿 又 舒服。
Андай болсо, бул фасонду сунуштайм, бул фасондогу бут кийим ары бышык ары жаңга жайлуу.

B Jiàgé duōshao?
价格 多少？
Баасы канча？

A Yīqiān wǔbǎi jiǔshí suǒmǔ.
1590 索姆。
Бир миң беш жүз токсон сом.

B Hǎo de, wǒ mǎi zhè kuǎn.
好 的，我 买 这 款 。
Жарайт, ушуну аламын.

04 试穿试用
Shì Chuān Shìyòng
КИЙИП КӨРҮҮ, ИШТЕТИП КӨРҮҮ

买 面霜 КРЕМ САТЫП АЛУУ
Mǎi Miànshuāng

Ⓐ 打扰一下，我可以看一下这款面霜吗？
Dǎrǎo yíxià, wǒ kěyǐ kàn yíxià zhè kuǎn miànshuāng ma?
Кечириңиз. Мына бул кремди көрсөм болобу?

Ⓑ 当然可以。
Dāngrán kěyǐ.
Албетте болот.

Ⓐ 谢谢，它里面含重金属物质吗？对皮肤有害吗？
Xièxie, tā lǐmiàn hán zhòngjīnshǔ wùzhì ma? Duì pífū yǒuhài ma?
Ыракмат, Анын курамында металл заттар барбы? Териге зыяндуу эмеспи?

Ⓑ 绝对没有，我保证。
Juéduì méiyǒu, wǒ bǎozhèng.
Тап-такыр зыяны жок, мен кепилдик берем.

Ⓐ 我是敏感皮肤，请给我一个试用装试试吧。
Wǒ shì mǐngǎn pífū, qǐng gěi wǒ yí gè shìyòngzhuāng shìshi ba.
Менин терим өтө сезгич. Сураныч мага пробнигин бериңизчи, мен сынап көрөйүн.

Ⓑ 好的。……您觉得怎么样？
Hǎo de. …… Nín juéde zěnmeyàng?
Макул, сиз кандай ойлойсуз?

Ⓐ 感觉很舒服，我买了。
Gǎnjué hěn shūfu, wǒ mǎi le.
Өтө жагымдуу сезилет экен. Сатып алам.

Ⓑ 欢迎再来!
Huānyíng zàilái!
Келип туруңуз.

Ⓐ 姐姐，你能给我看一些好的面霜吗？
Jiějie, nǐ néng gěi wǒ kàn yìxiē hǎo de miànshuāng ma?
Эже, мага жакшы кремдериңиз болсо көргөзөсүзбү?

Ⓑ 您需要什么面霜？
Nín xūyào shénme miànshuāng?
Сизге кандай крем керек эле?

汉语 吉语

A Wǒ de liǎn hěn yóu, suǒyǐ wǒ xūyào yì zhǒng yǒu kòngyóu xiàoguǒ de miànshuāng.
我的脸很油,所以我需要一种有控油效果的面霜。
Менин бетим майлуу, ошондуктан мага майсыздандыруу эффектиси бар крем керек.

B Wǒ gěi nín tuījiàn zhè kuǎn miànshuāng. Tā de zhǔyào chéngfèn shì lúhuì, bùjǐn kòngyóu xiàoguǒ hǎo, hái yǒu zhù yú měibái.
我给您推荐这款面霜。它的主要成分是芦荟,不仅控油效果好,还有助于美白。
Сизге бул кремди сунуштайм. Алоэ менен жасалган, ал бетиңизди майсыздандырып эле калбай, бетиңизди агартууга да жардам берет.

A Wǒ duì lúhuì guòmǐn.
我对芦荟过敏。
Менин алоэден алергиям бар.

B Nà nín kànkan zhè kuǎn miànshuāng, cǎoběn jīnghuá, méiyǒu rènhé tiānjiājì.
那您看看这款面霜,草本精华,没有任何添加剂。
Анда бул кремди карап көрүңүз, өсүмдүктүн ширесинен жасалган болуп, эч кандай кошумча заттар жок.

A Yīnggāi kěyǐ. Jiàgé duōshao?
应该可以。价格多少?
Болот чыгаар. Баасы канча?

B Wǔbǎi liùshí suǒmǔ, yě bú guì.
560 索姆,也不贵。
Беш жүз алтымыш сом, кымбат деле эмес.

A Hǎo de, wǒ yào zhège miànshuāng. Yǒu shìhé xiǎoháir de miànshuāng ma?
好的,我要这个面霜。有适合小孩儿的面霜吗?
Макул, мен ушул кремди алам. Кичине балдарга ылайыктуу крем барбы?

B Yǒu. Jǐ suì?
有。几岁?
Бар, канча жашка керек?

A Sān suì.
三岁。
Үч жашка.

B Nà nín mǎi zhège ba, shìhé suǒyǒu sān suì yǐshàng de értóng.
那您买这个吧,适合所有三岁以上的儿童。
Анда сиз муну алыңыз, үч жаштан өйдө баардык балдарга жарай берет.

A Yě shìhé gānxìng pífū ma?
也适合干性皮肤吗?
Кургак беттерге да колдонсо болобу?

B Shì de, dōu kěyǐ yòng.
是的,都可以用。
Ооба, баардыгына болот.

A Hǎo de, nà wǒ mǎi le, xièxie.
好的,那我买了,谢谢。
Жарайт, анда мен сатып алам. Рахмат.

试 穿 毛衣 СВИТЕРДИ КИЙИП КӨРҮҮ
Shì Chuān Máoyī

A Zǎoshang hǎo, xiānsheng, wǒ néng wèi nín zuò diǎnr shénme?
早上 好， 先生， 我 能 为 您 做 点儿 什么？
Кутман таң, мырза. Мен сиз үчүн эмне кылып бере алам?

B Wǒ xiǎng kànkan máoyī.
我 想 看看 毛衣。
Мен свитер көрмөкмүн.

A Nín juéde chúchuāng lǐ de nàxiē zěnmeyàng a?
您 觉得 橱窗 里 的 那些 怎么样 啊？
Сизге тиги терезе жактагылар жагабы?

B O, ràng wǒ kàn yi kàn.
哦， 让 我 看 一 看。
Оо, көрүп көрөйүн.

A Nín juéde zhè jiàn zǐsè máoyī zěnmeyàng? Tā shì jīnnián de liúxíng kuǎn, nín shìshi ma?
您 觉得 这 件 紫色 毛衣 怎么样？ 它 是 今年 的 流行 款， 您 试试 吗？
Сизге бул күлгүн түстөгү свитер кандай? Ал быйылкы жылдын модасы болуп жатат. Сиз кийип көрөсүзбү?

B Wǒ juéde zhè jiàn yǒu diǎnr dà, yǒu xiǎo yí hào de ma?
我 觉得 这 件 有 点儿 大， 有 小 一 号 的 吗？
Мага чоңураактай сезилди, кичинеси барбы?

A Yǒude, nín shìshi zhè jiàn.
有的， 您 试试 这 件。
Бар, муну кийип көрүңүз.

B Bù hǎoyìsī, zhè duì wǒ lái shuō sìhū bù héshì. Wǒ zài kànkan bié chù.
不 好意思， 这 对 我 来 说 似乎 不 合适。 我 再 看看 别 处。
Кечиресиз, бул мага анча жарашпаган сыяктуу. Мен башка жактан карап келейинчи.

Dàole lìng yì jiā diàn.
(到了 另 一 家 店。 Башка бир дүкөнгө баргандан соң.)

A Nín hǎo, wǒ néng bāng nín shénme?
您 好， 我 能 帮 您 什么？
Саламатсызбы, мен сизге кандай жардам бере алам?

B Wǒ xūyào yí jiàn máoyī.
我 需要 一 件 毛衣。
Мага бир свитер керек эле.

A Wǒmen yǒu hěn duō kuǎnshì, lái kànkan ba.
我们 有 很 多 款式， 来 看看 吧。
Бизде көп түрү бар, келип көрүңүз.

B Zhèxiē máoyī de zhìliàng zěnmeyàng?
这些 毛衣 的 质量 怎么样？

Бул свитерлердин сапаты кандай?

A Fēicháng hǎo, tāmen shì zhīmíng gōngsī de chǎnpǐn.
非常 好，它们 是 知名 公司 的 产品。

Өтө жакшы, алар атактуу фирманыкы.

B Wǒ kěyǐ shì chuān ma?
我 可以 试 穿 吗？

Кийип көрсөм болобу?

A Dāngrán. Xǐhuan ma?
当然。喜欢 吗？

Албетте. Жактыбы?

B Zhè kuǎn bú shìhé wǒ de fūsè.
这 款 不 适合 我 的 肤色。

Бул фасон менин өңүмө туура келген жок.

A Nà shìshi zōngsè de ba.
那 试试 棕色 的 吧。

Анда күрөң түстөгүсүн кийип көрүңүз.

B Xièxie, wǒ juéde zhè jiàn hěn héshì, duōshao qián?
谢谢，我 觉得 这 件 很 合适，多少 钱？

Ыракмат, мага ушул абдан жарашты го дейм. Канча турат?

A Yìqiān suǒmǔ.
一千 索姆。

Бир миң сом.

B Hǎo de, qǐng gěi wǒ bāo qǐlái.
好 的，请 给 我 包 起来。

Жарайт, мага ороп берсеңиз.

A Zài lái a!
再 来 啊！

Келип туруңуз!

05 讲价 议价
БААЛАШУУ

买 裤子   ШЫМ САТЫП АЛУУ

A: 您好，需要点儿什么？
Саламатсызбы, сизге эмне керек?

B: 你好，请问这个多少钱？
Саламатсызбы, кечиресиз, бул канча турат?

A: 两百索姆。
Эки жүз сом.

B: 太贵了！能降点儿价吗？
Өтө кымбат. Баасын төмөндөтө аласыңбы?

A: 既然您这么喜欢它，我给您打九折，这是最低价了。
Муну сиз жактырган болсонуз анда он пайыз арзандатып берейин. Бул эң төмөн баа.

B: 太好了，请帮我把它包起来。
Аябай жакшы болду. Аны мага ороп бериңиз.

A: 还有什么需要吗？
Дагы бир нерсе керекпи?

B: 这条裤子多少钱？
Бул шымыңыз канча турат?

A: 一百索姆。
Бул жүз сом.

B: 太贵了。
Кымбат го.

汉语   吉语

Ⓐ　Bú guì ya, nín mōmo liàozi, zhìliàng hěn hǎo.
　　不贵呀，您摸摸料子，质量很好。

　　Кымбат эмес, сиз кармап көрсөңүз, Сапаты абдан жакшы.

Ⓑ　Nǐ néng gěi wǒ dǎ gè zhé ma?
　　你能给我打个折吗？

　　Бир аз арзандатып бере аласызбы?

Ⓐ　Bù hǎoyìsi, zhè kuǎn yǐjīng shì zuì dī jià le. Rúguǒ nín yuànyì, kěyǐ shìshi bié de.
　　不好意思，这款已经是最低价了。如果您愿意，可以试试别的。

　　Кечириңиз,бул фасон эчак эң арзан болду. Эгер кааласаңыз, башкасын карап көрүңүз.

Ⓑ　Zhè tiáo kùzi duōshao qián?
　　这条裤子多少钱？

　　Бул шым канча турат?

Ⓐ　Nín chéngxīn mǎi dehuà, jiù jiǔshí suǒmǔ.
　　您诚心买的话，就九十索姆。

　　Сиз чын жүрөктөн каалап сатып алып жатсаңыз сизге токсон сомго берем.

Ⓑ　Néng bù néng zài jiàng yìdiǎnr? Wǒ hěn xǐhuan zhè jiàn.
　　能不能再降一点儿？我很喜欢这件。

　　Дагы бир аз баасын түшүрө аласызбы? Мага бул абдан жакты.

Ⓐ　Nín néng chū duōshao qián?
　　您能出多少钱？

　　Сиз канча төлөй аласыз?

Ⓑ　Bāshíwǔ suǒmǔ.
　　八十五索姆。

　　Сексен беш сом.

Ⓐ　Hǎo ba, nà jiù bāshíwǔ suǒmǔ ba.
　　好吧，那就八十五索姆吧。

　　Макул, анда сексен беш сомго ала бериңиз.

Ⓑ　Xièxie.
　　谢谢。

　　Ыракмат.

买包 СУМКА САТЫП АЛУУ
Mǎi Bāo

A 我 能 为您做些 什么？
Wǒ néng wèi nín zuò xiē shénme?
Сизге кандай жардам керек?

B 我 想 买 一 个 包。
Wǒ xiǎng mǎi yí gè bāo.
Мен сумка алайын дедим эле.

A 这个 怎么样？
Zhège zěnmeyàng?
Бул кандай экен?

B 看 起来 不错， 这个 多少 钱？
Kàn qǐlái búcuò, zhège duōshao qián?
Жаман эмес көрүнөт. Муну канчадан сатасыз?

A 两千 九百 九十 索姆。
Liǎngqiān jiǔbǎi jiǔshí suǒmǔ.
Эки миң тогуз жүз токсон сом.

B 这 超出了 我 的 预算， 能 打 个 折 吗？
Zhè chāochūle wǒ de yùsuàn, néng dǎ gè zhé ma?
Менин ойлогонумдан кымбат экен. Мага арзандатып бересиңби?

A 好 吧， 给 您 打 个 九 五 折。
Hǎo ba, gěi nín dǎ gè jiǔ wǔ zhé.
Ооба, сизге беш пайызга арзандатып берейин.

B 天 啊！ 这 只 是 一 个 包 而 已， 我 在 其他 的 地方 看到 过 比 这个 便宜 的。
Tiān a! Zhè zhǐ shì yí gè bāo ér yǐ, wǒ zài qítā de dìfang kàndào guò bǐ zhège piányi de.
Кудай ай! Бул болгону бир сумка го. Башка жерде мындан арзан сатканын көргөнмүн.

A 那 不 可能！ 这 款 包 的 质量 好。 如果 您 真 的 想 买， 那 就 打 八 五 折 吧。
Nà bù kěnéng! Zhè kuǎn bāo de zhìliàng hǎo. Rúguǒ nín zhēn de xiǎng mǎi, nà jiù dǎ bā wǔ zhé ba.
Мүмкүн эмес. Бул фасондогу сумканын сапаты жакшы. Эгер сиз чындап алмак болсоңуз сизге 15% га арзандатып берейин.

B 好 的， 那 我 买 了。
Hǎo de, nà wǒ mǎi le.
Жарайт, алайын анда.

(dàole lìng yì jiā diàn.)
(到了 另 一 家 店。 Башка бир дүкөнгө баргандан соң.)

A 女士， 您 需要 什么？
Nǚshì, nín xūyào shénme?
Айым, сизге эмне керек?

B 我 要 一 个 不 大 不 小 的 包。
Wǒ yào yí gè bú dà bù xiǎo de bāo.
Мага өтө чоң эмес, өтө кичине эмес сумка керек.

汉语　　吉语

A Zhège zěnmeyàng?
这个 怎么样？
Бул кандай?

B Yǒu méiyǒu dà yìdiǎnr de? Yánsè búshì hěn shēn nà zhǒng.
有 没有 大 一点儿 的？颜色 不是 很 深 那 种。
Мындан бир аз чоңураак барбы? Өңү өтө ачык болбосо дегенмин.

A Nà kànkan zhège bāo. Zhè shì jìnkǒu de, zhìliàng hěn hǎo, kuǎnshì yě búcuò. Qítā dìfang zhǎo bú dào zhè kuǎn bāo.
那 看看 这个 包。这 是 进口 的，质量 很 好，款式 也 不错。其他 地方 找 不 到 这 款 包。
Анда бул сумканы карап көрүңүз, бул импорттолуп келген сумка, фасону да жаман эмес. Башка жактан мындай сумка таппайсыз.

B Zhège duōshao qián?
这个 多少 钱？
Мунун баасы канча？

A Sānqiān sìbǎi suǒmǔ.
三千 四百 索姆。
Үч миң төрт жүз сом.

B Tài guì le! Wǒ xiǎng yào liǎng gè, néng bù néng piányi diǎnr?
太 贵 了！我 想 要 两 个，能 不 能 便宜 点儿？
Бул абдан кымбат экен! Мен экини алат элем, арзандатып бере аласызбы?

A Rúguǒ nín mǎi liǎng gè, wǒmen huì gěi nín bǎi fēnzhī wǔ de zhékòu.
如果 您 买 两 个，我们 会 给 您 百分之五 的 折扣。
Эгер эки сумка алсаңыз, сизге беш пайыз арзандатуу менен беребиз.

B Jiǔ zhé, zěnmeyàng? Kěyǐ dehuà jiù bāng wǒ bǎ liǎng zhǒng bùtóng yánsè de bāo bāo qǐlái.
九折， 怎么样？可以 的话 就 帮 我 把 两 种 不同 颜色 的 包 包 起来。
Он пайыз арзандатып берсең, кандай? Мумкун болсо окшобогон эки түсүнөн кылып баштыкка ороп бериңиз.

A Hǎo ba, nín bāng wǒmen xuānchuán xuānchuán.
好 吧，您 帮 我们 宣传 宣传。
Жарайт, дүкөнүбүздү башкаларга сунуштап койсоңуз.

B Méi wèntí. Yígòng duōshao qián?
没 问题。一共 多少 钱？
Маселе эмес. Жалпысынан канча акча болду.

A Liùqiān sìbǎi liùshí suǒmǔ.
六千 四百 六十 索姆。
Алты миң төрт жүз алтымыш сом болду.

B Gěi nǐ qián.
给 你 钱。
Мына акчаңыз.

A Zhèxiē zhūzi shì wǒmen diàn zuò huódòng zèngsòng de lǐwù.
这些 珠子 是 我们 店 做 活动 赠送 的 礼物。
Биздин дүкөнүбүздө акция жүрүп жатат, бул шурулар сизге белек.

B O, xièxie, fēicháng piàoliang.
哦，谢谢，非常 漂亮。
О, рахмат. Абдан кооз экен.

06 退货 换货
Tuìhuò Huànhuò
ТОВАРДЫ КАЙТАРУУ ЖЕ АЛМАШТЫРУУ

退换 围巾 ШАРФТЫ КАЙТАРУУ
Tuìhuàn Wéijīn

汉语　吉语

Ⓐ Dǎrǎo yíxià, wǒ xiǎng tuìdiào zhè tiáo wéijīn.
打扰一下，我想退掉这条围巾。
Кечирип коюңуз, мен мына бул шарфты кайтарып берейин дедим эле.

Ⓑ Wèishénme? Wǒmen de chǎnpǐn hé fúwù yǒu shénme wèntí ma?
为什么？我们的产品和服务有什么问题吗？
Эмне үчүн? Сизге биздин товарларыбыз жана тейлөөбүз жакпадыбы?

Ⓐ Bú shì…… Zhǐshì kuǎnshì bú shìhé, wǒ māma bù xǐhuan.
不是……只是款式不适合，我妈妈不喜欢。
Жок, болгону фасону ылайык келбеди. Энем жактырган жок.

Ⓑ Hǎo ba. Wǒ kěyǐ bāng nín xuǎn yì kuǎn héshì de.
好吧。我可以帮您选一款合适的。
Болуптур. Анда мен сизге ылайык келгенин тандап берейин.

Ⓐ Hǎo de.
好的。
Жарайт.

Ⓑ Zhège kěyǐ ma?
这个可以吗？
Бул болобу?

Ⓐ Wǒ juéde yánsè tài shēn le.
我觉得颜色太深了。
Менимче ал өтө эле кочкул түстө экен.

Ⓑ Zhège ne?
这个呢？
Мунусучу?

Ⓐ Ng, gǎnjué hái kěyǐ.
嗯，感觉还可以。
Ии, болот го деп ойлойм.

Ⓑ Zhè tiáo de jiàgé bǐ nà tiáo guì wǔshí suǒmǔ.
这条的价格比那条贵五十索姆。
Мунун баасы тигил шарфтан элүү сомго кымбатыраак.

A Hǎo de, wǒ jiā wǔshí suǒmǔ.
好的，我加五十索姆。
Жарайт. Мен элүү сом кошуп беремин.

B Gěi nín. Huānyíng zài lái.
给您。欢迎再来。
Мынакей. Дагы келип туруңуз.

(Wéijīn bù héshì, dì-èr tiān lái tuì wéijīn. Шарф жарабайт, шарфты эртеси кайтарып келет)

A Āyí, fēicháng bàoqiàn, wǒ bǎ zhè tiáo wéijīn yòu ná guòlái le.
阿姨，非常抱歉，我把这条围巾又拿过来了。
Эжеке, абдан өкүнүчтүү, бул моюн орогучту кайрадан алып келдим.

B Zài huàn yì tiáo ma?
再换一条吗？
Башкасына алмаштырып берейинби?

A Xièxie, dàn wǒ háishì xiǎng tuìdiào tā.
谢谢，但我还是想退掉它。
Ыракмат, бирок, мен кайтарып берейин дедим.

B Hǎo de, méi wèntí. Nín yǒu shōujù ma?
好的，没问题。您有收据吗？
Жарайт. Маселе жок. Товардын чеги барбы?

A Yǒude, gěi nǐ.
有的，给你。
Бар. Мына.

B Tuìkuǎn qǐng diǎnqīng.
退款请点清。
Кайтаруу кнопкасын басыңыз.

A Hǎo de, xièxie.
好的，谢谢。
Жарайт, рахмат.

B Bú kèqi.
不客气。
Эч нерсе эмес.

换 裤子　ШЫМДЫ АЛМАШТЫРУУ
Huàn　Kùzi

A 你好。我想换条裤子。
Nǐ hǎo. Wǒ xiǎng huàn tiáo kùzi.
Саламатсызбы? Мен шымды алмаштырайын дегем.

B 好的。您的收据还在吗？
Hǎo de. Nín de shōujù hái zài ma?
Жарайт. Сиздин квитанцияңыз барбы?

A 有。我昨天买的。
Yǒu. Wǒ zuótiān mǎi de.
Бар, муну мен кечээ күнү сатып алганмын.

B 这条裤子有什么问题吗？
Zhè tiáo kùzi yǒu shénme wèntí ma?
Бул шымда эмне маселе бар?

A 这个尺码我穿着太大了，想换条小号的。
Zhège chǐmǎ wǒ chuānzhe tài dà le, xiǎng huàn tiáo xiǎohào de.
Бул мага чоң келип калды. Кичинекейине алмаштырмакмын.

B 对不起，这个颜色没有您穿的号了。还有黑色的，您看行吗？
Duìbùqǐ, zhège yánsè méiyǒu nín chuān de hào le. Hái yǒu hēisè de, nín kàn háng ma?
Кечирип коюңуз. Бул түстүн сиз кийүүчү размери жок. Дагы карасы бар. Сиз карап көрүңүз жарайбы?

A 那就给我黑色的吧。
Nà jiù gěi wǒ hēisè de ba.
Карасын салып бере гой анда.

(在商店) Дүкөндө
(Zài shāngdiàn)

B 您好，您需要什么？
Nín hǎo, nín xūyào shénme?
Саламатсызбы, сиз эмне аласыз?

A 你能帮我换下这条裤子吗？
Nǐ néng bāng wǒ huàn xià zhè tiáo kùzi ma?
Мага бул шымды алмаштырып бере аласызбы?

B 请问哪里不合适？
Qǐngwèn nǎlǐ bù héshì?
Кечиресиз, бул шымдын эмнеси жакпай калды?

A 我给我父亲买的尺码不合适。想换条大码的。
Wǒ gěi wǒ fùqīn mǎi de chǐmǎ bù héshì. Xiǎng huàn tiáo dàmǎ de.
Мен атам үчүн алган элем, өлчөмү туура келбей калды. Өлчөмү чоңуна алмаштырат элем.

Ⓑ Zhè kuǎn méiyǒu le.
这 款 没有 了。

Мындай шым башка калбаган эле.

Ⓐ Qítā de yě kěyǐ.
其他 的 也 可以。

Башкачасы болсо деле мейли.

Ⓑ Zhèxiē kùzi yǒu huò, dàn bǐ nín nà tiáo kùzi piányi.
这些 裤子 有 货，但 比 您 那 条 裤子 便宜。

Бул шым бар, бирок бул сиз алып келген шымдан арзаныраак.

Ⓐ Zhìliàng zěnmeyàng?
质量 怎么样？

Сапаты жакшы элеби?

Ⓑ Zhìliàng fēicháng hǎo, nín kěyǐ fàngxīn.
质量 非常 好，您 可以 放心。

Сапаты абдан жакшы! Сиз кабатыр болбоңуз.

Ⓐ Rúguǒ zhè tiáo kùzi bù héshì, hái néng huàn ma?
如果 这 条 裤子 不 合适，还 能 换 吗？

Эгерде бул шым туура келбей калса, кайра алмаштырып бере аласызбы?

Ⓑ Dāngrán kěyǐ, nín shì chuān de shíhou bié sī diàopái.
当然 可以，您 试 穿 的 时候 别 撕 吊牌。

Албетте, сиз кийип көргөнүңүздө биркасын (энбелги) тытып албаңыз.

Ⓐ Hǎo, jiù gěi wǒ zhège ba.
好，就 给 我 这个 吧。

Жарайт, ушуну бере бериңиз.

Ⓑ Hǎo de. Zhè shì tuì nín de chājià.
好 的。这 是 退 您 的 差价。

Макул, бул сиздин кайтарымдан калган акчаңыз.

Ⓐ Xièxie.
谢谢。

Рахмат.

Lǚyóu Chūxíng
旅游 出行

САЯКАТТОО, ЖОЛГО ЧЫГУУ

① 旅行准备　САЯКАТКА ДАЯРДАНУУ
② 出行手续　САЯКАТ ПРОЦЕДУРАЛАРЫ
③ 抵达入住　ЖЕТИП КЕЛҮҮ ЖАНА ЖАЙГАШУУ
④ 异地风光　ЖАТ ЖЕРДИН ЖАРАТЫЛЫШ КӨРКҮ
⑤ 名胜古迹　ТАРЫХЫЙ КЫЗЫКТУУ ЖАЙЛАР
⑥ 拍照留念　СҮРӨТКӨ ТҮШҮП, ЭСТЕЛИК КАЛТЫРУУ

01 旅行 准备
Lǚxíng Zhǔnbèi

САЯКАТКА ДАЯРДАНУУ

旅行 预算
Lǚxíng Yùsuàn

САЯКАТ ҮЧҮН БЮДЖЕТ ТҮЗҮҮ

汉语　　吉语

A 我们 会 花 多少 钱？
Wǒmen huì huā duōshao qián?
Биз канча акча коротобуз?

B 根据 我们 的 行程 看, 总数 不会 少 于 八万 索姆。
Gēnjù wǒmen de xíngchéng kàn, zǒngshù bú huì shǎo yú bāwàn suǒmǔ.
Сапарыбыздын канча күн экендигине караганда, жалпы сарптала турган акчабыз сексен миң сомдон кем болбочудай турат.

A 什么？这么 多！
Shénme? Zhème duō!
Эмне? Ушунчалык көппү!

B 这 是 我们 的 预算 清单, 你 可以 看 一 看。
Zhè shì wǒmen de yùsuàn qīngdān, nǐ kěyǐ kàn yi kàn.
Бул биздин болжолу эсебибиздин чеги, сен карап көр.

A 让 我 看看。天 啊, 光 交通 上 就要 花 将近 三万 五千 索姆。
Ràng wǒ kànkan. Tiān a, guāng jiāotōng shàng jiù yào huā jiāngjìn sānwàn wǔqiān suǒmǔ.
Кана мен карап көрөйүнчү. Теңирим ээ, жалаң транспортко эле отуз беш миң сом коротчудайбыз.

B 情况 就是 如此, 车票、吃、住 等 都 要 花钱。
Qíngkuàng jiùshì rúcǐ, chē piào, chī, zhù děng dōu yào huāqián.
Жагдай ушундай, билет, тамак, жатак акы дегендейлердин баарына акча керектелет.

A 住宿 多少 钱？
Zhùsù duōshao qián?
Жатактын акысы канча экен?

B 住宿 一天 要 花 两千 索姆。
Zhùsù yìtiān yào huā liǎngqiān suǒmǔ.
Жатактын акысы бир суткага эки миң сом.

A 三 天 就 要 花 六千 了。
Sān tiān jiù yào huā liùqiān le.
Үч күнгө эле алты миң болуп кетет экен.

B 是的, 便宜 的 也 有, 不过 它 是 一 个 非常 舒适 的 房间。
Shìde, piányi de yě yǒu, búguò tā shì yí gè fēicháng shūshì de fángjiān.
Ооба, арзаны деле бар экен, бирок ал жатак эс алганга абдан жайлуу бөлмө экен.

Ⓐ
Hǎo ba.　Wǒmen shì bú shì yào duō zhǔnbèi yìxiē qián?
好 吧。 我们 是 不 是 要 多 准备 一些 钱？

Жарайт, биз ашыкча акча даярдап алалыбы?

Ⓑ
Wèishénme?
为什么？

Эмне үчүн?

Ⓐ
Zǒngděi gěi qīnqi péngyou dài diǎnr lǐwù ba.
总得 给 亲戚 朋友 带 点儿 礼物 吧。

Болбоду дегенде жакындарыбызга, досторубузга белек алышыбыз керек болот.

Ⓑ
Nàme zài jiā yíwàn suǒmǔ ba.
那么 再 加 一万 索姆 吧。

Анда дагы бир он миң сом кошуп алалы.

Ⓐ
Nǐ búshì shuō nàlǐ de yīfu hěn hǎo ma?
你 不是 说 那里 的 衣服 很 好 吗？

Сен ал жакта кийимдер жакшы деп айтып жаттың эле го.

Ⓑ
Nǐ juéde wǒmen kěyǐ zài nàlǐ mǎi yīfu ma?
你 觉得 我们 可以 在 那里 买 衣服 吗？

Ошол жактан кийим да алалы деп ойлойсуңбу?

Ⓐ
Wǒ xiǎng shìde,　nǐ juéde zěnmeyàng?
我 想 是的， 你 觉得 怎么样？

Менин оюм ошондой, а сен кандай карайсың?

Ⓑ
Hǎo ba.　Nà wǒ zài duō ná diǎnr qián.
好 吧。 那 我 再 多 拿 点儿 钱。

Жарайт, анда дагы акча кошуп алайын.

Ⓐ
Zhèyàng dehuà,　wǒmen yígòng yùsuàn duōshao?
这样 的话， 我们 一共 预算 多少？

Мындай болсо, биз жалпы канча акча алмай болдук?

Ⓑ
Zhǔnbèile shíwàn suǒmǔ,　dàn wǒmen háishì yīnggāi jiéyuē yìdiǎnr.
准备了 十万 索姆， 但 我们 还是 应该 节约 一点儿。

Жүз миң сом даярдадым, бирок биз үнөмдөшүбүз керек.

Ⓐ
Dāngrán.
当然。

Албетте.

和 朋友 商量　ДОСУ МЕНЕН КЕҢЕШҮҮ
Hé Péngyou Shāngliang

A 假期 你们 打算 去 哪儿?
Jiàqī nǐmen dǎsuàn qù nǎr?
Каникулда кайда барууну пландап жатасыңар?

B 我们 正 计划 旅行。
Wǒmen zhèng jìhuà lǚxíng.
Биз саякатка чыгууну пландап жатабыз.

A 那 太 好 了, 你们 准备 去 哪儿?
Nà tài hǎo le, nǐmen zhǔnbèi qù nǎr?
Анда жакшы болбодубу, силер кайда бармак болуп жатасыңар?

B 我们 打算 去 比什凯克 旅游, 有 什么 可以 推荐 的 地方 吗?
Wǒmen dǎsuàn qù Bǐshíkǎikè lǚyóu, yǒu shénme kěyǐ tuījiàn de dìfang ma?
Биз Бишкекке барып саякаттоону пландап жатабыз. Сунуштагыдай бир жериң барбы?

A 我 的 建议 是 你们 去 伊塞克 湖。伊塞克 湖 是 一 个 旅游 景点, 那里 有 一 个 著名 的 博物馆, 叫 动物博物馆。
Wǒ de jiànyì shì nǐmen qù Yīsàikè Hú. Yīsàikè Hú shì yí gè lǚyóu jǐngdiǎn, nàlǐ yǒu yí gè zhùmíng de bówùguǎn, jiào Dòngwù Bówùguǎn.
Менин кеңешим: силер Ысык-Көлгө баргыла. Ысык-Көл саякаттаганга ылайык жер, ал жерде атактуу бир музей бар, анын аты «Жаныбарлар музейи».

B 伊塞克 湖? 我 最爱 的 歌曲 是《伊塞克 湖 之 波浪》, 我 想 那 一定 是 个 充满 浪漫 的 地方, 一定 要 去。
Yīsàikè Hú? Wǒ zuì ài de gēqǔ shì «Yīsàikè Hú zhī Bōlàng», wǒ xiǎng nà yídìng shì gè chōngmǎn làngmàn de dìfang, yídìng yào qù.
Ысык-Көл? Мен эң жактырган ыр «Ысык-Көл толкундары», мен ал жерди романтикага толгон жер деп эсептейм. Ал жерге сөзсүз баруу керек.

A 如果 你们 要 去 伊塞克 湖, 你们 的 这 次 度假 一定 会 很 有 意思。
Rúguǒ nǐmen yào qù Yīsàikè Hú, nǐmen de zhè cì dùjià yídìng huì hěn yǒu yìsi.
Эгер силер Ысык-Көлгө барсаңар, силердин бул жолку саякатыңар өтө кызыктуу болмок.

B 你 说对 了。
Nǐ shuōduì le.
Дурус айтасың.

A 你 打算 去 哪里? 和 我们 一起 去 伊塞克 湖, 怎么样?
Nǐ dǎsuàn qù nǎlǐ? Hé wǒmen yìqǐ qù Yīsàikè Hú, zěnmeyàng?
Сен кайда барайын деп пландап жатасың? Биз менен чогу Ысык-Көлгө барып келүүгө кандай карайсың?

C 不, 我 去过 那里 了。今年 我 想 去 一 个 安静 的 地方 放松 一下。
Bù, wǒ qùguò nàlǐ le. Jīnnián wǒ xiǎng qù yí gè ānjìng de dìfang fàngsōng yíxià.
Жок, мен ал жака барган элем. Бул жылы тынч бир жерге барып эс алгым келип турат.

A Nà nǐ qù cǎoyuán xiūxi ba.
那 你 去 草原 休息 吧。
Анда жайлоого барып эс алып келээрсиң.

C Nǐ shuōde duì, dàn wǒ qù nǎge cǎoyuán hǎo ne?
你 说得 对， 但 我 去 哪个 草原 好 呢？
Туура айтасың, бирок кайсы жайлоого барсам жакшы болот?

A Wǒ jiànyì nǐ qù Sàrèzházé① Cǎoyuán.
我 建议 你 去 萨热扎泽① 草原 。
Менин кеңешим, Сары-Жаз жайлоосуна бар.

C Nà biān rén duō bù duō?
那 边 人 多 不 多？
Ал жакта адамдар көп эмеспи?

A Xiāngfǎn, nàlǐ rén hěn shǎo, yīnwèi dìfang hěn yuǎn, érqiě hùliánwǎng yě méiyǒu.
相反， 那里 人 很 少， 因为 地方 很 远， 而且 互联网 也 没有 。
Тескерисинче, ал жакта адамдар өтө аз, ал жер алыс, анан да интернет иштебейт.

C Nàyàng hěn hǎo, wǒ xiǎng wǒ kěyǐ hǎohǎo de ānjìng dùjià le.
那样 很 好， 我 想 我 可以 好好 地 安静 度假 了。
Анысы жакшы болду, мен эң эле жакшы тынч эс алат экенмин да.

A Dāngrán, zài nàlǐ kěyǐ xīnshǎng dàzìrán, hē mǎnǎizi, hǎohǎo fàngsōng.
当然， 在 那里 可以 欣赏 大自然， 喝 马奶子， 好好 放松 。
Албетте, ал жерде жаратылыштан ырахат алып, кымыз ичип, эң сонун эс аласың.

C Qián ne, wǒ yīnggāi zhǔnbèi duōshao?
钱 呢， 我 应该 准备 多少 ？
Акчасычы, канча акча алышым керек?

A Nà biān nǐ bú huì huā tài duō qián. Chēfèi, zhùsùfèi jiā qǐlái yígòng wǔqiān suǒmǔ zuǒyòu jiù gòu le.
那 边 你 不会 花 太 多 钱。 车费、 住宿费 加 起来 一共 五千 索姆 左右 就 够 了。
Ал жактан анча көп акча деле коротпойсуң. Жол киресин, жатак акысын кошкондо болжолу беш миң сом тегерегинде алсаң жетет.

C Nà biān de tiānqì zěnmeyàng?
那 边 的 天气 怎么样 ？
Аба ырайы кандай ал жакта?

A Dàishàng bǎonuǎnyī, wǎnshàng hěn lěng, báitiān rè.
带上 保暖衣， 晚上 很 冷， 白天 热。
Жылуу кийим алып ал, кечкиси суук болот, күндүзү ысык.

C Hǎo de, xièxie nǐ de jiànyì.
好 的, 谢谢 你 的 建议。
Жарайт, кеңешиңе рахмат.

A Xīwàng nǐ yǒu gè měihǎo de jiàqī.
希望 你 有 个 美好 的 假期。
Жакшы эс алып келесиң деп үмүт кылам.

---

① Sàrèzházé: dìmíng.
萨热扎泽：地名。

02 出行 手续
Chūxíng Shǒuxù

САЯКАТ ПРОЦЕДУРАЛАРЫ

询问 旅游 手续
Xúnwèn Lǚyóu Shǒuxù

САЯКАТ ПРОЦЕДУРАЛАРЫН СУРАШТЫРУУ

A Nín hǎo, qǐngwèn yǒu shénme kěyǐ bāng nín?
您 好，请问 有 什么 可以 帮 您？
Саламатсызбы, сизге кандай жардам бере алам?

B Nǐmen zuìjìn yǒu qù Hánguó de lǚxíngtuán ma?
你们 最近 有 去 韩国 的 旅行团 吗？
Силерде жакында Кореяга бара турган туристтер группасы барбы?

A Yǒude, qiàhǎo yǒu yí gè sì rì de lǚyóutuán qī tiān hòu chūfā.
有的，恰好 有 一 个 四 日 的 旅游团 七 天 后 出发。
Бар, төрт күндүк туристтер группасы дал жети күндөн кийин жолго чыгышат.

B Tài hǎo le, xūyào zhǔnbèi nǎxiē zīliào?
太 好 了，需要 准备 哪些 资料？
Өтө жакшы болду, кандай документтерди даярдашым керек?

A Nín yào tígōng hùzhào、liǎng zhāng zhàopiàn, yào jiāo liǎngqiān wǔbǎi suǒmǔ de lǚyóufèi.
您 要 提供 护照、两 张 照片，要 交 2500 索姆 的 旅游费。
Сиздин паспортуңуз, эки даана сүрөтүңүз, жана 2500 сом саякат акысын төлөшүңүз керек.

B Xūyào hùzhào yuánjiàn háishì fùyìnjiàn?
需要 护照 原件 还是 复印件？
Паспорттун өзүн беремби же көчүрмөсү жарай береби?

A Fùyìnjiàn bùxíng, xūyào hùzhào yuánjiàn.
复印件 不行，需要 护照 原件。
Көчүрмөсү жарабайт, паспорттун оригиналы керектелет.

B Wǒ zài nǎlǐ kěyǐ zhàoxiàng?
我 在 哪里 可以 照相？
Сүрөткө кайдан түшсөм болот?

A Nín kěyǐ qù XiàngRìKuí Shèyǐng Shālóng zhàoxiàng. Nín shuō yào yòng hùzhào, tāmen huì gěi nín zhào yì zhāng hùzhào de zhàopiàn.
您 可以 去 向日葵 摄影 沙龙 照相。您 说 要 用 护照，他们 会 给 您 照 一 张 护照 的 照片。
«Күн карама» сүрөт салонунан түшсөңүз болот. Сиз паспорт үчүн десеңиз, алар сүрөткө атайы ылайыкташтарып тартып беришет.

B 对了，他们说需要健康证？
Dùi le, tāmen shuō xūyào jiànkāngzhèng?
Баса, медициналык справка керек дешчү эле го?

A 哎呀！我忘记了。这个是必需的。
Aiya! Wǒ wàngjì le. Zhège shì bìxū de.
Ой! Унутуп бараткан экенмин. Бул сөзсүз керек.

B 健康证去哪里办？
Jiànkāngzhèng qù nǎlǐ bàn?
Медициналык справканы кайдан барып алам?

A 可以去家庭医院办理。
Kěyǐ qù jiātíng yīyuàn bànlǐ.
Үй бүлөлүк ооруканадан алсаңыз болот.

B 完了吗？
Wán le ma?
Болду да э?

A 是的，这些文件准备好了您再过来。
Shìde, zhèxiē wénjiàn zhǔnbèi hǎo le nín zài guòlái.
Ооба, ушул документтер даяр болсо келсеңиз болот.

B 那什么时候在哪里买票？
Nà shénme shíhou zài nǎlǐ mǎi piào?
Билетти кайдан, качан алабыз?

A 放心，我们公司会帮助您低价购买机票的。
Fàngxīn, wǒmen gōngsī huì bāngzhù nín dījià gòumǎi jīpiào de.
Кам санабаңыз, учакка билетти биздин компания арзан баада өзү алып берет.

B 明白了，谢谢。
Míngbái le, xièxie.
Түшүнүктүү, ыракмат.

在 旅行社 ТУРИСТТИК АГЕНТСТВОДО
Zài Lǚxíngshè

汉语　吉语

A Huānyíng nín láidào wǒmen lǚxíngshè. Nín xiǎng liǎojiě nǎ fāngmiàn de xìnxī?
欢迎 您 来到 我们 旅行社。您 想 了解 哪 方面 的 信息?
Биздин туристтик агентствого куш келипсиз! Сиз кандай маалыматты билгиңиз келет?

B Wǒ hé wǒ tàitai xiǎng yóulǎn yìxiē gǔjì, nín néng tuījiàn yìxiē dìfang ma?
我和我太太想游览一些古迹,您能推荐一些地方吗?
Мен аялым менен тарыхый урандыларды саякат кылалы дегенбиз. Сиз мага сунуш бере аласызбы?

A Bú qù Sūláimàn Shān kànkan ma? Nàlǐ yǐ jǐ dài gǔdū ér wénmíng.
不去苏莱曼 山 看看 吗? 那里 以 几 代 古都 而 闻名 。
Сулайман Тоосуна барбайсыңарбы? Ал өзүнүн карт тарыхы менен белгилүү.

B Zhè shì gè hǎo jiànyì.
这 是 个 好 建议。
Жакшы сунуш экен.

A Qù nàlǐ de rén huílái hòu dōu rènwéi zhíde tuījiàn.
去 那里 的 人 回来 后 都 认为 值得 推荐。
Ал жакка барган адамдар кайра келгенден кийин сунуштоого татыктуу деп баалашат.

B Nín néng jièshào yíxià xūyào zhǔnbèi nǎxiē shǒuxù ma?
您 能 介绍 一下 需要 准备 哪些 手续 吗?
Сиз бизге керектүү документтерди кантип даярдоо керектигин түшүндүрүп бере аласызбы?

A Dāngrán kěyǐ. Shǒuxiān qǐng zǐxì yuèdú zhè fèn hétong, rúguǒ méiyǒu wèntí jiù kěyǐ qiānzì le. Ránhòu nǐ xūyào tián shēnqǐngbiǎo, bìng bǎ shēnqǐng wénjiàn hé hùzhào gěi wǒ. Jùtǐ xìnxī, nín kěyǐ kànkan zhè fèn xuānchuáncè.
当然 可以。 首先 请 仔细 阅读 这 份 合同, 如果 没有 问题 就 可以 签字 了。 然后 你 需要 填 申请表 , 并 把 申请 文件 和 护照 给 我。 具体 信息, 您 可以 看看 这 份 宣传册 。
Албетте болот. Оболу бул келишимди жакшылап окуңуз, эгер маселе болбосо кол койсоңуз болот. Андан кийин заявка кылуу бланкасын толдурасыз да, аны паспортуңуз менен кошо мага бересиз. Конкреттүү маалыматтарды тээ тиги жактагы үгүттөө китепчесинен окусаңыз болот.

B Hǎo de, xièxie.
好 的, 谢谢。
Жарайт, ыракмат.

A Nǐ hǎo, wǒmen xiǎng qù lǚyóu, xiǎng liǎojiě yìxiē qíngkuàng.
你 好,我们 想 去 旅游, 想 了解 一些 情况 。
Саламатсызбы. Биз саякатка чыгалы дедик эле, шарттарын билейин дегем.

B Nín hǎo, nín xūyào shénme bāngzhù?
您 好, 您 需要 什么 帮助 ?
Саламатсызбы? Сизге кандай жардам керек?

A Wǒ xiǎng hé péngyou men yìqǐ fàngsōng yíxià, kànkan měilì de dìfang. Nín yǒu shénme jiànyì?
我 想 和 朋友 们 一起 放松 一下, 看看 美丽 的 地方。您 有 什么 建议?
Мен досторум менен бирге кооз жерлерди көрүп, эс алсакпы дедик эле. Сизде кандай сунуштар бар?

B　Zhège Xīngqīliù wǒmen yǒu yí ge chéngzhe dàpéngchē qù lǚxíng de huódòng.
这个 星期六 我们 有 一 个 乘着 大篷车 去 旅行 的 活动。
Бизде ушул ишенби күнү саякатка чыга турган чоң кастенваген бар.

A　Qù nǎr?
去 哪儿？
Кайсыл жакка бара турган?

B　Xiànzài shì dōngjì, nǐmen kěyǐ qù Ālākù'ěr, nà shì yí ge fēicháng měilì、shìhé xiūxi de dìfang, cóng nàlǐ qù shān shang dùjià, zěnmeyàng?
现在 是 冬季，你们 可以 去 阿拉库尔，那 是 一 个 非常 美丽、适合 休息 的 地方，从 那里 去 山 上 度假，怎么样？
Азыр кыш мезгилине байланыштуу, Ара-Көлгө барсаңыздар болот, ал эң бир кооз жер, эс алганга ыңгайлуу, ал жерден тоого эс алууга барсаңар болот, кандай деп ойлойсуңар?

A　Nà tǐng hǎo de, xūyào duō cháng shíjiān cái néng dàodá nàlǐ?
那 挺 好 的，需要 多 长 时间 才 能 到达 那里？
Жакшы экен. Ал жерге барып келүү үчүн канча убакыт керектелет?

B　Dàgài xūyào liǎng tiān shíjiān.
大概 需要 两 天 时间。
Жалпысынан эки күн кетет.

A　Yào huā duōshao qián?
要 花 多少 钱？
Канча акча кетет?

B　Jiàgé shì měi rén yìqiān yìbǎi yīshíwǔ suǒmǔ.
价格 是 每 人 一千 一百 一十五 索姆。
Баасы бир кишиге бир миң бир жүз он беш сом.

A　Bāo chī ma?
包 吃 吗？
Тамак-ашы менен биргеби?

B　Shìde, wǒmen tígōng yí rì sān cān, lǚfèi dōu bāokuò zài nèi.
是的，我们 提供 一 日 三 餐，旅费 都 包括 在 内。
Ооба, үч маал тамак берилет, саякаттоонун акчасы баардыгын ичине камтыйт.

A　Xīngqīliù jǐ diǎn chūfā?
星期六 几 点 出发？
Ишенби күнү канчада кетебиз?

B　Nǐmen jiāng zài zǎoshang qī diǎn bàn zài zhèlǐ jíhé, yǒu chē lái jiē nǐmen, xià ge Xīngqītiān huì zài wǎnshang bā diǎn zuǒyòu fǎnhuí.
你们 将 在 早上 七 点 半 在 这里 集合，有 车 来 接 你们，下 个 星期天 会 在 晚上 八 点 左右 返回。
Ошол күнү саат эртең мененки жети жарым да ушул жерде чогуласыздар, автобус келип силерди алып кетет. Жекшенби күнү кайрадан кечки саат сегиздер чамасында кайтып келип каласыздар.

A　Hǎo de, nà wǒ jiù fù sān ge rén de lǚfèi.
好 的，那 我 就 付 三 个 人 的 旅费。
Жарайт. Анда мен үч кишиге төлөй салайын.

B　Yígòng sānqiān sānbǎi sìshíwǔ suǒmǔ.
一共 三千 三百 四十五 索姆。
Жалпы үч миң үч жүз кырк беш сом.

03 抵达 入住
Dǐdá Rùzhù

ЖЕТИП КЕЛҮҮ ЖАНА ЖАЙГАШУУ

叫醒 服务 ОЙГОТУП КОЮУ ТЕЙЛӨӨСҮ
Jiàoxǐng Fúwù

A Nǐ hǎo, wǒ yùdìngguò, míngzi shì Àibiékè.
你 好，我 预订过，名字 是 艾别克。
Салам, менин бронум бар. Атым Айбек.

B Hǎo, wǒ zhǎodào le. Shì èrshíqī rì tuìfáng ma?
好，我 找到 了。是 二十七 日 退房 吗？
Макул, мен таптым. 27-күнү үйдү кайтарасызбы?

A Shìde, méi cuò.
是的，没 错。
Ооба, туура.

B Xiānsheng, nín xūyào jiàoxǐng fúwù ma?
先生 ，您 需要 叫醒 服务 吗？
Мырза, сизге эрте менен ойготуп коюу тейлөөсү керекпи?

A Shìde, qǐng zài zǎoshang liù diǎn shí fēn jiàoxǐng wǒ.
是的，请 在 早上 六 点 十 分 叫醒 我。
Ооба, мени таңкы саат алтыдан он мүнөт өткөндө ойготуп коюңуз.

B Hǎo de. Nín de fángjiān zài sān lóu de sānlínglíù fángjiān, zhù nín rùzhù yúkuài.
好 的。您 的 房间 在 三 楼 的 306 房间，祝 您 入住 愉快。
Жарайт, сиздин бөлмөңүз үчүнчү кабаттагы 306-бөлмө. Жайгашууңуз көңүлдүү болсун.

A Nǐ hǎo! Qǐngwèn hái yǒu fángjiān ma?
你 好！请问 还 有 房间 吗？
Саламатсызбы! Кечиресиз дагы бөлмө барбы?

B Nín yùdìng le ma?
您 预订 了 吗？
Алдын ала брондодуңуз беле?

A Wǒ méiyǒu yùdìng, wǒ jīntiān gāng lái zhège chéngshì.
我 没有 预订，我 今天 刚 来 这个 城市 。
Брон берген эмесмин. Мен бүгүн гана ушул шаарга келип түштүм.

B Nín xūyào shénme yàng de fángjiān?
您 需要 什么 样 的 房间？
Сизге кандай бөлмө керек?

A：Yí gè dānrénjiān.
一个 单人间。
Бир кишилик бөлмө.

B：Bàoqiàn, méiyǒu dānrénjiān le.
抱歉，没有 单人间 了。
Кечиресиз, бир кишилик бөлмөлөр калган жок.

A：Nà shuāngrénjiān yě kěyǐ.
那 双人间 也可以。
Анда эки кишилик бөлмө болсо деле жарай берет.

B：Qǐng chūshì nín de hùzhào.
请 出示 您的 护照。
Паспортуңузду бериңиз.

A：Gěi nǐ. Duōshao qián?
给你。多少 钱？
Мына, баасы канча?

B：Bābǎi suǒmǔ yìtiān.
八百 索姆 一天。
Бир күнгө сегиз жүз сом.

A：Hǎo de.
好 的。
Жарайт.

B：Nín de fángjiān shì èr lóu de èryī'èr.
您的 房间 是二楼的 212。
Сиздин бөлмөңүз экинчи кабаттагы эки жүз он экинчи бөлмө.

A：Néng zài zǎoshang jiào wǒ qǐchuáng ma?
能在 早上 叫我 起床 吗？
Мени эртең менен ойготуп коё аласызбы?

B：Dāngrán kěyǐ, nín yào jǐ diǎn qǐchuáng?
当然 可以，您要几点 起床？
Албетте, сизди канчада ойготуу керек?

A：Wǒ zǎoshang jiǔ diǎn de fēijī, liù diǎn bàn jiàoxǐng wǒ ba.
我 早上 九点 的飞机，六点 半叫醒 我吧。
Мен эртең менен саат тогузда учакка отурушум керек. Саат алты жарымда ойготуңуз.

B：Hǎo de. Zhù nín rùzhù yúkuài.
好 的。祝 您 入住 愉快。
Жарайт. Жайгашууңуз көңүлдүү болсун.

付 押金　ДЕПОЗИТ ТӨЛӨӨ
<small>Fù Yājīn</small>

A Huānyíng láidào wǒmen lǚguǎn, nín yǒu yùyuē ma?
欢迎 来到 我们 旅馆，您 有 预约 吗？
Конок сарайыбызга кош келдиңиз, сиздин бронуңуз барбы?

B Méiyǒu, nǐ néng wèi wǒmen ānpái yí gè kěyǐ xǐzǎo de shuāng rén fángjiān ma?
没有，你 能 为 我们 安排 一 个 可以 洗澡 的 双 人 房间 吗？
Жок, ваннасы бар эки кишилик бөлмө даярдап бере аласызбы?

A Qǐng shāoděng. Èrlíngbā shì kěyǐ rùzhù, sānbǎi wǔshí suǒmǔ yì wǎn.
请 稍等。208 室 可以 入住，三百 五十 索姆 一 晚。
Бир аз күтө туруңуз, 208-бөлмөгө кирип жатсаңыз болот экен. Бир түнгө үч жүз элүү сом.

B Tài hǎo le, wǒ dìng le.
太 好 了，我 订 了。
Өтө жакшы болду, ошол бөлмөнү алайын.

A Qǐng chūshì nín de zhèngjiàn, bìng tiánxiě dēngjìbiǎo.
请 出示 您 的 证件，并 填写 登记表。
Күбөлүгүңүздү көрсөтүңүз, катталуу формасын толтуруңуз.

B Hǎo de.
好 的。
Жарайт.

A Qǐng nín zhīfù yìqiān suǒmǔ de yājīn.
请 您 支付 一千 索姆 的 押金。
Өтүнөм, сиз бир миң сом депозит төлөп коёсузбу.

B Bù hǎoyìsi, wǒ bù míngbái, liǎng gè rén yìqiān suǒmǔ?
不 好意思，我 不 明白，两 个 人 一千 索姆？
Кечиресиз, мен түшүнбөй калдым, эки кишиге миң сомбу?

A Shìde, liǎng gè rén yìqiān suǒmǔ, shì àn fángjiān shōuqǔ de. Wǒmen jiāng zài nín tuìfáng shí tuìhuán nín yìqiān suǒmǔ.
是的，两 个 人 一千 索姆，是 按 房间 收取 的。我们 将 在 您 退房 时 退还 您 一千 索姆。
Ооба, эки кишиге миң сом, бөлмөгө карата алынат. Кетээр чагыңызда сизге кайра миң сомду кайтарып беребиз.

B Míngbái le. Gěi nǐ.
明白 了。给 你。
Түшүндүм. Мынакей.

A Xièxie, zhè shì èrlíngbā fángjiān de fángkǎ hé yājīn shōujù. Xínglǐyuán jiāng dài nín qù fángjiān, bìng bāng nín tí xínglǐ.
谢谢，这 是 208 房间 的 房卡 和 押金 收据。行李员 将 带 您 去 房间，并 帮 您 提 行李。
Ыракмат, бул 208 бөлмөнүн картасы жана депозит квитанциясы. Жүк ташыгыч жардамчы жигит силердин жүктөрүңөрдү көтөрүп бөлмөңүзгө жеткирип коёт.

B Xièxie.
谢谢。
Ыракмат.

04 异地 风光
Yìdì Fēngguāng
ЖАТ ЖЕРДИН ЖАРАТЫЛЫШ КӨРКҮ

杰提奥古兹 山峡 及其 山泉
Jiétí'àogǔzī Shānxiá Jí Qí Shānquán
ЖЕТИ-ӨГҮЗДҮН ЖАРЫЛГАН ЖҮРӨК КАПЧЫГАЙЫ ЖАНА БУЛАКТАРЫ

Ⓐ 看，咱们 到 杰提奥古兹 山峡 了。
Kàn, zánmen dào Jiétí'àogǔzī Shānxiá le.
Кара, биз Жети-Өгүз капчыгайына келип жеттик.

Ⓑ 啊！这个 地方 真 漂亮。
A! Zhège dìfang zhēn piàoliang.
Аа-ий, бул жер абдан кооз тура.

Ⓐ 看看 那些 山坡 上 的 云杉树。
Kànkan nàxiē shānpō shàng de yúnshānshù.
Тоо боорунда өскөн карагайларды карачы.

Ⓑ 这里 简直 就 像 是 人造 的 一样，太 漂亮 了。
Zhèlǐ jiǎnzhí jiù xiàng shì rénzào de yíyàng, tài piàoliang le.
Тим эле адам жасап койгондой, кооз экен.

Ⓐ 没 错， 右边 是 山， 左边 是 伊塞克 湖。
Méi cuò, yòubian shì shān, zuǒbian shì Yīsàikè Hú.
Туура айтасың, оң тарабы тоо, сол жагында Ысык-Көл.

Ⓑ 真 的 是 山清 水秀 啊。
Zhēn de shì shānqīng shuǐxiù a.
Бул чынында эле тоолору токойлуу, суулары тунук!

Ⓐ 这 座 山 是"心碎"山。瞧 一 瞧，它 的 外观 如同 伤心 之 人 的 心 一般 一 分 为 二。
Zhè zuò shān shì "xīnsuì" shān. Qiáo yi qiáo, tā de wàiguān rútóng shāngxīn zhī rén de xīn yìbān yī fēn wéi èr.
Бул деген «Жарылган жүрөк» тоосу. Карасаң, анын сырткы көрүнүшү кудум бөлүнгөн жүрөккө окшойт, кайгылуу адамдын экиге бөлүнгөнүндөй.

Ⓑ 这 座 山 确实 像 被 劈成了 两 半 的 心脏。它 是 如何 这样 被 劈成了 两 半 的 呢？
Zhè zuò shān quèshí xiàng bèi pīchéngle liǎng bàn de xīnzàng. Tā shì rúhé zhèyàng bèi pīchéngle liǎng bàn de ne?
Бул тоо чындап эле экиге бөлүнүп турган жүрөккө окшошот экен. Ал тоо кантип экиге бөлүнүп калган?

Ⓐ 关于 这 座 山 的 传说 很 多。一 种 普遍 的 说法 是 指 没有 得到 内心 想 要 追求 的
Guānyú zhè zuò shān de chuánshuō hěn duō. Yī zhǒng pǔbiàn de shuōfǎ shì zhǐ méiyǒu dédào nèixīn xiǎng yào zhuīqiú de

爱情 的 少女 之 心，另 一 种 说法 是 为 自己 的 孩子 心碎 的 母亲 之 心。

Жарылган жүрөк тоосу тууралуу ар кандай уламыштар айтылат. Бири сүйгөнүнө жетпей калган кыздын жүрөгү десе, бири баласы үчүн жарылган эне жүрөгү дейт.

Ⓑ 很 有 意思。

Абдан кызыктуу экен.

Ⓐ 在 这里 啊，一 年 四季 都 有 旅客。不仅 有 吉尔吉斯斯坦 的 各 地 游客，国外 的 游客 也 过来 欣赏 这 座 山。

Бул жерде, жылдын төрт мезгилинде тең саякатчылар бар. Кыргызстандын гана эмес, чет өлкөдөн да көргөнү келип суктанып кетишет.

Ⓑ 我们 能 再 靠近 去 看看 这 座 山 吗？

Бул тоого жакыныраак барсак болобу?

Ⓐ 当然 可以，不过 到 那里 你 必须 骑马，否则，我们 无法 通过 这 条 河。

Албетте болот, бирок ал жакка жетүү үчүн атка минип алуу керек, болбосо, бул суудан өтө албайбыз.

Ⓑ 这 水 是 从 哪里 来 的？

Бул суу кайдан агып келет?

Ⓐ 这些 水 是 山 上 的 冰川 融化 和 不同 的 山泉水 流入 而 形成 的。

Бул суу ар кайсы булактардан, мөңгүлөрдөн кошулуп агып келе жаткан суу.

Ⓑ 贾热勒干朱列克 山峡 也 有 泉水 吗？

Жарылган жүрөктө да булак барбы?

Ⓐ 当然 有，这个 泉水 不 是 普通 的 水，它 有 很 高 的 药用 价值。

Албетте бар. Ал булактан чыккан суу жөн суу эмес, анын даарылык касиети күчтүү суу.

Ⓑ 我们 现在 去 哪儿？

Биз азыр кайда барабыз?

Ⓐ 我们 现在 要 去 瀑布。

Азыр биз шаркыратмага барышыбыз керек.

Ⓑ 这个 瀑布 比 我 想象 的 还 漂亮。

Бул шаркыратма мен ойлогондон да кооз экен.

Ⓐ Lái ba, wǒ zài zhèlǐ gěi nǐ pāizhào.
来吧，我在这里给你拍照。
Кел, сени бул жерден сүрөткө тартып коёюн.

Ⓑ Hǎo a.
好啊。
Макул.

"传说"峡谷　«ЖОМОК» КАПЧЫГАЙЫ

Ⓐ Jīntiān wǒmen zài Yīsàikè Hú dùguòle yí gè měihǎo de jiàqī, duì ba?
今天我们在伊塞克湖度过了一个美好的假期，对吧？
Бүгүн Ысык-Көлдө аябай сонун эс алууну өткөрдүк, туурабы?

Ⓑ Méi cuò, Yīsàikè Hú quèshí shì gè hǎo dìfang.
没错，伊塞克湖确实是个好地方。
Туура, Ысык-Көл чындыгында керемет жер экен.

Ⓐ Nǐmen hái xiǎng zài xiūxi yíxià ma?
你们还想再休息一下吗？
Силер дагы эс алгынды каалайсыңарбы?

Ⓑ Xiǎng, jiē xiàlái wǒmen hái néng qù nǎr?
想，接下来我们还能去哪儿？
Каалайбыз, дагы кайда барып келели?

Ⓐ Bù yuǎn chù jiùshì "Chuánshuō" Xiágǔ, nǐmen xiǎng qù dehuà zán qù nàlǐ kànkan ba.
不远处就是"传说"峡谷，你们想去的话咱去那里看看吧。
Алыс эмес жерде «Жомок» капчыгайы бар, силер кааласаңар ошол жерге барып көрүп келели.

Ⓑ Dāngrán xiǎng, zhège míngzi tīng qǐlái jiù tǐng yǒuqù de.
当然想，这个名字听起来就挺有趣的。
Албетте каалайбыз, аталышы дагы кызыктуу угулат экен.

Ⓐ Kàn! Zhè jiùshì "Chuánshuō" Xiágǔ, zài zhèlǐ nǐmen néng kàndào rènhé chuánshuō zhōng de dōngxi.
看！这就是"传说"峡谷，在这里你们能看到任何传说中的东西。
Кара! Бул «Жомок» капчыгайы. Бул жерден ар кандай жомоктогу нерселерди көрө аласыңар.

Ⓑ Wǒmen quèshí yùdàole yí gè shénhuà bān de chéngbǎo.
我们确实遇到了一个神话般的城堡。
Биз чыныгы эле жомоктогудай сепилге туш болдук го.

Ⓐ Suǒyǐ tā bèi chēngwéi "Chuánshuō" Xiágǔ.
所以它被称为"传说"峡谷。
Ошол үчүн «Жомок» деп аталган капчыгай да.

汉语　　吉语

B
Zhège jiù xiàng yì tiáo lóng.
这个 就 像 一 条 龙。
Бул болсо ажыдаарга окшош экен.

C
Zhèxiē shì shéi chuàngzào de?
这些 是 谁 创造 的?
Буларды ким жасаган?

A
Zhè shì zìrán xíngchéng de.
这 是 自然 形成 的。
Муну жаратылыш өзү жасаган.

C
Tāmen bú huì zài fēngbào zhōng dǎoxià ma?
它们 不 会 在 风暴 中 倒下 吗?
Бороон болсо булар кулап калышпайбы?

A
Tāmen yǒngyuǎn dōu bú huì dǎotā.
它们 永远 都 不 会 倒塌。
Алар эч качан урап калышпайт.

C
Zhèxiē shān de yánsè yě gè bù xiāngtóng.
这些 山 的 颜色 也 各 不 相同。
Бул тоолордун өңү да бир башкача экен.

A
Zhè zuò shān shì shātǔshān, hěn shǎo zhǎng cǎo.
这 座 山 是 沙土山, 很 少 长 草。
Бул тоо кум топурактуу тоо, башка тоолорго окшоп чөп өспөйт.

C
Yóukè jīngcháng lái zhèlǐ ma?
游客 经常 来 这里 吗?
Бул жерге да туристтер көп келишеби?

A
Shìde, yóuqí shì hěn duō háizi lái wánr.
是的, 尤其 是 很 多 孩子 来 玩儿。
Ооба, өзгөчө жаш балдар менен келип ойноп кетишет.

B
Nà wǒmen xià cì dài háizi men yìqǐ lái ba.
那 我们 下 次 带 孩子 们 一起 来 吧。
Анда биз дагы эмкиде бөбөктөрүбүздү ала келели.

C
Yàoshì nàyàng dehuà jiù tài hǎo le.
要是 那样 的话 就 太 好 了。
Ошондой кылсак абдан жакшы болмок.

05 名胜 古迹
Míngshèng Gǔjì
ТАРЫХЫЙ КЫЗЫКТУУ ЖАЙЛАР

塔什拉巴特 商队 驿站
Tǎshílābātè Shāngduì Yìzhàn
ТАШ-РАБАТ КЕРБЕН САРАЙЫ

A: Nǐ kànkan zhè zhāng zhàopiàn, zhīdào zhè shì nǎlǐ ma?
你看看这张照片，知道这是哪里吗？
Сен бул сүрөттү карачы, бул кайда экенин билдиңби?

B: Dāngrán zhīdào. Zhè shì Tǎshílābātè Shāngduì Yìzhàn ma.
当然知道。这是塔什拉巴特商队驿站嘛。
Албетте билдим, бул Таш-Рабат кербен сарайы го.

A: Duì de, zhè shì Nàlún jìng nèi de Tǎshílābātè Shāngduì Yìzhàn, duōme shénqí de dìfang.
对的，这是纳伦境内的塔什拉巴特商队驿站，多么神奇的地方。
Туура, бул Нарындагы Таш-Рабат, кандай гана керемет жер.

B: Tā shì Jí'ěrjísīsītǎn de lìshǐ gǔjì zhī yī.
它是吉尔吉斯斯坦的历史古迹之一。
Кыргызстандагы тарыхый курулуш эстеликтердин бири.

A: Nǐ liǎojiě tā de lìshǐ ma?
你了解它的历史吗？
Сен анын тарыхы жөнүндө билесиңби?

B: Wǒ zhīdào, tā shǔyú shíwǔ shìjì.
我知道，它属于十五世纪。
Билем, ал он бешинчи кылымга таандык.

A: Yǒu hěn duō kēxuéjiā yánjiūguò, duì ba?
有很多科学家研究过，对吧？
Аны көп окумуштуулар изилдешкен э?

B: Shì de, tā jiànzào de fēicháng shénqí.
是的，它建造得非常神奇。
Ооба, укмуштуудай салынган экен.

A: Tā wánquán shì yòng shítou lěichéng de jiànzhù, suǒyǐ tā bèi chēngwéi Tǎshílābātè.
它完全是用石头垒成的建筑，所以它被称为塔什拉巴特。
Бул жалаң гана таштар менен салынган экен, ошол үчүн Таш-Рабат аталып калса керек.

B: Tā de fángjiān tài duō le, yǒu rén shuō yǒu sìshí gè fángjiān, yě yǒu rén shuō yǒu sìshíyī gè.
它的房间太多了，有人说有四十个房间，也有人说有四十一个。
Бөлмөлөрү өтө көп экен. Бири кырк бөлмө десе, башкасы кырк бир деп айтышат.

A Nǐ zhīdào tā de láilì ma?
你 知道 它 的 来历 吗？
Сен анын келип чыгышын билесиңби?

B Wèile fāngbiàn láizì sìmiànbāfāng de shāngduì hé lǚxíngzhě dào zhèlǐ xiūxi hé guòyè.
为了 方便 来自 四面八方 的 商队 和 旅行者 到 这里 休息 和 过夜。
Ар кайсы жактан келген кербендер менен жолоочуларды эс алышы жана түнөшү үчүн салынган.

A Hěn yǒu yìsi. Wǒmen chōukòng qù nàlǐ zěnmeyàng?
很 有 意思。我们 抽空 去 那里 怎么样？
Абдан кызыктуу. Биз бош болгондо ошол жерге барып келсек кандай?

B Wǒ tóngyì, yǒukòngr de shíhou jiù qù ba.
我 同意，有空儿 的 时候 就 去 吧。
Мен макулмун, бошогондо барып келели.

A Nǐ yǐqián qùguò nàlǐ ma?
你 以前 去过 那里 吗？
Сен ал жерге мурун баргансыңбы?

B Méiyǒu, wǒ méiyǒu qùguò. Wǒ de yí gè péngyou zuìjìn qùguò, zhèxiē shì tā pāi de zhàopiàn.
没有，我 没有 去过。我 的 一 个 朋友 最近 去过，这些 是 他 拍 的 照片。
Жок, барган эмесмин. Бир досум жакында эле барып келиптир, бул анын сүрөттөрү.

A Zhèxiē shì Tǎshílābātè lǐmiàn de zhàopiàn a.
这些 是 塔什拉巴特 里面 的 照片 啊。
А бул Таш-Рабаттын ичиндеги сүрөттөр экен.

B Rúguǒ nǐ xǐhuan, wǒ gěi nǐ zhè zhāng zhàopiàn.
如果 你 喜欢，我 给 你 这 张 照片。
Жаккан болсо, бул сүрөттү сага берем.

A Xièxie nǐ, wǒ yě hěn gǎn xìngqù, wǒ xiǎng qù qīnyǎn kànkan.
谢谢 你，我 也 很 感 兴趣，我 想 去 亲眼 看看。
Рахмат сага. Мен да абдан кызыгып калдым, барып өз көзүм менен көргүм келип жатат.

B Nà jīnnián xiàtiān wǒmen yídìng qù.
那 今年 夏天 我们 一定 去。
Анда ушул жайда сөзсүз баралы.

Sūláimàn Shān Bówùguǎn
苏莱曼 山 博物馆 СУЛАЙМАН ТОО ИЧИНДЕГИ МУЗЕЙ

A Āzhāmǎtè, nǐ qùguò Sūláimàn Shān Lìshǐ Bówùguǎn ma?
阿扎马特，你 去过 苏莱曼 山 历史 博物馆 吗？
Азамат, Сулайман тоо ичиндеги тарых музейине баргансыңбы?

B Shìde, wǒ liǎng nián qián qùguò, tā wèiyú Àoshí Shì de zhōngxīn.
是的，我 两 年 前 去过，它 位于 奥什 市 的 中心。
Ооба. Эки жыл мурда баргам. Ал Ош шаарынын дал ортосунда жайгашкан.

汉语　　吉语

A Zěnmeyàng a?
怎么样 啊？
Кандай экен?

B Tài ràng rén jīngyà le, tā jiàn zài shān lǐmiàn, nǐ yào tōngguò shāndòng jìnqù, lǐmiàn fēicháng shénqí.
太 让 人 惊讶 了，它 建在 山 里面，你 要 通过 山洞 进去，里面 非常 神奇。
Абдан таң калыштуу экен, ал тоонун ичине курулган. Үңкүрдүн ичине киришиң керек, ичи абдан укмуштуу.

A Shìde, lǐmiàn yǒu dúyīwú'èr de měilì.
是的，里面 有 独一无二 的 美丽。
Ооба, ал жерде ааламда жок кооздук бар экен.

B Shān lǐmiàn de bówùguǎn shōucángzhe gǔdài wénwù.
山 里面 的 博物馆 收藏着 古代 文物。
Тоонун ичиндеги музейде байыркы буюм-тайымдар сакталган экен.

A Zhèxiē gǔdài wénwù yǐjīng bǎocúnle shù qiān nián le.
这些 古代 文物 已经 保存了 数 千 年 了。
Ал буюм-тайымдар миңдеген жылдар бою сакталып калган.

B Bówùguǎn gōngzuò rényuán huì jièshào nàxiē gǔdài wénwù.
博物馆 工作 人员 会介绍 那些 古代 文物。
Музейде иштегендер байыркы экспонаттарды тааныштырып беришет.

A Nǐ hái kàndàole shénme?
你 还 看到了 什么？
Дагы эмнелерди көрдүң?

B Shānyāo yǒu dàdà xiǎoxiǎo de gèzhǒng yánshí.
山腰 有 大大 小小 的 各种 岩石。
Тоонун боорунда ар кандай чоң-кичине таштар бар экен.

A Shìde, zhèxiē shítou dōu yǒu zìjǐ de míngzi.
是的，这些 石头 都 有 自己 的 名字。
Ооба, ал таштардын ар биринин өзүнө тиешелүү аталаштары да бар.

B Hái yǒu shānquán liú chūlái de quánshuǐ.
还 有 山泉 流 出来 的 泉水。
Булактан чыккан суулары да бар экен.

A Rúguǒ pádào shāndǐng, nà shì fēicháng měilì de.
如果 爬到 山顶，那 是 非常 美丽 的。
Тоонун эң чокусуна чыксаң, ал жак өтө кооз.

B Nǐ shuōde duì. Cóng shāndǐng shàng kàn sìhū zhěnggè Àoshí Shì dōu zài nǐ de zhǎng zhōng.
你 说得 对。从 山顶 上 看似乎 整个 奥什 市 都 在 你 的 掌 中。
Туура айтасың. Бүтүндөй Ош шаары алаканга салгандай көрүнөт экен.

A Nǐ juéde pá shān nán ma?
你 觉得 爬山 难 吗？
Тоого чыгыш оор болгон жокпу?

B Sūláimàn Shān de lù shì hòulái chóngxiū de, bǐ yǐqián hǎo pá duō le.
苏莱曼 山 的 路 是 后来 重修 的，比 以前 好爬 多 了。
Сулайман-Тоосунун жолун жаңыча оңдоп-түзөгөндөн кийин, мурункуга караганда чыгуу бир топ эле жакшырыптыр.

Ⓐ
Xiànzài qù Sūláimàn lǚyóu de rén yě fēicháng duō.
现在 去 苏莱曼 旅游 的 人 也 非常 多。
Азыр Сулайман тоого саякаттап барган адамдардын да саны арбын.

Ⓑ
Zhēn de hěn yōngjǐ.
真 的 很 拥挤。
Чын эле эл көп экен.

Ⓐ
Měi ge lái Àoshí de rén dōu huì dēng Sūláimàn Shān.
每 个 来 奥什 的 人 都 会 登 苏莱曼 山。
Ош шаарына саякатка барган ар бир адам Сулайман-Тоого чыгат.

Ⓑ
Tā shì gè fāngbiàn xiūxi de dìfang, dào nàlǐ nǐ huì gǎndào shénqīngqìshuǎng, fēicháng shūfu.
它 是 个 方便 休息 的 地方，到 那里 你 会 感到 神清气爽，非常 舒服。
Ал бир эс алууга ыңгайлуу жер, ал жакка барганда өзүңдү сергитип, абдан жанга жайлуу эс аласың.

06 Pāizhào Liúniàn
拍照 留念
СҮРӨТКӨ ТҮШҮП, ЭСТЕЛИК КАЛТЫРУУ

Bāngmáng Pāizhào
帮忙 拍照   СҮРӨТКӨ ТАРТЫП БЕРҮҮ

汉语   吉语

Ⓐ
Dǎrǎo yíxià, qǐng nín bāng gè máng, bāng wǒmen pāi zhāng zhàopiàn, kěyǐ ma?
打扰 一下，请 您 帮 个 忙，帮 我们 拍 张 照片，可以 吗？
Кечиресиз, жардамыңыз керек эле, бизди сүрөткө тартып коё аласызбы?

Ⓑ
Dāngrán kěyǐ. Àn zhège ànniǔ jiù kěyǐ ma?
当然 可以。按 这个 按钮 就 可以 吗？
Албетте болот. Бул баскычты бассам эле болобу?

Ⓐ
Shìde, qǐng nín bǎ zhěnggè bèijǐng dōu zhào jìnlái.
是的，请 您 把 整个 背景 都 照 进来。
Ооба, арткы көрүнүштү мүмкүн болсо толугу менен тартсаңыз.

Ⓑ
Méi wèntí.
没 问题。
Маселе эмес.

Ⓐ
Néng pāi quánshēnzhào ma?
能 拍 全身照 吗？
Сүрөткө дененин баардыгын түшүрүп тартканга болот бекен?

B
Yīnggāi méi wèntí. Bǎochí zīshì, wēi xiào. Hǎo le.
应该 没 问题。保持 姿势，微 笑。好 了。
Эч кандай маселе жаратпаса керек, позаны сактаңыз, жылмаюу. Болду.

A
Xièxie. Zhàopiàn hěn qīngchǔ.
谢谢。 照片 很 清楚。
Рахмат. Сүрөт өтө тунук тартылыптыр.

A
Rúguǒ kěyǐ, qǐng nín bāngmáng zài pāi yì zhāng.
如果 可以，请 您 帮忙 再 拍 一 张 。
Мүмкүн болсо, дагы бир жолу тартып коёсузбу?

B
Hǎo de. Nǐ xiǎng zài zhèlǐ zài pāi yì zhāng zhàopiàn ma?
好 的。你 想 在 这里 再 拍 一 张 照片 吗？
Макул. Ушул жерден эле кайра тартуу керекпи?

A
Wǒ kěyǐ hé nàxiē huā yìqǐ pāi ma?
我 可以 和 那些 花 一起 拍 吗？
Тигил гүлдөр менен кошо сүрөткө түшсөм болобу?

B
Kěyǐ, nàxiē gāo tǎ de yíbànr bèi dǎngzhù le, kàn bú jiàn, kěyǐ ma?
可以，那些 高 塔 的 一半儿 被 挡住 了，看 不 见，可以 吗？
Болот. Тетиги бийик мунаранын жарымы тосулуп көрүнбөй калды, боло береби?

A
Méi guānxi, qǐng pāi ba.
没 关系，请 拍 吧。
Эч нерсе болбойт, тарта бериңиз.

B
Hǎo le. Nǐ kànkan kěyǐ ma?
好 了。你 看看 可以 吗？
Болду. Сен карап көр жарайбы?

A
O, bǎ hòumiàn de rén yě pāi jìnqù le.
哦，把 后面 的 人 也 拍 进去 了。
Ии, аркамда кишилер көрүнүп калыптыр.

B
Nà děng rén dōu guòqù le, wǒ zài bāng nǐ pāi yì zhāng.
那 等 人 都 过去 了，我 再 帮 你 拍 一 张 。
Анда кишилер өтүп кетсин! Мен дагы бир жолу тартайын.

A
Tài máfan nín le, fēicháng gǎn xiè.
太 麻烦 您 了， 非常 感 谢。
Аябай убараладым, чоң рахмат.

B
Xiànzài hǎoxiàng kěyǐ le. Xiào yí gè, hǎo le.
现在 好像 可以 了。笑 一 个，好 了。
Эми болду окшойт, жылмайыңыз, болду.

A
Nín pāide hǎo! Xièxie nín.
您 拍得 好！谢谢 您。
Сиз тарткан сүрөт жакшы болуптур. Рахмат сизге.

B
Bú kèqi.
不 客气。
Арзыбайт.

在 瀑布 下 拍照 ШАРКЫРАТМАНЫН АЛДЫНДА СҮРӨТКӨ ТҮШҮҮ
Zài Pùbù Xià Pāizhào

A Duōme zhuàngguān de pùbù a! Yīnggāi shì yí gè qǔjǐng de hǎo dìfang. Bāng wǒmen zài zhèlǐ pāi zhāng zhàopiàn hǎo ma?
多么 壮观 的瀑布 啊！应该 是 一 个 取景 的 好 地方。帮 我们 在 这里 拍 张 照片 好 吗？

Эмне деген кереметтүү шаркыратма ээ! Сүрөткө түшүүгө жакшы жер экен. Бизди ушул жерде сүрөткө тартып койсоңуз болобу?

B Kěyǐ, nǐmen xiǎng zhàn zài nǎr?
可以，你们 想 站 在 哪儿？

Болот. Силер каерде турасыңар?

A Zài zhèr, qǐng bǎ pùbù zhào jìnqù.
在 这儿，请 把 瀑布 照 进去。

Бул жерде, шаркыратманы кошо тартыңыз.

B Hǎo de, qǐng zhàn zài pùbù de zuǒbian.
好 的，请 站 在 瀑布 的 左边。

Макул, шаркыратманын сол тарабында туруңуздар.

A Zhèyàng kěyǐ ma?
这样 可以 吗？

Мындай турсак болобу?

B Kěyǐ. Pāihǎo le, fēicháng búcuò.
可以。拍好 了，非常 不错。

Болот, тарттым сүрөткө. Өтө жакшы.

A Xièxie, néng cóng zhège jiǎodù zài gěi wǒmen zhào yì zhāng ma?
谢谢，能 从 这个 角度 再 给 我们 照 一 张 吗？

Ыракмат. Бул жерден да бир жолу тартып коёсузбу?

B Dāngrán kěyǐ, dànshì yǒu diǎnr móhu, guāngxiàn yě yǒu diǎnr àn.
当然 可以，但是 有 点儿 模糊，光线 也 有 点儿 暗。

Албетте болот. Бирок бир аз күңүрт, бир аз караңгы.

A Méi guānxi. Xiànzài wǒmen zì pāi zhāng héyǐng ba, wǒ zhàn zài nǐ pángbiān.
没 关系。现在 我们 自拍 张 合影 吧，我 站 在 你 旁边。

Эч нерсе эмес. Эми биз баарыбыз чогу селфиге түшөлү. Мен сенин жаныңда турайын.

B Zhànzhí, wǒ lái zhào.
站直，我 来 照。

Түз тургула, тартайын.

C Wǒ shì bú shi gǎn bú shàng pāizhào le?
我 是 不 是 赶 不 上 拍照 了？

Мен сүрөткө түшкөнгө жетишпей калдымбы?

D Méiguānxi, lái hé wǒmen zhàn zài yìqǐ.
没关系，来 和 我们 站 在 一起。

Эч нерсе болбойт, кел жаныбызга тур.

汉语　　吉语

A
Búyào dōu zhànzhí, jǔshǒu.
不要 都 站直，举手。
Баарыңар түз турбай, колдоруңарды көтөргүлө.

B
Zhèyàng kěyǐ ma?
这样 可以 吗？
Ушинтсек болобу?

A
Tài hǎo le, dànshì Ānnàlā, nǐ wèishénme bìshàng yǎnjīng le?
太 好 了，但是 安娜拉，你 为什么 闭上 眼睛 了？
Сонун болду, бирок Анара, сен эмнеге көзүңдү жумуп алдың?

D
Pùbù de shuǐ jiàndào wǒ liǎn shàng, wǒ cái bìshàng yǎnjīng de.
瀑布 的 水 溅到 我 脸 上，我 才 闭上 眼睛 的。
Шаркыратманын суусу бетиме чачырап, көзүм жумула түштү.

B
Wǒmen zài lái yí cì, nǐmen shuō yī …
我们 再 来 一 次，你们 说 一……
Дагы бир жолу кайталайбыз. Кана би-ир дегиле.

ACD
Yī …
一……
Би-ир...

B
Xiànzài hěn hǎo le.
现在 很 好 了。
Эми эң сонун болду.

C
Pùbù de shuǐ yě pāide hěn qīngchè, tài hǎo le.
瀑布 的 水 也 拍得 很 清澈，太 好 了。
Шаркыратманын суусу дагы абдан тунук болуп тартылыптыр, жакшы болду.

Xiàoyuán Shēnghuó
校园 生活

УНИВЕРСИТЕТТЕГИ ЖАШОО

01　新生报到　ЖАҢЫ СТУДЕНТТЕРДИН КАТТАЛЫШЫ
02　选课上课　САБАК ТАНДОО, САБАК ОКУУ
03　复习考试　БЫШЫКТОО ЖАНА ТЕСТ
04　在图书馆　КИТЕПКАНАДА
05　社团活动　ИЙРИМ ИШ-ЧАРАЛАРЫ
06　毕业时刻　ОКУУНУ БҮТҮРҮҮ МЕЗГИЛДЕРИ

01 新生 报到
Xīnshēng Bàodào
ЖАҢЫ СТУДЕНТТЕРДИН КАТТАЛЫШЫ

认识 新 同学
Rènshi Xīn Tóngxué
ЖАҢЫ ОКУУЧУЛАР МЕНЕН ТААНЫШУУ

汉语　　吉语

A 你 好！你 叫 什么 名字？
Nǐ hǎo! Nǐ jiào shénme míngzi?
Салам! Сенин атың ким?

B 你 好。我 叫 艾森。
Nǐ hǎo. Wǒ jiào Àisēn.
Салам. Менин атым Эсен.

A 你 从 哪儿 来 的？
Nǐ cóng nǎr lái de?
Кайсыл жактан келдиң?

B 我 来自 奥什。
Wǒ láizì Àoshí.
Ош шаарынан келдим.

A 你 呢？
Nǐ ne?
А сенчи?

C 我 是 努尔兰。我 来自 塔拉斯。
Wǒ shì Nǔ'ěrlán. Wǒ láizì Tǎlāsī.
Мен Нурлан. Таластан келдим.

A 我 去过 两 次 塔拉斯，你 来自 塔拉斯 的 哪个 地方？
Wǒ qùguò liǎng cì Tǎlāsī, nǐ láizì Tǎlāsī de nǎge dìfang?
Мен Таласка эки жолу барганмын. Таластын кайсыл жагынан болосуң?

C 我 来自 玛纳斯村。
Wǒ láizì Mǎnàsīcūn.
Манас айылынан келдим.

A 我 的 名字 是 努尔贝克，我 是 本地人。很 高兴 认识 你们。
Wǒ de míngzi shì Nǔ'ěrbèikè, wǒ shì běndìrén. Hěn gāoxìng rènshi nǐmen.
Менин атым Нурбек. Ушул жерден болом. Силер менен таанышканыма абдан кубанычтамын.

BC 认识 你 很 高兴。
Rènshi nǐ hěn gāoxìng.
Таанышканыма кубанычтамын.

A
Zhè shì wǒmen de jiàoshì.
这 是 我们 的 教室。
Бул биздин класс.

B
Duōme kuānchǎng yòu míngliàng a!
多么 宽敞 又 明亮 啊!
Кандай кеңири жана жарык ээ!

A
Shìde, wǒmen yǐhòu měi tiān dōu huì zài zhèlǐ shàngkè. Nǐmen xǐhuan zhèlǐ ma?
是的，我们 以后 每 天 都 会 在 这里 上课。你们 喜欢 这里 吗？
Ооба, мындан ары күндө ушул классста сабак окуйбуз. Бул жер силерге жактыбы?

B
Dāngrán, wǒ juéde wǒmen kěyǐ zài zhèlǐ xuédào hěn duō dōngxi.
当然，我 觉得 我们 可以 在 这里 学到 很 多 东西。
Албетте. Менимче биз бул жерде көп нерселерди үйрөнө алгыдайбыз.

A
Wǒmen bān yǒu sānshí rén, xīwàng néng kuài xie hé tāmen xiāngjiàn.
我们 班 有 三十 人，希望 能 快 些 和 他们 相见。
Биздин класста отуз адам бар, алар менен эртерээк кезигишебиз деп үмүттөнөм.

D
Nǐmen hǎo, wǒ de míngzi shì Bāhétè, wǒ shì Nǔ'ěrbèikè de hǎo péngyou. Wǒ yěshì běndìrén.
你们 好，我 的 名字 是 巴合特，我 是 努尔贝克 的 好 朋友。我 也是 本地人。
Салам силерге, менин атым Бакыт. Мен Нурбектин досу болом. Мен да ушул жерлик болом.

A
Rúguǒ nǐmen xūyào bāngzhù, bié kèqi, gàosù wǒ hé Bāhétè, wǒmen huì jìnlì bāngmáng.
如果 你们 需要 帮助，别 客气，告诉 我 和 巴合特，我们 会 尽力 帮忙。
Эгер силерге жардам керек болсо, тартынбай, бизге айта берсеңер болот, жардамыбызды аябайбыз.

B C
Xièxie nǐmen!
谢谢 你们!
Рахмат силерге!

A
Bú yòng xiè, cóng jīn yǐhòu wǒmen yìqǐ xuéxí.
不 用 谢，从 今 以后 我们 一起 学习。
Эч нерсе эмес. Бүгүндөн баштап эми биз чогуу окуйбуз.

Wǒ Shì Xīnshēng
我 是 新生   МЕН ЖАҢЫ СТУДЕНТМИН

汉语   吉语

A
Duìbùqǐ, qǐngwèn, Yīngyǔ Xuéyuàn de lóu zài nǎr?
对不起，请问，英语 学院 的 楼 在 哪儿？
Кечириңиз, сурасам болобу, англис тил институту кайсы имаратта?

B
Bàoqiàn, wǒ yě shì xīn lái de, bù shúxī zhège xiàoyuán.
抱歉，我 也 是 新 来 的，不 熟悉 这个 校园。
Кечириңиз, мен да жаңы келдим. Университеттин кампусун анча жакшы билбеймин.

校园生活 | 147

A Méiguānxì, wǒ zài wènwen bié de tóngxué.
没关系，我 再 问问 别 的 同学。
Эч нерсе эмес. Мен башка окуучулардан сурап көрөм.

B Děng yíxià, wǒ zhèr yǒu běn Xuéshēng Zhǐdǎo Shǒucè, ràng wǒ kànkan.
等 一下，我 这儿 有 本 学生 指导 手册，让 我 看看。
Токтой тур, менде студенттер үчүн атайын колдонмом бар, мен карап көрөйүн.

A Xièxie.
谢谢。
Ыракмат.

B Zhè lǐbian yǒu hěn duō xìnxī. Zhèr yǒu zhāng dìtú, nǐ yào zhǎo de shì jiǔ hào lóu, jiù zài túshūguǎn de qiánmiàn.
这 里边 有 很 多 信息。这儿 有 张 地图，你 要 找 的 是 九号 楼，就 在 图书馆 的 前面。
Мында көп маалыматтар бар экен. Бул жерде карта бар, сен издеген тогузунчу имарат китепкананын эле алды жагында экен.

A Fēicháng gǎnxiè nǐ de bāngzhù.
非常 感谢 你 的 帮助。
Жардамдашканыңа аябай ыраазы болдум.

B Bú kèqì.
不 客气。
Эч нерсе эмес.

A Wǒ zài nǎlǐ kěyǐ dédào zhèyàng de dìtú?
我 在 哪里 可以 得到 这样 的 地图？
Мындай картаны кайдан алсам болот?

B Nǐ kěyǐ qù rùkǒuchù de dì-yī gè fángjiān wènwen.
你 可以 去 入口处 的 第一 个 房间 问问。
Кире берген жердеги биринчи бөлмөгө кирип сура.

C Nín hǎo, jiějie…… Néng gěi wǒ yì zhāng dìtú ma?
您 好，姐姐……能 给 我 一 张 地图 吗？
Саламатсызбы эже... Мага карта бере аласызбы?

B Shénme dìtú?
什么 地图？
Кандай карта?

A Yǒuxiē lóu wǒ zhǎo bú dào zài shénme dìfang, zǒngshì mílù.
有些 楼 我 找 不 到 在 什么 地方，总是 迷路。
Кээ бир имараттарды таппай, адашып калып жатам.

B Nǐ shì xīn lái de xuéshēng ma?
你 是 新 来 的 学生 吗？
Жаңы келген студентсиңби?

A Shìde, wǒ shì xīnshēng.
是的，我 是 新生。
Ооба, мен жаңы студентмин.

Ⓑ Nǐ shì yào zhè zhāng xiàoyuán dìtú ma?
你是要这张校园地图吗?
Сага бул кампустун картасы керекпи?

Ⓐ Yǒu méiyǒu bǐ zhège dà yìdiǎnr de?
有没有比这个大一点儿的?
Мындан чоңураагы барбы?

Ⓑ Shì zhège ma?
是这个吗?
Булбу?

Ⓐ Jiùshì zhège.
就是这个。
Дал ушул.

Ⓑ Gěi nǐ, kuài qù shàngkè ba, yàobu gāi chídào le.
给你,快去上课吧,要不该迟到了。
Мынакей, сабакка тез бар, кечигип калсаң керек.

Ⓐ Zhèng rú nín suǒ shuō, wǒ yǐjīng chídào le.
正如您所说,我已经迟到了。
Сиз айткандай эле, сабагыма кечигип калдым.

Ⓑ Méishìr, yǐhòu shúxīle jiù hǎo le, kuài qù shàngkè ba, gēn lǎoshī jiěshì yíxià.
没事儿,以后熟悉了就好了,快去上课吧,跟老师解释一下。
Эч нерсе эмес, кийин билип алсаң болду. Тезирээк сабагыңа бар, мугалимиңе түшүндүр.

02 Xuǎnkè Shàngkè
选课 上课
САБАК ТАНДОО, САБАК ОКУУ

Guānyú Xuéfēn
关于 学分 УПАЙ ЖӨНҮНДӨ

Ⓐ Nǐ xiǎng yào xuéxí de kèchéng dōu xuǎnwán le ma?
你想要学习的课程都选完了吗?
Окулуучу сабактардын баарын тандап болдуңбу?

Ⓑ Shì a, nǐ ne?
是啊,你呢?
Ооба. Сенчи?

汉语　吉语

Ⓐ Wǒ zhǐ chà yī mén kè, qítā de dōu xuǎn le. Nǐ zǒnggòng xiūle duōshao gè xuéfēn?
我 只 差 一 门 课，其他 的 都 选 了。你 总共 修了 多少 个 学分？

Менде бир гана сабак калды, калганынын баарын тандап болдум. Сен жалпысынан канча упай алдың?

Ⓑ Zhè xuéqī wǒ xuǎnle shí'èr gè xuéfēn.
这 学期 我 选了 十二 个 学分。

Бул семестрде мен он эки упай тандадым.

Ⓐ Búcuò ma, wǒ xuǎnxiūle wǔ mén kè, shíwǔ gè xuéfēn.
不错 嘛，我 选修了 五 门 课，十五 个 学分。

Жакшы экен. Мен беш сабак тандадым, он беш упай болот.

Ⓑ Fēicháng hǎo, nǐ huòdé de xuéfēn yuè duō xuédào de jiù yuè duō.
非常 好，你 获得 的 学分 越 多 学到 的 就 越 多。

Абдан жакшы болуптур. Канча көп упай алсаң, ошончо көп нерсе үйрөнөсүң.

Ⓐ Xià xuéqī nǐ yě kěyǐ xiū gèng duō xuéfēn.
下 学期 你 也 可以 修 更 多 学分。

Эмки семестрде сен дагы көбүрөөк упай ал.

Ⓑ Hǎo de, kěshì wǒ zěnme néng xiūgòu nàme duō kèchéng?
好 的，可是 我 怎么 能 修够 那么 多 课程？

Жарайт, бирок баардыгына кантип жетишем?

Ⓐ Zhǐyào nǐ rènzhēn nǔlì jiù kěyǐ xiūgòu.
只要 你 认真 努力 就 可以 修够。

Жакшы аракет кылсаң эле жетишесиң.

Ⓑ Xià xuéqī nǐ dǎsuàn xiū duōshao xuéfēn?
下 学期 你 打算 修 多少 学分？

А сен кийинки семестрде канча упай аласың?

Ⓐ Wǒ dǎsuàn duō xuǎn jǐ mén xuǎnxiū kèchéng, zhēngqǔ xiūmǎn èrshí xuéfēn.
我 打算 多 选 几 门 选修 课程，争取 修满 二十 学分。

Дагы бир нече тандоо курстарын тандап, жыйырма упай топтомокмун.

Ⓑ Rúguǒ wǒmen xuǎn xuǎnxiūkè dehuà, qīmò kǎoshì de chéngjì huì jiā jìnqù ma?
如果 我们 选 选修课 的话，期末 考试 的 成绩 会 加 进去 吗？

Кошумча сабак тандасак, жалпы экзамендеги балл менен кошуп эсептелеби?

Ⓐ Bú huì, pǔtōng kǎoshì dāndú gěi fēn, xuǎnxiūkè yě dāndú gěi fēn.
不会，普通 考试 单独 给 分，选修课 也 单独 给 分。

Жок, жалпы экзаменге өзүнчө балл берилет, тандап окуулучу сабактарга да өзүнчө упай берилет.

Ⓑ Míngbai le.
明白 了。

Түшүнүктүү.

Ⓐ Yīncǐ, qíngkuàng yǔnxǔ dehuà nǐ kěyǐ duō xuǎn yìxiē kèchéng.
因此，情况 允许 的话 你 可以 多 选 一些 课程。

Ошондуктан колуңдан келсе көбүрөөк сабак тандасаң болот.

B Hǎo de. Duì le, nǐ jīntiān xiàwǔ yǒu shíjiān ma?
好的。对了，你今天下午有时间吗？
Макул. Баса, сенде бүгүн түштөн кийин убакытың барбы?

A Zěnme le? Yǒu shì?
怎么了？有事？
Эмне болду? Иш барбы?

B Rúguǒ nǐ yǒukòngr, qǐng bāng wǒ fǔdǎo yíxià gōngkè.
如果你有空儿，请帮我辅导一下功课。
Эгер бош убакытың болсо, мага сабак боюнча жардамдашып койчу.

A Méi wèntí. Wǒ qù nǐ nàr ba.
没问题。我去你那儿吧。
Маселе эмес, мен сен жакка барам.

B Hǎo de, nà wǒ děng nǐ.
好的，那我等你。
Жарайт, анда мен сени күтөм.

A Nǐ yǒu shū ma? Háishì wǒ dàishàng?
你有书吗？还是我带上？
Сенде китептер барбы? Же мен ала барайынбы?

B Shū wǒ yǒu, zhǐyào dàishàng nǐ de bǐjì běn hé bǐ jiù xíng.
书我有，只要带上你的笔记本和笔就行。
Менде китептер бар, болгону дептериңди жана калемиңди ала келсең эле болду.

A Hǎo de.
好的。
Макул.

Kèchéng Xuǎnzé
课程 选择   САБАК ТАНДОО

汉语   吉语

A Gāi xuǎn nǎxiē kè wǒ bù qīngchǔ, xīwàng nín néng gěi wǒ yìxiē jiànyì.
该选哪些课我不清楚，希望您能给我一些建议。
Мага кеңеш бере аласыз деп үмүттөнөм. Кайсы сабактарды тандаарымды биле албай жатам.

B Yǒuxiē xuéshēng dì-yī xuéqī zhǐ xiū sān dào sì mén kè, nàyàng tāmen jiù huì yǒu gèng duō de shíjiān qù shìyìng xiàoyuán shēnghuó.
有些学生第一学期只修三到四门课，那样他们就会有更多的时间去适应校园生活。
Кээ бир студенттер биринчи семестрде үч төрт гана сабак окушат. Ошондой болгондо алар үчүн студенттик жашоого көнүүгө убакыт көп болот.

Ⓐ 这倒是个好主意。我该修哪些必修课程呢?

Бул да жакшы ой экен. Кайсы милдеттүү сабактарды өтүшүм керек?

Ⓑ 这是你们系的必修课程表。你应该从入门课程开始,先选些较简单的基础课程。

Бул силердин факультеттин милдеттүү окулуучу сабактарынын тизмеси. Сен киришүү сабактарынан башта. Жөнөкөй, базалык сабактарды тандасаң болот.

Ⓐ 没错,这些是为后面修更专业的课程打基础,对吧?

Туура. Булар кийинки адистик сабактар үчүн негиз болот, туурабы?

Ⓑ 对。现在你把要选的课写下来,然后我签字。

Туура. Азыр сен тандаган сабактарыңды жаз, анан мен кол коёюн.

Ⓐ 谢谢您的建议。

Сунуш бергениңе ыракмат.

Ⓑ 不客气,好好学习。

Эч нерсе эмес, жакшылап оку.

Ⓒ 我也不知道选什么课程,请指教一下我。

Мен дагы кайсы сабактарды тандашымды билбей жатам, мага дагы сунуш берчи.

Ⓑ 你的专业是什么?

Сенин тармагың кайсы?

Ⓒ 会计专业。

Бухгалтердик эсеп тармагы.

Ⓑ 那应该多选一些与数学相关的课程。

Анда математикага байланыштуу сабактардын баарын тандай бер.

Ⓒ 这五门课我都选的话,是不是太多了?

Бешөөнү тең тандасам көп болуп кетпейби?

Ⓑ 不会的,它们都与数学有关,但是并不难。

Көп болбойт, бардыгы математикага байланыштуу, бирок оор деле болбойт.

Ⓒ 我们所选的课程都要考试吗?

Тандалган сабактар боюнча баардыгынан экзамен беребизби?

B
　　Dāngrán.
　　当然。
　　Албетте.

C
　　Wǒ yǒudiǎnr dānxīn kǎoshì.
　　我 有点儿 担心 考试。
　　Экзаменден бир аз тынчсызданып жатам.

B
　　Bié dānxīn, rúguǒ nǐ rènzhēn xuéxí, ànshí wánchéng zuòyè, kěndìng huì tōngguò kǎoshì de.
　　别 担心，如果 你 认真 学习，按时 完成 作业，肯定 会 通过 考试 的。
　　Кабатыр болбой эле кой, эгер жакшы окуп тапшырмаларды убагында бүтүрсөң, сөзсүз экзаменден өтүп кетесиң.

C
　　Nà hǎo ba, wǒ xuǎn zhè wǔ mén kèchéng.
　　那 好 吧，我 选 这 五 门 课程。
　　Анда болуптур, беш сабакты тең тандайм.

B
　　Zài zhèlǐ xiěxià nǐ xuǎnzé de kèchéng míngchēng, ránhòu zài zhèlǐ xiěxià nǐ de míngzi.
　　在 这里 写下 你 选择 的 课程 名称，然后 在 这里 写下 你 的 名字。
　　Бул жерге тандаган сабактарыңдын атын жаз, анан атыңды бул жерине жазып кой.

03 复习 考试
БЫШЫКТОО ЖАНА ТЕСТ

复习 功课 САБАК БЫШЫКТОО

汉语　吉语

A: 嘿，贾纳特，这些是你的课本吗？
Ой, Жанат, бул сенин окуу китептериңби?

B: 是的，我要在期中考试之前把这些书都复习完，我还有两周的时间来准备。
Ооба, Мен чейректик сыноодон мурда бул китептерди бышыктап болушум керек. Менин эки апта даярданууга убактым бар.

A: 什么？只有两周？两周时间够吗？
Эмне? Болгону эки апта элеби? Эки апта жетишеби?

B: 当然够，我已经做好了详细的复习计划。
Албетте жетет. Мен эчак эле конкреттүү даярдануу планын түзүп койгом.

A: 那祝你考试取得好成绩。
Анда, сыноодон жакшы натыйжаларга ээ болушуңду үмүт кылам.

B: 谢谢你。你在准备另一场考试吗？
Рахмат. А сен дагы башка бир сыноого даярданып жатасыңбы?

A: 是的。
Ооба.

B: 你在复习哪本书？
Кайсыл китеп менен даярданып жатасың?

A: 我只复习课程中涵盖的主题。
Сабакта өтүлгөн темаларды эле бышыктап окуп жатам.

B: 你们的考试什么时候开始？
Силердин экзамен качан башталат экен?

A: Hái yǒu yí gè yuè.
还有一个月。
Дагы бир ай бар.

B: O, nà shíjiān hái hěn chōngfèn.
哦，那时间还很充分。
Оо, көп убакыт бар экен.

A: Suīrán shíjiān chōngfèn, búguò wǒ yě bìxū hǎohǎo fùxí, zhè mén kèchéng yǒudiǎnr nán.
虽然时间充分，不过我也必须好好复习，这门课程有点儿难。
Убакыт көп болгону менен, жакшылап бышыктап чыгышым керек, бул сабак бир аз татаал.

B: Nǐ fùxí de fāngfǎ shì shénme yàng de? Cóng tóu kāishǐ chóngfù ma?
你复习的方法是什么样的？从头开始重复吗？
Сен кандай ыкма менен бышыктайсың? Же жөн гана башынан баштап кайталап чыгасыңбы?

A: Wǒ xiān huígù suǒ xué de nèiróng, ránhòu bǎ wàngjì de dōngxi jì zài bǐjìběn shàng, zuòwéi zhòngdiǎn fùxí.
我先回顾所学的内容，然后把忘记的东西记在笔记本上，作为重点复习。
Мен баарын бир сыйра карап чыгам да, анан унутуп калгандарымды дептериме жазып алып, кайталоонун негизги пунктун кылам.

B: Zhè shì gè búcuò de fùxí fāngfǎ, zhíde wǒ xuéxí.
这是个不错的复习方法，值得我学习。
Бул бышыктоонун жакшы жолу, үйрөнүүгө татыктуу.

A: Nǐ shì zěnme fùxí de?
你是怎么复习的？
А сен кандай кылып бышыктайсың?

B: Wǒ huì cūlüè de yuèdú suǒyǒu nèiróng.
我会粗略地阅读所有内容。
Мен бардыгын үстүртөн окуп чыгам.

A: Zhèyàng a.
这样啊。
Аа, ушундайбы.

B: Tài wǎn le, wǒ gāi huíqù kāishǐ xuéxí le. Zàijiàn.
太晚了，我该回去开始学习了。再见。
Өтө кеч болуп кетти, мен кайтып окуп башташым керек. Көрүшкөнчө.

A: Hǎo de, zàijiàn.
好的，再见。
Жарайт, көрүшкөнчө.

谈论 考试　ТЕСТ ЖӨНҮНДӨ ТАЛКУУЛОО
Tánlùn Kǎoshì

A Ālǐ, nǐ kàn qǐlái hěn lèi.
阿里，你 看 起来 很 累。
Али, чарчагандай көрүнөсүңгө.

B Shìde, zuótiān wǎnshang wǒ áoyè zhǔnbèi qīmò kǎoshì le.
是的，昨天 晚上 我 熬夜 准备 期末 考试 了。
Ооба, кечээ түнү бою уктабай семестрдик сыноого даярдык көрдүм.

A Fàngsōng yíxià, nǐ yídìng huì tōngguò de.
放松 一下，你 一定 会 通过 的。
Бой жаз, сен сөзсүз өтүп кетесиң.

B Dànyuàn ba! Nǐ zhīdào de, wǒ duì xuéxí bù gǎn xìngqù, zhèxiē kǎoshì dōu kuài bǎ wǒ bī fēng le.
但愿 吧！你 知道 的，我 对 学习 不 感 兴趣，这些 考试 都 快 把 我 逼 疯 了。
Айтканыңдай болсун! Менин окууга кызыкпай турганымды сен билесиң го. Бул экзамендер мени жинди кылып койгону калды.

A Wǒ juéde nǐ kěyǐ zhǎo yí gè xuéxí huǒbàn lái hùxiāng jiāndū, gòngtóng xuéxí, zhèyàng huì bāngzhù nǐ tígāo xiàolǜ, kuàisù tígāo chéngjì.
我 觉得 你 可以 找 一 个 学习 伙伴 来 互相 监督，共同 学习，这样 会 帮助 你 提高 效率，快速 提高 成绩。
Менин оюмча сен эң жакшысы сени менен кошо үйрөнүүчү бирөөнү тап, көзөмөлдөп, чогуу окуу. Мындай болсо анын жардамы болуп натыйжаң бат эле көрүнөт.

B Nǐ shuōde duì, wǒ zhǎo gè péngyou yìqǐ xuéxí.
你 说得 对，我 找 个 朋友 一起 学习。
Туура айтасың, мен бир дос таап чогуу окуйм.

A Bú yào tài dānxīn, nǐ yīnggāi duì zìjǐ chōngmǎn xìnxīn. Jiāyóu!
不要 太 担心，你 应该 对 自己 充满 信心。加油！
Кабатырланбай эле кой. Өзүңө толук ишенүүң керек. Алга !

B Xièxie.
谢谢。
Ыракмат.

A Nǐ shì zěnme tōngguò kǎoshì de?
你 是 怎么 通过 考试 的?
Экзаменден кантип өттүң?

B Wǒ shùnlì tōngguò le ma? Wǒ hái bù zhīdào.
我 顺利 通过 了 吗？我 还 不 知道。
Жакшы тапшырыптырмынбы? Мен али билген жокмун.

A Kǎoshì zhōng kǎole nǎxiē tí? Nǐ zhǔnbèi de nèiróng dōu kǎodào le ma?
考试 中 考了 哪些 题？你 准备 的 内容 都 考到 了 吗？
Экзаменде кандай суроолор болду? Сен даярданданган суроолор бар экенби?

汉语　吉语

校园生活　155

B 卷子上只有一半题是我复习到的。
Мен даярданган суроолордун жарымы гана тестте бар экен.

A 其他的题难吗？
Башка суроолор татаал экенби?

B 我觉得还可以，我都试着回答了，没有留空儿。
Менин оюмча баарына жооп жазганга аракет кылдым, жоопсуз калтырган жокмун.

A 你这么做是对的，不应该放弃、留空儿。
Сен туура кылыптырсың, таштабай, жоопсуз бош орун калтырбашың керек.

B 但也有个别题目不确定是对还是错。
Бирок кээ бир суроолорду туура же туура эмес жазганымды так билбейм.

A 我相信你。你看，这不是顺利通过了吗？
Мен сага ишенгем. Карачы, жеңил эле өтүп кеттиңго.

B 走，我请你喝杯咖啡去，放松一下。
Жүрү, мен сага бир кофе алып берейин, эс алалы.

A 好啊。
Жарайт.

04 \ 在 图书馆
Zài Túshūguǎn
КИТЕПКАНАДА

汉语　　　吉语

新生 借书　ЖАҢЫ СТУДЕНТТИН КИТЕПТИ КАРЫЗГА АЛЫШЫ
Xīnshēng Jiè Shū

A Dǎrǎo yíxià, wǒ xiǎng zhīdào zěnme shǐyòng túshūguǎn, wǒ shì zhèr de xīnshēng.
打扰 一下，我 想 知道 怎么 使用 图书馆，我 是 这儿 的 新生。
Кечиресиз, китепкананы кантип пайдаланууну билейин дедим эле. Мен бул жакта жаңы студентмин.

B Zhǐyào yǒu xuéshēngzhèng, nǐ jiù kěyǐ jiè shū.
只要 有 学生证，你 就 可以 借书。
Студенттик күбөлүк болсо эле китеп карызга берилет.

A Fēicháng gǎnxiè. Shùnbiàn wèn yíxià, wǒ yí cì kěyǐ jiè jǐ běn shū?
非常 感谢。顺便 问 一下，我 一 次 可以 借 几 本 书？
Чоң ыракмат! Дагы сурайынчы, мен бир алганда канча китепти карызга ала алам?

B Yí cì kěyǐ jiè liǎng běn, dàn bàozhǐ、zázhì bù néng dài chūqù.
一 次 可以 借 两 本，但 报纸、杂志 不 能 带 出去。
Бир жолу эки китепти карызга алууга болот, бирок гезит-журналдарды алып кетүүгө болбойт.

A Wǒ kěyǐ jiè duō cháng shíjiān?
我 可以 借 多 长 时间？
Канча убакытка карызга ала алам?

B Liǎng zhōu. Rúguǒ nǐ láibùjí dúwán, nǐ děi bànlǐ xùjiè, bùrán nǐ jiù yào fù fákuǎn.
两 周。如果 你 来不及 读完，你 得 办理 续借，不然 你 就 要 付 罚款。
Эки жумага. Эгер окуп бүтө албай калсаң, уландуу алып туруу процедурасын бүтүрүшүң керек. А болбосо айып пул төлөйсүң.

A Wǒ xiànzài kěyǐ jiè shū ma?
我 现在 可以 借 书 吗？
Мен азыр китеп карызга алсам болобу?

B Rúguǒ nǐ yǒu xuéshēngzhèng jiù kěyǐ.
如果 你 有 学生证 就 可以。
Студенттик күбөлүгүң бар болсо ала бер.

A Zhè shì wǒ de xuéshēngzhèng.
这 是 我 的 学生证。
Мына менин студенттик күбөлүгүм.

B Nǐ yào jiè shénme shū?
你 要 借 什么 书？
Кандай китеп аласың?

A Wǒ bù zhīdào gāi jiè shénme shū, wǒ kěyǐ kànkan yǒu shénme shū ma?
我 不 知道 该 借 什么 书，我 可以 看看 有 什么 书 吗？
Мен кандай китеп алаарымды билбейм, кандай китептер бар экенин көрсөм болобу?

B Nǐ bù kěnéng kànwán túshūguǎn lǐ suǒyǒu de túshū, nǐ duì nǎ fāngmiàn de nèiróng gǎn xìngqù? Kěyǐ gàosù zhè wèi jiějie, tā huì bāng nǐ tuījiàn.
你 不 可能 看完 图书馆 里 所有 的 图书，你 对 哪 方面 的 内容 感 兴趣？可以 告诉 这 位 姐姐，她 会 帮 你 推荐。
Китепканадагы баардык китептерди карап бүтө албайсың, сага кандай китептер кызыктыраарын айтсаң, сага бул эжең тандаганыңа жардам берет.

A Xièxie, nà wǒ jiè wénxuélèi de shū ba.
谢谢，那 我 借 文学类 的 书 吧。
Рахмат, анда мага мен адабият түрүндөгү китептерден алайын.

B Zài dì-shíqī gè shūjià shàng, nǐ kěyǐ zhǎodào nǐ xǐhuan de wénxuéshū.
在 第十七 个 书架 上，你 可以 找到 你 喜欢 的 文学书。
Он жетинчи текчеде тизилген, сен өзүңө жаккан адабият китебин таба аласың.

A Wǒ zhǎodào le, wǒ kěyǐ yào zhè běn shū ma?
我 找到 了，我 可以 要 这 本 书 吗？
Таптым, мен ушул китепти алсам болобу?

B Kěyǐ, zài zhèlǐ xiě nǐ de míngzi.
可以，在 这里 写 你 的 名字。
Болот. Бул жерге атыңды жаз.

A Xiěwán le.
写完 了。
Жаздым.

B Hǎo de, jìde liǎng gè xīngqī guīhuán huò xùjiè.
好 的，记得 两 个 星期 归还 或 续借。
Жарайт, Эсиңизде болсун эки жумада кайтарышыңыз же уландуу алып туруу процедурасын бүтүрүшүң керек.

A Hǎo de, fēicháng gǎnxiè.
好 的，非常 感谢。
Макул, чоң рахмат.

还 书   КИТЕП КАЙТАРУУ
Huán Shū

A   Nín hǎo, wǒ xūyào huán zhè sān běn shū.
您 好，我 需要 还 这 三 本 书。
Саламатсызбы, мен бул үч китепти кайтарайын дедим эле.

B   Hǎo de, fàng zài zhèr ba. Zhèxiē shū yúqī wǔ tiān.
好 的，放 在 这儿 吧。这些 书 逾期 五 天。
Жарайт, бул жерге кой. Китептердин мөөнөтү беш күн ашып кетиптир.

A   Fēicháng bàoqiàn, zuìjìn zuò shíyàn tài máng le, yìzhí méi shíjiān lái huán shū.
非常 抱歉，最近 做 实验 太 忙 了，一直 没 时间 来 还 书。
Кечиресиз, акыркы убакыт эксперименттер менен бошобой, кайтарганга убактым болгон жок.

B   Nǐ děi zhīfù yúqī de fèiyòng le, měi tiān qīshíwǔ suǒmǔ.
你 得 支付 逾期 的 费用 了，每 天 七十五 索姆。
Сен мөөнөтүнөн өткөн төлөмдү төлө, күнүнө жетимиш беш сом.

A   Qīshíwǔ suǒmǔ?
七十五 索姆？
Жетимиш беш сом?

B   Shìde, yě jiùshì měi běn shū yì tiān qīshíwǔ suǒmǔ, yígòng sānbǎi qīshíwǔ suǒmǔ.
是的，也 就是 每 本 书 一 天 七十五 索姆，一共 三百 七十五 索姆。
Ооба, ар бир китеп үчүн күнүнө жетимиш беш сом, жалпы үч жүз жетимиш беш сом.

A   Hǎo guì a.
好 贵 啊。
Кандай гана кымбат.

B   Suǒyǐ shū yīnggāi ànshí huán.
所以 书 应该 按时 还。
Ошондуктан китепти өз маалында тапшыруу керек.

A   Wǒ zhēn de méi shíjiān, búshì gùyì tuōyán de.
我 真 的 没 时间，不是 故意 拖延 的。
Чынында убактым болбой калды, мен атайылап созгон жокмун.

B   Qítā dúzhě yě yào yuèdú zhè běn shū, jīntiān yǐjīng yǒu sān gè rén wènguò zhè běn shū le.
其他 读者 也 要 阅读 这 本 书，今天 已经 有 三 个 人 问过 这 本 书 了。
Сенден башка да окурмандар бул китепти окушу керек да, бул китепти бүгүн үч адам сурады.

A   Duìbùqǐ. Zhè shì qián, qǐng nín diǎn yíxià.
对不起。这 是 钱，请 您 点 一下。
Кечирип коюңуз. Мына акчасы, сураныч санап алыңыз.

B   Zài zhèlǐ xiě nǐ de míngzi.
在 这里 写 你 的 名字。
Бул жерге атыңды жазып кой.

汉语   吉语

A Wǒ xiǎng zài jiè yì běn shū.
我 想 再 借 一 本 书。

Мен дагы китеп алсамбы дедим эле.

B Méi wèntí, dàn yào jìde jíshí guīhuán.
没 问题，但 要 记得 及时 归还。

Жарайт, бирок убагында кайтарып алып кел.

A Hǎo de, xièxie nín.
好 的，谢谢 您。

Макул, рахмат сизге.

B Nǐ yào jiè shénme shū?
你 要 借 什么 书？

Кандай китеп аласың?

A Yǒu méiyǒu 《Shìjiè Wénxué》 zhè běn shū?
有 没有《世界 文学》这 本 书？

«Дүйнөлүк адабият» деген китеп барбы?

B Zhè běn shū xiànzài méiyǒu, hěn duō tóngxué zài zhǎo zhè běn shū.
这 本 书 现在 没有，很 多 同学 在 找 这 本 书。

Ал китеп азыр жок, көп студенттер ошол китепти издеп жүрүшөт.

A Nà wǒ jiè zhè běn 《Bǎikē Quánshū》.
那 我 借 这 本《百科 全书》。

Анда бул «Энциклопедияны» алат элем.

B Gěi nǐ. Yídìng jìde ànshí guīhuán a!
给 你。一定 记得 按时 归还 啊！

Мына. Сөзсүз убагында кайра кайтарып алып келиш керек болот.

A Hǎo de, yídìng ànshí guīhuán, zàijiàn.
好 的，一定 按时 归还，再见。

Макул, сөзсүз убагында кайтарам, саламатта калыңыз.

B Zàijiàn!
再见！

Саламатта бол!

05 社团 活动
ИЙРИМ ИШ-ЧАРАЛАРЫ

加入 库姆孜 社团　КОМУЗ ИЙРИМИНЕ КОШУЛУУ

A 艾达娜，新学期开始了，我听说库姆孜社团要招纳新成员，你感兴趣吗？
Айдана, жаңы семестр башталды. Комуз ийрими жаңы мүчө кабылдайт деп уктум, сен кызыгасыңбы?

B 真的吗？我能加入吗？
Чын элеби? Мен да кошулсам болобу?

A 当然了，我记得你学库姆孜都几个星期了。
Албетте. Менимче сен комузду үйрөнгөнүңө бир канча апта болдуго.

B 是的，那我怎么加入这个社团呢？
Ооба, анда мен бул топко кантип кошула алам?

A 今天晚上社团有一个迎新会，到时候你可以申请加入。
Бүгүн кечте ийримдин жаңы ачылыш жыйыны болот, ошондо сен кошулганга арыз берсең болот.

B 好，谢谢，你能和我一起去吗？
Жарайт, ыракмат. Сен мени менен бирге бара аласыңбы?

A 好啊，我也想加入。
Албетте. Менин да кошулгум келет.

A 您好，老师。
Саламатсызбы мугалим!

C 你们 好。
Nǐmen hǎo.
Саламатчылык.

A 我们 可以 加入 库姆孜 社团 吗？
Wǒmen kěyǐ jiārù Kùmǔzī Shètuán ma?
Биз экөөбүз комуз тобуна кошулсак болобу?

C 当然 可以，你们 有 库姆孜 吗？
Dāngrán kěyǐ, nǐmen yǒu Kùmǔzī ma?
Албетте болот, комузуңар барбы?

A 艾达娜 有 一个 库姆孜，我 没有。
Àidánà yǒu yí gè Kùmǔzī, wǒ méiyǒu.
Айданын комузу бар, меники жок.

C 你 会 弹 库姆孜 吗？
Nǐ huì tán Kùmǔzī ma?
Сен комуз черткенди билесиңби?

B 我 开始 学习 库姆孜 才 几 个 星期。
Wǒ kāishǐ xuéxí Kùmǔzī cái jǐ gè xīngqī.
Менин үйрөнүп баштаганыма бир гана апта болду.

C 很 好。
Hěn hǎo.
Абдан жакшы.

A 我 没有 库姆孜 也 可以 参加 吗？
Wǒ méiyǒu Kùmǔzī yě kěyǐ cānjiā ma?
Менин комузум жок болсо деле катыша аламбы?

C 我们 有 专门 为 训练 准备 的 库姆孜，别 担心。
Wǒmen yǒu zhuānmén wèi xùnliàn zhǔnbèi de Kùmǔzī, bié dānxīn.
Бизде атайын үйрөтүү үчүн комуздар бар, сарсана болбо.

A 我们 什么 时候 开始 学习？
Wǒmen shénme shíhou kāishǐ xuéxí?
Биз качан келип баштасак болот?

C 你们 从 下 个 星期一 开始 来 吧。
Nǐmen cóng xià gè Xīngqīyī kāishǐ lái ba.
Дүйшөнбүдөн баштап келе берсеңер болот.

A B 好 的，再见，老师。
Hǎo de, zàijiàn, lǎoshī.
Жарайт. Саламатта калыңыз мугалим.

加入 九棋子 社团   ТОГУЗ КОРГООЛ ИЙРИМИНЕ КОШУЛУУ
Jiārù Jiǔqízi Shètuán

A Hēi, Kǎdí'ěr, nǐ xiǎng bù xiǎng jiārù Jiǔqízi Shètuán?
嘿，卡迪尔，你 想 不 想 加入 九棋子 社团？
Эй, Кадыр, сен тогуз коргоол ийримине кошулгуң келеби?

B Bàoqiàn, wǒ zhǔnbèi jiārù páiqiúduì, kǒngpà méiyǒu duōyú de shíjiān le.
抱歉，我 准备 加入 排球队，恐怕 没有 多余 的 时间 了。
Кечирип кой, мен валейбол ийримине кошулайын деген болчумун, андан көп убактым жокко деймин.

A Hǎo ba, méi guānxi de, dàn nǐ kěyǐ tóngshí cānjiā liǎng gè shètuán.
好 吧，没 关系 的，但 你 可以 同时 参加 两 个 社团。
Макул, эчнерсе эмес, бирок сен бир убакта эки ийримге кошулсаң болот.

B Kěshì měi tiān fàngxué hòu wǒ yào hé péngyou men qù dǎ páiqiú, huì hěn máng.
可是 每 天 放学 后 我 要 和 朋友 们 去 打 排球，会 很 忙。
Бирок күн сайын сабактан бошогондон кийин мен досторум менен валейбол ойногону барам, бош эмес болуп калам.

A Bù, Jiǔqízi Shètuán tōngcháng zhōumò cái yǒu huódòng, bú huì zhànyòng nǐ tài duō shíjiān de.
不，九棋子 社团 通常 周末 才 有 活动，不 会 占用 你 太 多 时间 的。
Жок, тогуз коргоол ийрими адатта апта соңунда гана уюштурулат, сенин көп убактыңды ээлеп албайт.

B Zhēn de ma? Nà tài hǎo le. Wǒ zhīqián hái zài xiǎng zěnme dùguò zhōumò de kòngxián shíjiān ne.
真 的 吗？那 太 好 了。我 之前 还 在 想 怎么 度过 周末 的 空闲 时间 呢。
Чын элеби? Анда жакшы болбоду. Мурда апта соңундагы бош убактымды эмне кылып өткөрөм деп ойлонуп жаттым эле.

A Zhège zhōumò wǒmen yìqǐ qù, zěnmeyàng?
这个 周末 我们 一起 去，怎么样？
Ушул аптанын соңунда экөөбүз чогуу баралы, жарайбы?

B Hǎo de, hái yǒu, nǐ qù Jiǔqízi Shètuán duō jiǔ le?
好 的，还 有，你 去 九棋子 社团 多 久 了？
Макул, анан дагы, сен тогуз коргол ийримине барып жатканыңа канча убакыт болду?

A Wǒ zuótiān gāng jiārù.
我 昨天 刚 加入。
Кечээ эле кошулуп келдим.

B Jiārù xūyào duōshao qián?
加入 需要 多少 钱？
Кошулуу үчүн канча акча төлөө керек экен?

A Jiārù bú yào qián. Lǎoshī miǎnfèi jiāo.
加入 不 要 钱。老师 免费 教。
Кошулуу үчүн акчанын кереги жок, мугалим бекер үйрөтөт.

汉语   吉语

校园生活 | 163

B
Rúguǒ shì miǎnfèi de, nàme jùlèbù de xuéshēng huì hěn duō ba?
如果 是 免费 的，那么 俱乐部 的 学生 会 很 多 吧？
Эгер бекер болсо, анда ал ийиримге катышкан окуучулардын саны көп болсо керек?

A
Méi nàme duō.
没 那么 多。
Өтө деле көп эмес.

B
Xuéshēng shǎo diǎnr bǐjiào hǎo, lǎoshī cái néng zhàogùdào měi ge rén.
学生 少 点儿 比较 好，老师 才 能 照顾到 每 个 人。
Аз окуучу болгону жакшы, мугалим ар бирине кам көрө алат.

A
Xuéxí hěn jiǎndān, zhǐ búguò xūyào liǎng gè rén yìqǐ xuéxí, bùrán yí gè rén méi bànfǎ wánr.
学习 很 简单，只 不过 需要 两 个 人 一起 学习，不然 一 个 人 没 办法 玩儿。
Үйрөнүү оңой эле, болгону эки адам чогуу үйрөнүш керек. Болбосо жалгыз ойноо мүмкүн эмес.

B
Nǐ yǒu Jiǔqízi ma?
你 有 九棋子 吗？
Сенде тогуз коргол барбы?

A
Jiǔqízi Shètuán nàlǐ yǒu, tāmen huì tígōng.
九棋子 社团 那里 有，他们 会 提供。
Тогуз коргоол ийириминде бар, алар камсыз кылат.

B
Nà hǎo, zhōumò wǒmen yìqǐ qù.
那 好，周末 我们 一起 去。
Жакшы болду! Дем алыш күндөрү биз чогуу баралы.

06 \ 毕业 时刻
Bìyè Shíkè
ОКУУНУ БҮТҮРҮҮ МЕЗГИЛДЕРИ

师生 告别 МУГАЛИМ ЖАНА СТУДЕНТТЕРДИН КОШТОШУУСУ
Shīshēng Gàobié

A
Gōngxǐ nǐ, Kǎnàtè! Wǒ wèi nǐ gǎndào jiāoào.
恭喜你，卡纳特！我为你感到骄傲。
Куттуктайм, Канат! Мен сени менен сыймыктанам.

B
Xièxie nín, Sàbài'ěr jiàoshòu. Gǎnxiè nín qīnzì wèi wǒ bānfā bìyè zhèngshū, méiyǒu nín de jiànyì hé zhǐdǎo, wǒ
谢谢 您，萨拜尔 教授。感谢 您 亲自 为 我 颁发 毕业 证书，没有 您 的 建议 和 指导，我
shì bù kěnéng shùnlì wánchéng xuéyè de.
是 不 可能 顺利 完成 学业 的。
Ыракмат, профессор Сабыр! Мага дипломумду өз колуңуз менен тапшырганыңыз үчүн ыраазымын, сиздин кеңешиңиз жана жетекчилигиңиз болбогондо, мен окуумду ийгиликтүү аяктай албайт элем.

A
Zhè dōu shì nǐ zìjǐ nǔlì de jiéguǒ. Nǐ shénme shíhou líxiào?
这 都 是 你 自己 努力 的 结果。你 什么 时候 离校？
Мунун баардыгы сенин аракетиңдин жемиши. Качан кетейин дейсиң?

B
Míngtiān zǎoshang. Wǒ huì xiǎngniàn nín de.
明天 早上。我 会 想念 您 的。
Эртең эрте менен. Сизди дайым эстеп турам.

A
Wǒ yě shì. Xīwàng nǐ yǐhòu néng jīngcháng huílái kànkan wǒmen.
我 也 是。希望 你 以后 能 经常 回来 看看 我们。
Мен дагы, кийин бизди дайыма көргөнү келип турасың деп үмүттөнөм.

B
Wǒ měi nián dōu huì huí xiàoyuán lái kànkan de, yě yídìng huì bàifǎng nín.
我 每 年 都 会 回 校园 来 看看 的，也 一定 会 拜访 您。
Жыл сайын университетке келип турам жана сиз менен учурашып турам.

A
Zhù nǐ hǎoyùn, Kǎnàtè.
祝 你 好运，卡纳特。
Ийгилик, Канат!

B
Fēicháng gǎnxiè, Sàbài'ěr jiàoshòu.
非常 感谢，萨拜尔 教授。
Чоң ыракмат, профессор Сабыр!

A
Yě zhùhè nǐ, Àigéruìmǔ. Wǒ duì nǐ qīwàng hěn gāo.
也 祝贺 你，艾格瑞姆。我 对 你 期望 很 高。
Сени да куттуктайм Айгерим, сенден көптү үмүт кылам.

Ⓒ Fēicháng gǎnxiè Sàbài'ěr jiàoshòu, wǒ bǎozhèng bù gūfù nín de qīwàng.
非常 感谢 萨拜尔 教授，我 保证 不 辜负 您 的 期望。
Чоң ыракмат, профессор Сабыр, сиздин үмүтүңүздү актоого убада берем.

Ⓐ Wǒ xiāngxìn nǐ jiānglái huì chéngwéi yì míng wèi guójiā fúwù de réncái de.
我 相信 你 将来 会 成为 一 名 为 国家 服务 的 人才 的。
Сени, келечекте мамлекет үчүн кызмат кыла турган мыкты ишкер болот деп ишенем.

Ⓒ Wǒ yǒngyuǎn bú huì wàngjì nín de péiyǎng, wǒ huì yǒngyuǎn qiānguà nín.
我 永远 不会 忘记 您 的 培养，我 会 永远 牵挂 您。
Сиздин эмгеңизди эч унутпайм, сизди ар дайым эстеп жүрөм.

Ⓐ Kàndào nǐmen shùnlì bìyè, jíjiāng zǒushàng gōngzuò gǎngwèi, wǒ jīdòng de kuàiyào liúlèi le.
看到 你们 顺利 毕业，即将 走上 工作 岗位，我 激动 得 快要 流泪 了。
Силердин окууну ийгиликтүү аяктап, жумушка киргени жатканыңарды көрүп, толкунданып, көз жашымды төгүп кете жаздадым.

Ⓑ Wǒmen wèi yǒu nín zhèyàng de lǎoshī jiāo'ào, Sàbài'ěr jiàoshòu.
我们 为 有 您 这样 的 老师 骄傲，萨拜尔 教授。
Биздин ушундай сиздей болгон жетекчибиз бар экенине сыймыктанабыз.

Ⓐ Zhù nǐmen yíqiè shùnlì, wànshì rúyì. Zhù nǐmen hǎoyùn!
祝 你们 一切 顺利，万事 如意。祝 你们 好运！
Мындан ары жолуңар ачык болсун, силерде баары жакшы болсун. Силерге ийгилик тилейм.

Ⓑ Xièxie nín.
谢谢 您。
Ыраазыбыз сизге!

Ⓒ Wǒmen huì lái kàn nín de.
我们 会 来 看 您 的。
Биз сизди көргөнү келип турабыз.

Ⓐ Hǎo de, rúguǒ xūyào bāngzhù, suíshí liánxì wǒ. Wǒ de dàmén yǒngyuǎn wèi nǐmen chǎngkāi.
好 的，如果 需要 帮助，随时 联系 我。我 的 大门 永远 为 你们 敞开。
Жарайт. Жардам керек болсо, мени менен кабарлашкыла. Силер үчүн ар дайым эшигибиз ачык.

Ⓒ Zàijiàn, bǎozhòng!
再见，保重！
Саламатта калыңыз, өзүңүздү жакшы караңыз!

Ⓐ Nǐmen yě bǎozhòng, yílù shùnfēng.
你们 也 保重，一路 顺风。
Силер дагы өзүңөрдү жакшы карагыла, жолуңар шыдыр болсун.

毕业 典礼　ОКУУ БҮТҮРҮҮ АЗЕМИ

A　Bìyè diǎnlǐ de qìfēn hěn rèliè, wǒ zhēn méi xiǎngdào Nǔ'ěrjíjítè huì shòu yāo cānjiā bìyè yǎnjiǎng.
毕业 典礼 的 气氛 很 热烈，我 真 没 想到 努尔吉吉特 会 受 邀 参加 毕业 演讲。
Диплом тапшыруу аземинин атмосферасы абдан жандуу болду, Нуржигиттин чакырылып, сөз сүйлөөрүн ойлогон эмесмин.

B　Shì a, zhè zhēnshì tài yìwài le! Wǒ zài tā shēnshàng xuédàole hěn duō.
是 啊，这 真是 太 意外 了！我 在 他 身上 学到了 很 多。
Ооба, бул күтүүсүз болду! Мен андан абдан көп нерсе үйрөндүм.

A　Wǒ yě shì, xiàwǔ wǒmen jiù yào nádào bìyè zhèngshū le, zhè yìwèizhe wǒmen zài zhèlǐ de rìzi jiéshù le. Nǐ duì jiānglái yǒu shénme dǎsuàn?
我 也 是，下午 我们 就 要 拿到 毕业 证书 了，这 意味着 我们 在 这里 的 日子 结束 了。你 对 将来 有 什么 打算？
Мен дагы, түштөн кийин биз дипломубузду колубузга алабыз, анан биздин бул жердеги күндөрүбүз соңуна чыгат дегендик. Келечекке кандай ойлоруң бар?

B　Wǒ xiǎng zhǎo fèn gōngzuò, dànshì wǒ gǎnjué wǒ hái xūyào duì wǒ suǒ xué de zhuānyè yǒu gèng jìnyíbù de liǎojiě.
我 想 找 份 工作，但是 我 感觉 我 还 需要 对 我 所学 的 专业 有 更 进一步 的 了解。
Жумуш табышым керек, бирок окуган кесибимди дагы да тереңдей түшүнүшүм керек деп эсептейм.

A　Rúguǒ nǐ nàyàng xiǎng dehuà, chūguó liúxué kěnéng shì gè búcuò de xuǎnzé.
如果 你 那样 想 的话，出国 留学 可能 是 个 不错 的 选择。
Андай оюң болсо, чет өлкөгө окууну тандасаң жакшы болот.

B　Wǒ kǎolǜ kǎolǜ. Nà nǐ yǒu shénme dǎsuàn?
我 考虑 考虑。那 你 有 什么 打算？
Мен ойлонуп көрөйүн. А сен өзүң эмне кылайын деп жатасың?

A　Wǒ xiǎng qù cūn lǐ kāi yì jiā xiǎo gōngsī.
我 想 去 村里 开 一 家 小 公司。
Мен айылга барып чакан иш кана ачсам деп жүрөм.

B　Zhège xiǎngfǎ búcuò. Nǐ zài dàxué lǐ xuéxí hěn hǎo, wǒ zhù nǐ chénggōng.
这个 想法 不错。你 在 大学 里 学习 很 好，我 祝 你 成功。
Бул идея жакшы, сен университетти да жакшы окудуң, мен сага ийгилик каалайм.

A　Xièxie nǐ.
谢谢 你。
Рахмат сага.

B　Dàxué dà huìtáng wǎnshang jiāng jǔxíng yīnyuèhuì, zhuān wèi bìyèshēng zǔzhī de.
大学 大 会堂 晚上 将 举行 音乐会，专 为 毕业生 组织 的。
Кечинде университеттин чоң залында концерт болот экен, баардык бүтүрүүчүлөргө арналган.

A　Zhēn de ma?
真 的 吗？
Чын элеби?

B Zhēn de, hěn duō gēshǒu hé wǔzhě dōu huì lái.
真 的，很 多 歌手 和 舞者 都 会 来。
Чын, көптөгөн ырчылар, бийчилер келет экен.

A Tài hǎo le! zánmen jīntiān kě yào hǎohǎo rènào yíxià.
太 好 了！咱们 今天 可 要 好好 热闹 一下。
Жакшы болду! Биз бүгүн көңүлүбүздү бир көтөрүп алалы.

B Wèile jìniàn wǒmen de xuéshēng shídài, dào shíhou wǒmen hǎohǎo zhàoxiàng liúniàn.
为了 纪念 我们 的 学生 时代，到 时候 我们 好好 照相 留念。
Студенттик күндөрүбүздөн эстелик болуу үчүн, ошол убакта биз жакшылап сүрөттөргө да түшүп алалы.

A Nǐ shuōde duì, wǒ zhèlǐ yǒu dà yī gāng lái shí pāi de zhàopiàn, nǐ kànkan.
你 说得 对，我 这里 有 大一 刚 来 时 拍 的 照片，你 看看。
Туура айтасың. Менде университетке жаңы келгендеги сүрөттөр бар, көрсөң.

B Wǒmen biànle hěn duō.
我们 变了 很 多。
Абдан эле өзгөргөн экенбиз.

A Shìde, shíjiān yě guòde hěn kuài, xiànzài wǒmen dōu yào qù gègè dìfang le.
是的，时间 也 过得 很 快，现在 我们 都 要 去 各个 地方 了。
Ооба, убакыт дагы тез эле өтүп кетти. Эми баарыбыз ар тарапка кетип калабыз.

B Bìyè wǎnhuì dōu yào cānjiā ò.
毕业 晚会 都 要 参加 哦。
Бүтүрүү кечесинде баардыгыбыз бололу э.

A Hǎo de, wǒ yídìng huì lái.
好 的，我 一定 会 来。
Макул, мен сөзсүз келем.

B Wǒ hái gěi nǐ zhǔnbèile lǐwù.
我 还 给 你 准备了 礼物。
Менин сен үчүн даярдаган белегим бар.

A Shénme lǐwù?
什么 礼物？
Эмне белек?

B Mìmì, nǐ lái wǎnhuì de shíhou jiù zhīdào le.
秘密，你 来 晚会 的 时候 就 知道 了。
Сыр, кече убагында билесиң

Zhíchǎng　Dǎpīn
职场 打拼

КЕСИПТИК ЖАШООДО ЖАН ҮРӨӨ

① 求职应聘　КЫЗМАТ ИЗДӨӨ ЖАНА КЫЗМАТ ОРДУНА ТАЛАПКЕР БОЛУУ
② 入职培训　КЫЗМАТКА КИРҮҮ ТРЕНИНГИ
③ 召开会议　ЖЫЙЫН ӨТКӨРҮҮ
④ 洽谈业务　БИЗНЕС ТУУРАЛУУ СҮЙЛӨШҮЛӨӨРДҮ ЖҮРГҮЗҮҮ
⑤ 出勤请假　ЖУМУШКА КЕЛҮҮ ЖАНА УРУКСАТ АЛУУ
⑥ 升职离职　КЫЗМАТКА КӨТӨРҮЛҮҮ ЖАНА КЫЗМАТТАН КЕТҮҮ

01 求职 应聘
Qiúzhí Yīngpìn
КЫЗМАТ ИЗДӨӨ ЖАНА КЫЗМАТ ОРДУНА ТАЛАПКЕР БОЛУУ

求职 Qiúzhí　КЫЗМАТ ИЗДӨӨ

汉语　吉语

A Nǐ wèishénme yào yìngpìn wǒmen gōngsī de zhège zhíwèi? Nǐ bù xǐhuan mùqián de gōngzuò ma?
你 为什么 要 应聘 我们 公司 的 这个 职位？你 不 喜欢 目前 的 工作 吗？

Сен эмне үчүн биздин компаниянын бул кызматына талапкер болдуң, учурда иштеп жаткан жумушуң сага жакпайбы?

B Wǒ xǐhuan mùqián zhège gōngzuò, érqiě tā hé wǒ yìngpìn de zhège zhíwèi hěn xiāngsì. Dànshì zhè fèn gōngzuò xīnshuǐ tài dī, suǒyǐ wǒ xiǎng líkāi.
我 喜欢 目前 这个 工作，而且 它 和 我 应聘 的 这个 职位 很 相似。但是 这 份 工作 薪水 太 低，所以 我 想 离开。

Учурдагы кызматымды жактырам, анын үстүнө ал талапкер болуп жаткан бул жумуш менен абдан окшош. Бирок анын айлыгы өтө төмөн, ошол үчүн кетким келди.

A Zhè shì nǐ lízhí de wéiyī yuányīn ma?
这 是 你 离职 的 唯一 原因 吗？

Кызматтан бошонууңдун бирден бир себеби ушубу?

B Bù, hái yǒu yí gè yuányīn shì nǐmen gōngsī de yùnzuò shì quánqiúhuà de, wǒ juéde zài zhèyàng de huánjìng zhōng gōngzuò huì shōuhuò gèng duō.
不，还 有 一 个 原因 是 你们 公司 的 运作 是 全球化 的，我 觉得 在 这样 的 环境 中 工作 会 收获 更 多。

Жок, андан башка силердин компания дүйнөлүк масштабда аракет кылат, менин мындай кызмат чөйрөсүндө иштешим абдан көп табылга алып келет деп ойлойм.

A Rúguǒ nǐ bèi lùyòng, shénme shíhou fāngbiàn lái běn gōngsī shàngbān ne?
如果 你 被 录用，什么 时候 方便 来 本 公司 上班 呢？

Эгер сен ишке алынып калсаң, качан келип жумушка киришесиң?

B Xiàzhōu jiù kěyǐ.
下周 就 可以。

Кийинки жумада эле болот.

A Nǐ duì yìngpìn de gǎngwèi liǎojiě duōshǎo?
你 对 应聘 的 岗位 了解 多少？

Сен бул жумуш тууралуу канчалык түшүнөсүң?

B Wǒ dàxué jiùshì xué de zhège zhuānyè, duì zhège gǎngwèi yīnggāi jùbèi de zhīshi zhǎngwò de hái búcuò.
我 大学 就是 学 的 这个 专业，对 这个 岗位 应该 具备 的 知识 掌握 得 还 不错。

Мен жогорку окуу жайды ушул тармакта окуп аяктадым, бул кызмат жөнүндөгү билимим жаман эмес.

A 可以看看你的文凭吗？
Kěyǐ kànkan nǐ de wénpíng ma?
Дипломуңду көрсөм болобу?

B 没问题。这是我的毕业证和一些获奖证书。
Méi wèntí. Zhè shì wǒ de bìyèzhèng hé yìxiē huòjiǎng zhèngshū.
Маселе эмес. Мына дипломум жана окуудагы жетишкендик үчүн алган ардак грамоталарым.

A 嗯，挺好的。请你填一下这个表格。
Ǹg, tǐng hǎo de. Qǐng nǐ tián yíxià zhège biǎogé.
Ии, мыкты экен, сен анда бул резюмени толтуруп чык.

B 我填好了。
Wǒ tiánhǎo le.
Толтурдум.

A 好的。请你回去等通知，有结果了我们会打电话通知你。
Hǎo de. Qǐng nǐ huíqù děng tōngzhī, yǒu jiéguǒ le wǒmen huì dǎdiànhuà tōngzhī nǐ.
Жарайт. Сен барып кабарлоону күт! Жыйынтык болгондо биз сага чалып коёбуз.

C 你好，可以进来吗？
Nǐ hǎo, kěyǐ jìnlai ma?
Саламатсызбы, кирүүгө уруксатпы?

A 你好，请进。
Nǐ hǎo, qǐng jìn.
Саламатчылык. Кир.

C 我来是想竞聘这个工作岗位。
Wǒ lái shì xiǎng jìngpìn zhège gōngzuò gǎngwèi.
Мен кызмат ордуна тандоо конкурсуна талапкерлигимди коёюн деп келдим эле.

A 你以前在其他地方工作过吗？
Nǐ yǐqián zài qítā dìfang gōngzuòguò ma?
Мурда башка жерде иштегенсиңби?

C 没有，我刚大学毕业。
Méiyǒu, wǒ gāng dàxué bìyè.
Жок, мен жаңы гана жогорку окуу жайды аяктап келдим.

A 选择这个职位的人很多，不过你可以先填写报名表，也可以找一找其他工作。
Xuǎnzé zhège zhíwèi de rén hěn duō, búguò nǐ kěyǐ xiān tiánxiě bàomíng biǎo, yě kěyǐ zhǎo yi zhǎo qítā gōngzuò.
Бул орунга талапкерлер өтө көп, ошентсе да бул резюмени толтуруп, башка кызмат издеп көрсөң да болот.

C 您的意思是我不适合这个岗位吗？
Nín de yìsi shì wǒ bú shìhé zhège gǎngwèi ma?
Сиздин оюңузча мен бул орунга ылайыктуу эмесминби?

A Bú shì. Nǐ yě kàndào le, zhège gǎngwèi bàomíng de rén tài duō le. Wǒ xiànzài shuō bù hǎo nǐ néng bù néng huòdé zhège gǎngwèi.
不是。你 也 看到 了，这个 岗位 报名 的 人 太 多 了。我 现在 说 不 好 你 能 不 能 获得 这个 岗位。

Жок. Сен дагы көрдүң, бул орунга катталган адамдар өтө эле көп экен. Мен да айта албайм бул орунга ээ боло аларыңды.

C Míngbai le, xièxie nín!
明白 了，谢谢 您！

Түшүнүктүү. Рахмат сизге!

Xìnggé Àihào
性格 爱好   МҮНӨЗ ЖАНА КЫЗЫГУУСУ

汉语   吉语

A Nǐ rènwéi zìjǐ de yōudiǎn hé quēdiǎn shì shénme ne?
你 认为 自己 的 优点 和 缺点 是 什么 呢？

Сен өзүңдүн артыкчылыгың жана кемчилигиң кайсы деп ойлойсуң?

B Wǒ gōngzuò tèbié qínfèn, lìng yì fāngmiàn, wǒ hěn nǔlì, suǒyǐ gěi zìjǐ tài duō yālì.
我 工作 特别 勤奋，另 一 方面，我 很 努力，所以 给 自己 太 多 压力。

Кызматты жан дилим менен аткарам, башка жагынан, мен өтө эле көп иштейм, ошондуктан өзүмө өтө эле көп басым жасайм.

A Nǐ rènwéi zuòwéi tuánduì zhōng de yì yuán, xūyào jùbèi shénme yàng de pǐnzhì?
你 认为 作为 团队 中 的 一 员，需要 具备 什么 样 的 品质？

Команданын бир мүчөсү катары, кандай сапаттарды даярдаш керек деп ойлойсуң?

B Wǒ rènwéi hézuò jīngshén hé jìnqǔ jīngshén dōu shì bùkěhuòquē de.
我 认为 合作 精神 和 进取 精神 都 是 不可或缺 的。

Мен кызматташтык рух жана алга сүрөгөн рух керек деп ойлойм.

A Nǐ yèyú shíjiān dōu zuò xiē shénme?
你 业余 时间 都 做 些 什么？

Жумуштан тышкаркы убактыңда эмне кыласың?

B Wǒ ài wánr yóuxì, zuò yùndòng.
我 爱 玩儿 游戏、做 运动。

Менин хоббим оюн ойноо, спорт алеги.

A Nǐ zuì xǐhuan shénme yùndòng?
你 最 喜欢 什么 运动？

Спорттун кайсы түрүн жактырасың?

B Lánqiú.
篮球。

Баскетбол.

A Fēicháng hǎo.
非常 好。

Абдан жакшы экен.

职场打拼 | 173

A 你认为自己还有哪些优点和缺点？

Сен өзүңдүн кандай артыкчылыгың жана кемчилиң бар деп ойлойсуң?

B 我讨厌不守时的人，我从来没有迟到过。因为迟到不仅会耽误别人，而且还影响工作效率。

Мен убакытка так эмес болгон адамдарды жек көрөм, мен бир дагы жолу кечигип көргөн эмесмин. Анткени кечигүү башкаларды эле кармабастан, иштин натыйжалуулугуна да таасирин тийгизет.

A 你说得对，不守时的人不仅浪费自己的时间，还占用其他人的时间。

Туура айтасың, убакытка карабаган адам өзүнүн гана убактысын текке кетирбестен, башкалардын да убактысын алат.

B 我的缺点是我不会很快与人相处。

Ал эми кемчилигим адамдар менен бат тил табыша албаймын.

A 为什么？

Эмне үчүн?

B 我觉得我很害羞。

Менин оюмча мен аябай тартынчаакмын.

A 你的这个性格会影响你的工作吗？

Сенин бул мүнөзүң жумушуңа таасирин тийгизеби?

B 是的，我知道的东西很难口头表达出来，所以我经常用书写来表达。

Ооба, билген нерсемди адамдарга жеткире албай кыйнала берем, ошондуктан ар дайым кагаз менен иштөөгө өтөм.

A 我知道，但你的工作态度好，在工作中一定会尽心尽力。

Мен билем, бирок сен жумушка жакшы мамиле жасайсың, жумушта сөзсүз түрдө болгон күчүңдү жумшайсың.

02 入职 培训
Rùzhí Péixùn

КЫЗМАТКА КИРҮҮ ТРЕНИНГИ

培训 内容 ТРЕНИНГ МАЗМУНУ
Péixùn Nèiróng

汉语　　吉语

A: Nǐ shōudào jīntiān xiàwǔ rùzhí péixùn de tōngzhī le ma?
你 收到 今天 下午 入职 培训 的 通知 了 吗？
Бүгүн түштөн кийинки кызматка киришүү тренингдин кулактандыруусун алдыңбы?

B: Hái méiyǒu, shì guānyú shénme nèiróng de?
还 没有，是 关于 什么 内容 的？
Али албадым, мазмуну эмне жөнүндө экен?

A: Zhǔyào shì guānyú gōngsī jiǎnjiè、wǒmen de rènwù、gè zhǒng zhèngcè、bǎoxiǎn děngděng.
主要 是 关于 公司 简介、我们 的 任务、各 种 政策、保险 等等。
Негизинен компаниянын тааныштырылышы, биздин милдеттерибиз, ар түрдүү чаралар, камсыздандыруу жана башка жөнүндө.

B: Nèiróng bù shǎo a, wǒ hěn qīdài zhège péixùn.
内容 不 少 啊，我 很 期待 这个 培训。
Мазмуну аз эмес э, мен бул тренингди чыдамсыздык менен күтүп жатам.

A: Wǒ yě shì, wǒ xǐhuan xuéxí xīn dōngxi.
我 也 是，我 喜欢 学习 新 东西。
Мен дагы, жаңы нерселерди үйрөнгүм келет.

B: Shéi shòukè?
谁 授课？
Курстту кимдер өтүшөт?

A: Jùshuō shì cóng guówài lái de, wǒ juéde yīnggāi shì gè chūsè de gōngzuò rényuán.
据说 是 从 国外 来 的，我 觉得 应该 是 个 出色 的 工作 人员。
Чет өлкөдөн бир адам келген дешет, менимче бир атактуу кызматкер окшойт.

B: Zhè hěn hǎo, wǒ zài nǎlǐ kěyǐ kàndào zhège tōngzhī?
这 很 好，我 在 哪里 可以 看到 这个 通知？
Жакшы болуптур. Кулактандырууну кайдан көрсөм болот экен?

A: Jiù zhège zhǐzhì de zīliào, gěi biérén yě fā yíxià.
就 这个 纸质 的 资料，给 别人 也 发 一下。
Мына бул кагаздар, башкаларга дагы таратып берип кой.

B: Nǐ hǎo, Ādíliètè, nǐ dúguò zhège tōngzhī ma?
你好，阿迪列特，你 读过 这个 通知 吗？
Салам, Адилет. Бул кулактандырууну окудуң беле?

C) Méiyǒu, guānyú shénme de tōngzhī?
没有，关于 什么 的 通知？
Жок, ал эмне жөнүндө экен?

B) Jīntiān xiàwǔ yǒu yí gè rùzhí péixùn.
今天 下午 有 一 个 入职 培训。
Бүгүн түштөн кийин кызматка киришүү боюнча тренинг болот экен.

C) Nèiróng shì shénme?
内容 是 什么？
Мазмуну кандай экен?

B) Shuō shì xiān jièshào gōngsī, hái yǒu gōngzuò rènwù、bǎoxiǎn, dōu shì gēn wǒmen yǒuguān de.
说 是 先 介绍 公司，还 有 工作 任务、保险，都 是 跟 我们 有关 的。
Алгач компанияны тааныштыруу, анан иш милдеттери. Камсыздандыруу, баардык бизге керектүүлөр бар экен.

A) Shìde, zhǔjiǎngrén de gōngzuò shì rénshì guǎnlǐ.
是的，主讲人 的 工作 是 人事 管理。
Ооба, докладчынын кызматы персоналдык башкаруу дейт.

C) Tài hǎo le, wǒ yídìng huì cānjiā.
太 好 了，我 一定 会 参加。
Жакшы болду, мен сөзсүз катышамын.

D) Nǐ bǎ zhège tōngzhī gàosù wǒmen tài hǎo le, wǒmen huì qù de.
你 把 这个 通知 告诉 我们 太 好 了，我们 会 去 的。
Бизге айтып койгонуң жакшы болду, биз барабыз.

A) Hǎo de, nǐmen dōu yào lái cānjiā péixùn.
好 的，你们 都 要 来 参加 培训。
Ооба, тренингге баарыңар келгиле.

新员工 培训   ЖАҢЫ КЫЗМАТЧЫЛАРГА ТРЕНИНГ
Xīn Yuángōng Péixùn

A Zǎoshang hǎo, Tǎlái xiānsheng.
早上 好，塔莱 先生。
Кутман таң, Таалай мырза!

B Zǎoshang hǎo, Āyīgǔlì nǚshì. Cóng xiàzhōu kāishǐ wǒmen yǒu yí gè zhēnduì xīn yuángōng de péixùn.
早上 好，阿依古丽 女士。从 下周 开始 我们 有 一 个 针对 新 员工 的 培训。
Кутман таң, Айгүл айым. Кийинки жумадан баштап бизде жаңы кызматкерлерге арналган тренинг бар.

A Wǒ xūyào zhǔnbèi shénme ma?
我 需要 准备 什么 吗？
Мен бир нерсе даярдашым керекпи?

B Shìde, zhè shì liǎng běn guānyú wǒmen gōngsī de shǒucè, qǐng tíqián yuèdú bìng zhǔnbèi yìxiē wèntí.
是的，这 是 两 本 关于 我们 公司 的 手册，请 提前 阅读 并 准备 一些 问题。
Ооба, бул эки китепче биздин компания тууралуу жазылган, алдын ала окуп, айрым суроолор боюнча даярданып койгун.

A Hǎo de.
好 的。
Жарайт.

B Wǒ xīwàng nǐ néng jǐnkuài shúxī gōngzuò.
我 希望 你 能 尽快 熟悉 工作。
Кызматка батыраак көнүшүңдү үмүт кылам.

A Wǒ huì de. Duì le, yǒu duōshao yuángōng cānjiā péixùn?
我 会 的。对 了，有 多少 员工 参加 培训？
Кыла алам. Баса, канча жаңы кызматкер тренингге катышат?

B Shí lái gè ba, péixùn jiéshù hòu hái yǒu kǎoshì.
十 来 个 吧，培训 结束 后 还 有 考试。
Он чакты бар го, тренинг аяктагандан кийин, дагы сынак бар.

A Rúguǒ kǎoshì bù jígé zěnme bàn?
如果 考试 不 及格 怎么 办？
Сынактан өтпөй калсам эмне болот?

B Bú huì de, wǒ xiāngxìn nǐ. Dàn rúguǒ bù tōngguò dehuà jiù bú huì bèi shēngzhí.
不 会 的，我 相信 你。但 如果 不 通过 的 话 就 不 会 被 升职。
Өтпөй калышың мүмкүн эмес, мен сага ишенем. Эгер өтпөй кала турган болсоң, кызмат ордуңан жогорулай албайсың.

A Nà wǒ hǎohǎo kàn yíxià zhèxiē zīliào, zhǔnbèi zhǔnbèi.
那 我 好好 看 一下 这些 资料，准备 准备。
Анда мен бул материалдар менен жакшылап карап, даярдана берейин.

B Duì, jiù yīnggāi zhèyàng zuò. Mǎlātè, nǐ yě kěyǐ cānjiā péixùn.
对，就应该这样做。马拉特，你也可以参加培训。
Туура, бул кыла турчу ишиң. Марат, сен дагы тренингге катышсаң болот.

C Kěshì zhège péixùn hé wǒ wúguān.
可是这个培训和我无关。
Бирок ал тренинг мага тиешеси жок.

B Xué wú zhǐ jìng. Yīncǐ, nǐ yīnggāi cānjiā péixùn.
学无止境。因此，你应该参加培训。
Үйрөнүүнүн чеги жок. ошондуктан, тренингге катышышың керек.

C Hǎo de, nà yě gěi wǒ yífèn cáiliào ba.
好的，那也给我一份材料吧。
Жарайт, анда мага да китепче бересизби?

B Gěi, hǎohǎo zhǔnbèi. Rúguǒ nǐ bù cānjiā zhège péixùn yě bù cānjiā kǎoshì dehuà, kěnéng huì jiàngxīn o.
给，好好准备。如果你不参加这个培训也不参加考试的话，可能会降薪哦。
Бердим, жакшылап даярдан. Эгер бул тренингге катышпай жана сынак тапшырбасаң, айлык акың азайып калышы мүмкүн.

C Nín fàngxīn, wǒ huì cānjiā péixùn hé kǎoshì de.
您放心，我会参加培训和考试的。
Сиз кабатыр болбоңуз, мен тренингге жана сынакка катышам.

A Wǒmen yào jiāo péixùnfèi ma?
我们要交培训费吗？
Биз тренинг үчүн акча төлөп беребизби?

B Bú yòng jiāo, bù shōufèi.
不用交，不收费。
Төлөөнүн кереги жок, төлөм жок.

A Nà fēicháng hǎo.
那非常好。
Анда өтө эле жакшы.

B Nǐmen bù néng wèile zhèngqián ér shīqù xuéxí de jīhuì.
你们不能为了挣钱而失去学习的机会。
Силер акча табуу үчүн үйрөнүү мүкүнчүлүгүн жоготуп албагыла.

03 召开 会议
ЖЫЙЫН ӨТКӨРҮҮ

讨论 方案 ДОЛБООРДУ ТАЛКУЛОО

汉语 吉语

Ⓐ 既然 大家 都 到 了，我们 开始 吧。这 次 会议 的 目的 是 讨论 关于 新建 工厂 的 方案。
Бардыгы келген болсо, биз баштайлы. Бул жыйын жаңыдан курула турган заводдун долбоорун талкуулоону максат кылат.

Ⓑ 嗯，我 觉得 这 是 个 好 想法，但是 厂址 定 下来 了 吗？
Ээ, мен бул абдан жакшы ой деп ойлойм, бирок заводдун жайгашкан жери бекидиби?

Ⓐ 还 没有。现在 我们 有 三 个 选择，需要 从 中 选取 一 个。
Али жок. Азыр бизде үч тандоо бар, ичинен бирөөнү тандашыбыз керек.

Ⓑ 好 的，那 我们 讨论 一下 这 三 个 选址 吧。
Жарайт, анда биз бул үч варианты талдоого алып көрөлү.

Ⓐ 阿斯卡特, 你 先 开始 怎么样？
Аскат, сенден баштасак кандай?

Ⓒ 好 的，要 我 说 啊，工厂 不 应该 建 在 人口 稠密 的 地区，会 影响 周边 人们 的 生活。因此，我 认为 第一 个 方案 不 可 行。
Жарайт, мен айта турган болсом, завод адамдар жыш жашаган жерге салууга болбойт, айланасындагы адамдардын жашоосуна таасирин тийгизет. Ошондуктан, биринчи вариант жарабайт деп эсептейм.

Ⓐ 那 第二 个 和 第三 个 方案 呢？
Анда экинчи жана үчүнчү варианттарчы?

Ⓒ 我 对 这 两 个 方案 了解 不 多，所以 不 方便 谈 看法。
Менде бул эки вариант жөнүндө толук маалыматым жок, андыктан талкуулоого ыңгайсыз.

A: Mǎkèsàtè xiānsheng, nǐ zěnme kàn?
马克萨特 先生，你 怎么 看？

Максат мырза, сиз кандай карайсыз?

B: Wǒ tóngyì Āsīkǎtè de kànfǎ. Zhìyú dì-èr gè fāng'àn, wǒ rènwéi shì bǐjiào hélǐ de.
我 同意 阿斯卡特 的 看法。至于 第二 个 方案，我 认为 是 比较 合理 的。

Мен Аскаттын көз карашына кошулам, ал эми экинчи вариантка карай турган болсок, ошол туура го деп ойлойм.

A: Wèishénme?
为什么？

Эмне үчүн?

B: Dì-èr gè fāng'àn de dìdiǎn suīrán bú zài shìqū, dàn lí shìqū bù yuǎn, bǐjiào fāngbiàn.
第二 个 方案 的 地点 虽然 不 在 市区，但 离 市区 不 远，比较 方便。

Экинчи вариянттагы завод курула турган жер шаардын ичинде эмес, шаардан өтө алыс да эмес, ыңгайлуу жер экен.

A: Nà dì-sān gè fāng'àn ne?
那 第三 个 方案 呢？

Үчүнчү вариантчы?

B: Wǒ yě qùguò nàlǐ, gèrén rènwéi tā sìhū bú shìhé.
我 也 去过 那里，个人 认为 它 似乎 不 适合。

Ал жерге да барып көрдүм, ал жер туура келчүдөй эмес деп эсептейм.

A: Wèishénme? Nàlǐ lí shìqū yě bù yuǎn a, jiù zài jiāoqū, duì ba?
为什么？那里 离 市区 也 不 远 啊，就 在 郊区，对 吧？

Эмне үчүн? Ал жер деле шаардан алыс эмес го? Шаардын чети эле, туурабы?

B: Dìmiàn de yìngdù jīng bù qǐ chǎngfáng de jiànshè.
地面 的 硬度 经 不 起 厂房 的 建设。

Ал жердин катуулугу завод салууга туруштук бере албайт.

A: Zěnme shuō?
怎么 说？

Кандайча?

B: Jù kǎochá, nàlǐ céng shì yí piàn zhǎozé.
据 考察，那里 曾 是 一 片 沼泽。

Текшерүүлөр боюнча ал жер мурда саз болгон.

A: Zhèyàng kànlái, dì-èr zhǒng fāng'àn sìhū bǐjiào héshì. Nà jiē xiàlái jùtǐ tǎolùn yíxià zhège fāng'àn.
这样 看来，第二 种 方案 似乎 比较 合适。那 接下来 具体 讨论 一下 这个 方案。

Мындай караганда, экинчи вариант бизге туура келет. Анда муну дагы майда-чүйдөсүнө чейин талкуулайлы.

工作 讨论　ЖУМУШ БОЮНЧА ТАЛКУЛОО
Gōngzuò Tǎolùn

汉语　吉语

A: 这是今天的会议议程，第一项内容是讨论生产员工可以接受的工作时间。
Zhè shì jīntiān de huìyì yìchéng, dì-yī xiàng nèiróng shì tǎolùn shēngchǎn yuángōng kěyǐ jiēshòu de gōngzuò shíjiān.

贾孜古丽，请做好会议记录。
Jiǎzīgǔlì, qǐng zuòhǎo huìyì jìlù.

Бул бүгүнкү жыйын күн тартиби мына ушундай, биринчи пункт өндүргүч кызматкерлери кабыл ала турган жумуш убактысы тууралуу талкуулайбыз. Жазгүл, жолугушуунун протоколун сактап коюңуз.

B: 我认为我们应该把每天的工作时间缩短到六个小时，因为……
Wǒ rènwéi wǒmen yīnggāi bǎ měi tiān de gōngzuò shíjiān suōduǎn dào liù gè xiǎoshí, yīnwèi…

Биздин оюбузча ар бир күнкү жумуш убакыты алты саат болуп кыскартылса, анткени…

A: 抱歉，打断一下，恐怕我不能同意您的观点。
Bàoqiàn, dǎduàn yíxià, kǒngpà wǒ bù néng tóngyì nín de guāndiǎn.

Кечиресиз, сөзүңүздү бөлүп койдум, мен сиздин пикириңизге кошула албайм.

B: 贾纳尔，能让我解释完吗？
Jiǎnà'ěr, néng ràng wǒ jiěshì wán ma?

Жанар, мен толугу менен түшүндүрсөм болобу?

A: 对不起，很抱歉打断你，请继续。
Duìbuqǐ, hěn bàoqiàn dǎduàn nǐ, qǐng jìxù.

Кечиресиз. Сөзүңүздү бөлгөнүм үчүн кечирим сурайм, уланта бериңиз.

B: 我认为目前的时间安排不太合理。现在我们只有四十分钟的午餐时间，四十分钟刚够往返食堂，员工根本得不到休息。
Wǒ rènwéi mùqián de shíjiān ānpái bú tài hélǐ. Xiànzài wǒmen zhǐyǒu sìshí fēnzhōng de wǔcān shíjiān, sìshí fēnzhōng gāng gòu wǎngfǎn shítáng, yuángōng gēnběn dé bù dào xiūxi.

Күн тартиби менимче туура эмес түзүлгөн. Бизге түшкү тамактанууга кырк мүнөт гана берилген. Биз кырк мүнөттө ашканага барып жетишпей калып жатабыз. Кызматкерлерде такыр тыныгуу жок.

A: 我们在午餐上花费的时间越多，我们离开工作的时间就越长。
Wǒmen zài wǔcān shàng huāfèi de shíjiān yuè duō, wǒmen líkāi gōngzuò de shíjiān jiù yuè cháng.

Бирок түшкү тамактанууга көп убакыт бөлүнсө, анда жумуштан чыгуу убактыбыз узарып кетет да.

B: 我认为员工午休有了保证，下午的工作效率会更高。因此，在我看来，六小时是合适的。
Wǒ rènwéi yuángōng wǔxiū yǒule bǎozhèng, xiàwǔ de gōngzuò xiàolǜ huì gèng gāo. Yīncǐ, zài wǒ kàn lái, liù xiǎoshí shì héshì de.

Меним оюмча кызматкерлердин түшкү дем алышы камсыздандырылса, түштөн кийинки жумуш өнүмү ого бетер жакшы болот. Ошол үчүн, менин көз карашым боюнча, 6 саат ылайыктуу.

Ⓐ 我 觉得 六 个 小时 太 少 了，至少 应该 有 八 个 小时 的 工作 时间。你 工作 的 时间 越 少，你 的 薪水 就 越 低。

Менимче 6 саат өтө аз, болбоду дегенде 8 саат иштөө керек.

Канча аз убакыт иштесеңер, айлык акыңар ошончо аз болот.

Ⓑ 那样 的话 恐怕 不 行， 先生 。

Андай туура болбой калат го, мырза.

Ⓐ 为什么 ？你们 工作 时间 越 少， 工作量 就 越 少 啊。

Эмнеге? Аз иштесеңер, жумуш жүгү да аз болот да.

Ⓑ 但 有时 员工 会 提前 完成 任务，然后 一直 闲着 直 到 下班 呢。

Бирок кээде жумушчу өзүнө бөлүнгөн жумушту эрте бүтүп коюп, жумуш убактысы бүткөнчө бош отуруп калып жатат.

Ⓐ 那 这样 吧， 从 上午 八 点 到 十二 点 工作， 午休 时间 为 一 个 半 小时，然后 继续 工作 三 小时。

Анда мындай, эртең менен саат сегизден он экиге чейин жумуш болот, түшкү танапис бир жарым саат, андан кийин кайра үч саат иш убактысы.

Ⓑ 我 同意。

Мен макулмун.

Ⓒ 我 也 觉得 可行。

Менимче да болот.

Ⓐ 但是 如果 谁 迟到， 就 延长 两 个 小时。

Бирок кимде-ким кечиксе, ага эки саат иш убакыт кошулат.

Ⓑ 两 个 小时 不 多 吗？

Эки саат көп эмеспи?

Ⓐ 多， 所以 不 能 迟到。

Көп. Андыктан кечигүүгө болбойт.

04 洽谈 业务
БИЗНЕС ТУУРАЛУУ СҮЙЛӨШҮЛӨӨРДҮ ЖҮРГҮЗҮҮ

价格 谈判   БААСЫН СҮЙЛӨШҮҮ

A 您好！您有什么需要？
Саламатсызбы! Сизге эмне керек?

B 我想订购奶和奶酪，想先过来看看价格。
Мен сүт жана сырга буюртма берет элем, биринчи баасын көрөйүн деп келдим.

A 您要订多少公斤？
Канча килограммга буюртма берет элеңиз?

B 一公斤是多少钱？
Бир килограмм канча болот?

A 八百四十五索姆。
Сегиз жуз кырк беш сом.

B 太贵了吧？我会买很多。
Өтө эле кымбат го, мен көптү алат элем.

A 如果您订购多的话，我方愿意在价格方面优惠一些。
Сиз көбүрөөк буйрутма берсеңиздер, биз баа жагынан арзандатууга даярбыз.

B 那就太好了，可是货物的保险费怎么办？
Анда жакшы экен, товардын камсыздандыруу акысын кантебиз?

A 如果贵方承担税费，我方可支付保险费用。
Сиздер салык акчасын төлөсөңүздөр, камсыздандыруу акысын биз төлөйбүз.

B 太好了！我们一言为定，尽快签订合同。
Абдан жакшы! Биз чечтик, келишимге кол коёлу батыраак.

A Dāngrán, qǐng zài zhèlǐ qiānmíng.
当然，请在这里 签名。
Албетте, бул жерге кол коюңуз.

B Nǐmen bǎozhèng huòwù zhìliàng ma?
你们 保证 货物 质量 吗？
Товардын сапатына кепилдик бересиздерби?

A Wǒmen bǎozhèng.
我们 保证。
Кепилдик беребиз.

B Nà hǎo ba. Dìnggòu de dōngxi nǐmen duō cháng shíjiān néng zhǔnbèi hǎo?
那 好 吧。订购 的 东西 你们 多 长 时间 能 准备 好？
Жарайт анда. А буюртма кылган товарды канча убакытта даярдап бере аласыздар?

A Sān tiān zhī nèi zhǔnbèi hǎo.
三 天 之 内 准备 好。
Үч күндүн ичинде даяр болот.

B Nà wǒ sān tiān hòu lái.
那 我 三 天 后 来。
Мен анда үч күндөн кийин келейин.

A Hǎo de, gǎnxiè nín xuǎnzé wǒmen gōngsī, zàijiàn.
好 的，感谢 您 选择 我们 公司，再见。
Макул. Биздин компанияны тандаганыңызга рахмат. Жакшы барыңыз.

B Zàijiàn.
再见。
Жакшы калыңыз.

要求 打折　АРЗАНДАТУУНУ ТАЛАП КЫЛУУ

A　Xīwàng wǒmen shuāngfāng néng dáchéng hézuò xiéyì.
希望 我们 双方 能 达成 合作 协议。
Эки тарап тең макулдукка келебиз деп үмүттөнөм.

B　Nà yě zhèng shì wǒ fāng suǒ xiǎng de.
那 也 正 是 我 方 所 想 的。
Биздин ойлогонубуз да ушул.

A　Dànshì hétong fāngmiàn, wǒmen hái yǒuxiē wèntí, wǒ rènwéi zuìhǎo xiān bǎ zhèxiē wèntí jiějué le.
但是 合同 方面，我们 还 有些 问题，我 认为 最好 先 把 这些 问题 解决 了。
Бирок келишим жагынан, бизде бир аз көйгөй бар, менимче оболу ушуну чечип алышыбыз керек.

B　Hǎo de, nà shì shénme yàng de wèntí ne?
好 的，那 是 什么 样 的 问题 呢？
Жарайт, ал кандай көйгөй?

A　Guānyú jiàgé fāngmiàn, rúguǒ guì fāng néng zài gěi wǒmen bǎi fēnzhī qī de zhékòu, wǒmen kěyǐ zài sānshí tiān nèi fùkuǎn.
关于 价格 方面，如果 贵 方 能 再 给 我们 百分之七 的 折扣，我们 可以 在 三十 天 内 付款。
Баа жагынан, эгер сиздер бизге 7% арзандатуу кыла алсаңар, биз отуз күн ичинде төлөйбүз.

B　Zhè shízài shì hěn nán jiēshòu, rúguǒ guì fāng kǎolǜ yíxià zhìliàng, jiù huì fāxiàn wǒmen de jiàgé shì hěn hélǐ de.
这 实在 是 很 难 接受，如果 贵 方 考虑 一下 质量，就 会 发现 我们 的 价格 是 很 合理 的。
Муну кабыл алуу кыйын, эгер сиздер сапатын эсепке алсаңар, анда биздин баа абдан ылайыктуу экенин байкамаксыңар.

A　Rúguǒ guì fāng néng chóngxīn kǎolǜ jiàgé, wǒmen kěyǐ zài zhīfù fāngmiàn zuòchū ràngbù.
如果 贵 方 能 重新 考虑 价格，我们 可以 在 支付 方面 做出 让步。
Сиздер бааны кайрадан караштырсаңыздар, биз төлөм жагынан ыңгайлуулукка аракет кылабыз.

B　Wǒmen děi hé lǎobǎn shāngliang yíxià guì fāng de tíyì.
我们 得 和 老板 商量 一下 贵 方 的 提议。
Биз сиздердин сунушунарды башчыбызга айтышыбыз керек.

A　Wǒmen kěyǐ hé nín de lǎobǎn tántan ma?
我们 可以 和 您 的 老板 谈谈 吗？
Башчыңыздар менен биз өзүбүз сүйлөшүүгө мүмкүнбү?

B　Qǐng shāoděng. …… Tā tóngyì nǐmen jìnqù, qǐng.
请 稍等。…… 他 同意 你们 进去，请。
Күтө туруңуз. …Ал сиздерди киргүүгө уруксат берди, келиңиз.

C　Nǐmen hǎo. Qǐngwèn nǐmen yǒu shénme wèntí?
你们 好。请问 你们 有 什么 问题？
Саламатсыңарбы. Кандай маселе боюнча келдиңиз?

A: 您好。我们想就价格再跟贵方商量一下。如果贵方能给我们百分之七的折扣，我们可以在三十天内付款。

Саламатсызбы. Биз баа тууралуу сүйлөшөлү дедик эле. Бизге 7%га арзандатып берсеңиз, биз отуз күндүн ичинде төлөйлү деп жатабыз.

C: 那不可能，那样的话我们没有任何利润了。再说，我们的商品质量非常好。

Андай кылуу мүмкүн эмес, анда бизге эч кандай пайда болбой калып жатпайбы, анын үстүнө, биздин товарлардын сапаты өтө жогору деңгээлде.

A: 一点儿商量的余地都没有吗？

Тап-такыр сүйлөшүүгө болбойбу?

C: 你们可以选择同类的另一个商品，它跟这个差不多。

Силер ушул сыяктуу башка товарды тандап алсаңар болот, ал дагы буга дээрлик окшош.

A: 不行，我们不要那款商品，我们还是希望你们能以优惠的价格给我们这款商品。

Жок, тиги товарды каалабайбыз, бизге бул товарларды эле арзандатып берсеңиздер жакшы болмок эле.

C: 那好吧。我们可以再让5%，就25%而不是20%，可以了吗？

Анда биз 5% түшүп берели, 20% эмес 25%га арзандаталы болобу?

A: 再优惠一点儿吧。

Дагы бир аз арзандатсаңыз.

C: 哎，好吧，给你们26%的折扣，不能再降低了。

Ай-й, макул, 26%га арзандатып берели, мындан төмөн болбойт.

A: 好，我们现在就签合同。

Жарайт, биз азыр келишим түзөбүз.

05 出勤 请假
Chūqín Qǐngjià
ЖУМУШКА КЕЛҮҮ ЖАНА УРУКСАТ АЛУУ

迟到 КЕЧИГҮҮ
Chídào

A Hěn bàoqiàn, wǒ chídào le.
很 抱歉，我 迟到 了。
Кечирип коюңуз, мен кечигип калдым.

B Nándào nǐ bù zhīdào suǒyǒu de yuángōng bìxū zài bā diǎn bàn qián dǎkǎ ma?
难道 你 不 知道 所有 的 员工 必须 在 八 点 半 前 打卡 吗？
Кызматчылардын сөзсүз саат сегизден мурда келип картасы менен катталарын билбейсиңби?

A Wǒ zhīdào, dànshì wǒ dǔchē le.
我 知道，但是 我 堵车 了。
Билем, бирок машинам жолдо тосулуп калды.

B Zhège yuè yǐjīng dì-sān cì le, gāi fá qián le.
这个 月 已经 第三 次 了，该 罚 钱 了。
Бул айда үчүнчү жолу болуп жатат, айып акча төлөшүң керек.

A Qǐng zài gěi wǒ cì jīhuì ba, wǒ bǎozhèng bú huì zài fāshēng le.
请 再 给 我 次 机会 吧，我 保证 不 会 再 发生 了。
Мага дагы бир жолу мүмкүндүк берсеңиз, мындан ары кайталанбайт деп убада берем.

B Wǒ xīwàng zhè shì zuìhòu yí cì.
我 希望 这 是 最后 一 次。
Бул сага берилген эң акыркы мүмкүнчүлүк болсо экен деймин.

A Hǎo de, xièxie nǐ.
好 的，谢谢 你。
Жарайт. Рахмат сизге.

B Kǎnàtè, nǐ zěnme chídào le?
卡纳特，你 怎么 迟到 了？
Канат, сен эмнеге кечигип келдиң?

C Duìbuqǐ, wǒ kàncuò shíjiān le.
对不起，我 看错 时间 了。
Кечириңиз, саатты туура эмес карап алыптырмын.

B Nǐ shàng zhōu chídàoguò yí cì.
你 上 周 迟到过 一 次。
Сен мурунку жумада дагы кечиккен элең.

C 我 保证 这 是 最后 一 次，请 不要 责怪 我。
Ушул акыркы жолу деп убада берем, айыпка жыкпасаңызчы, өтүнөм.

B 你 迟到 多少 次 了？我 不 能 原谅 你，扣发 一 周 奖金。
Нече жолу кечиктиң, сага кечирүү бере албайм. Бир апталык акчаң берилбейт.

C 这 是 最后 一 次，请 再 原谅 一 次。
Ушул акыркы жолу болсун. Суранам дагы кечирип коюңуз.

B 好 吧，这 是 最后 一 次。
Болуптур, бул акыркы жолу болсун.

C 谢谢 你，下 次 不 会 迟到 了。
Рахмат сизге, кийинкиде кечикпеймин.

B 希望 你 说 到 做 到。再 迟到 的话，你 直接 写 离职 申请书 走人 吧。
Айтканыңды кыласың деп үмүттөнөм. Эмки кечиккениңде арыз жазып жумуштан бошоп кете бер.

C 好 的，知道 了。
Макул, түшүндүм.

请假 Qǐngjià УРУКСАТ АЛУУ

汉语　吉语

A 巴合特 先生，我 能 请 一 段 时间 假 吗？近来 我 觉得 非常 疲惫。
Bāhétè xiānsheng, wǒ néng qǐng yí duàn shíjiān jià ma? Jìnlái wǒ juéde fēicháng píbèi.
Бакыт мырза, мен бир аз убакытка эс алуу алсам болобу? Жакындан бери абдан чарчадым.

B 没 问题，我 来 看 一下…… 你 还 有 一 周 年假 没 休，对 吗？
Méi wèntí, wǒ lái kàn yíxià… Nǐ hái yǒu yì zhōu niánjià méi xiū, duì ma?
Маселе жок, карап көрөйүн... Сен бир жыл эс албапсың. Туурабы?

A 是的，但是 我 想 多 请 一 周 的 假，可以 吗？
Shìde, dànshì wǒ xiǎng duō qǐng yì zhōu de jià, kěyǐ ma?
Ооба, бирок мен бир аптадан көбүрөөк эс алууну алсам болобу?

B 两 周？那 这个 假 可 够 长 的 了。你 的 项目 进行 得 怎么样 了？
Liǎng zhōu? Nà zhège jià kě gòu cháng de le. Nǐ de xiàngmù jìnxíng de zěnmeyàng le?
Эки апта, анда бул эс алуу жетишерлик болот го. Сенин проектериң кандай жүрүп жатат?

A 快 结束 了，我 明天 把 报告 交 给 您，我 想 从 下周一 开始 休假。
Kuài jiéshù le, wǒ míngtiān bǎ bàogào jiāo gěi nín, wǒ xiǎng cóng xià Zhōuyī kāishǐ xiūjià.
Аяктап калды, мен эртең документтерди сизге тапшырып, келээрки дүйшөмбүдөн баштап эс алсамбы деп ойлоп турам.

B 好 吧，希望 你 好好 休息，回来 的 时候 精神 焕发。
Hǎo ba, xīwàng nǐ hǎohǎo xiūxi, huílái de shíhou jīngshén huànfā.
Жарайт, жакшы эс алгын, күчкө толуп кайра кайтып кел.

A 非常 感谢 您，巴合特 先生。
Fēicháng gǎnxiè nín, Bāhétè xiānsheng.
Ыракмат сизге, Бакыт мырза.

B 阿克力，你 又 要 请假 吗？
Ākèlì, nǐ yòu yào qǐngjià ma?
Акыл, сен дагы жумуштан суранып жаттың беле?

C 是的，我 想 再 请 一次 假。
Shìde, wǒ xiǎng zài qǐng yícì jià.
Ооба, мен дагы сурансамбы дегем.

B 需要 请 几 天？
Xūyào qǐng jǐ tiān?
Канча күнгө уруксаат керек?

C 我 只 需要 三 天 时间。
Wǒ zhǐ xūyào sān tiān shíjiān.
Мага үч күнгө гана.

B 可是 你 上 次 刚刚 请过 假。
Kěshì nǐ shàng cì gānggāng qǐngguò jià.
Бирок сен өткөндө эле суранып жаттың эле го.

C
Zhè cì wǒ běnlái bù xiǎng qǐngjià de, dàn wǒ děi qù yīyuàn.
这次我本来不想请假的，但我得去医院。
Бул жолу суранбайт элем, ооруканага барууга мажбурмун.

B
Nǐ xiěwán gōngzuò zīliào le ma?
你写完工作资料了吗？
Иш кагаздарды жазып болдуңбу?

C
Dōu zhǔnbèi hǎo le, nín kěyǐ shěnyuè.
都准备好了，您可以审阅。
Мына, баардыгы даяр, карап чыксаңыз болот.

B
Hǎo. Nǐ qǐng nǎ sān tiān de jià?
好。你请哪三天的假？
Жакшы, кайсы үч күнгө уруксат сурап жатасың?

C
Cóng míngtiān kāishǐ, sān tiān. Wǒ jiāng zài Xīngqīyī fǎnhuí gōngzuò gǎngwèi.
从明天开始，三天。我将在星期一返回工作岗位。
Эртеңден баштап, үч күнгө. Дүйшөнбүдө кайра жумушка келем.

B
Hǎo ba, wǒ tóngyì le, zànshí jiāng nǐ de gōngzuò jiāo gěi qítā rén.
好吧，我同意了，暂时将你的工作交给其他人。
Макул, мен макулмун, өз жумушуңду убактылуу башка бирөөгө тапшырып кет.

C
Hǎo de.
好的。
Жарайт.

B
Nǐ xūyào zhàogù hǎo nǐ de shēntǐ, wǒ xīwàng nǐ zǎorì kāngfù.
你需要照顾好你的身体，我希望你早日康复。
Ден соолугуңа кам көрүүң керек, сакайып кетишиңди үмүт кылам.

C
Xièxie nín, Bāhétè xiānsheng!
谢谢您，巴合特先生！
Рахмат сизге, Бакыт мырза!

06 升职 离职
KЫЗМАТКА КӨТӨРҮЛҮҮ ЖАНА КЫЗМАТТАН КЕТҮҮ

升职 ӨСҮҮ

A 你有没有听说营销部新来的那个女孩儿升职了，而且是代替了马克萨提的位置？
Сатуу бөлүмүндөгү жаңы келген кыздын жаңы орунга которулганын уктуңбу, болгондо да Максаттын ордуна келиптир?

B 真的吗？但是她是个新手，根本没有经验啊，这怎么可能？
Чын элеби? Бирок ал жаңы келген го, такыр кызмат тажрыйбасы жок, кантип болсун?

A 她非常有能力的。去年她夺得了销售冠军，超过了所有的同事。
Ал өтө жөндөмдүү экен. Былтыр ал сатуунун чемпиону болгон да, бардык кызматташтарынан өтүп кеткен.

B 现在我明白了，我们今后也要努力工作啊。
Мен эми түшүндүм, мындан ары биз да тырышып иштейли.

A 即使我们努力工作也可能升不到那个位置吧？
Жакшы иштесек деле бизди ал орунга койбосо керек.

B 为什么那样想？
Эмнеге андай ойлойсуң?

A 我在这里工作已经一年多了，但我还没有升职啊。
Мен бул жерде иштегениме бир жылдан ашты, бирок мен орундан көтөрүлүп өскөн жокмун.

B 就算你没有升职，可是你的薪水在增长啊。
Сенин иш ордуң өспөсө да, айлык акың өсүп жатат го?

A 没错，但我想的是去马克萨提的岗位工作。
Анын туура, бирок мен Максаттын ордунда болууну каалаган элем.

B Bié dānxīn, zhǐyào nǐ nǔlì gōngzuò, nǐ huì shēngzhí de.
别 担心，只要 你 努力 工作，你 会 升职 的。
Кабатыр болбо, болгону талыкпай иштесең, сен өсөсүң.

A Hǎo xiāoxi, tóngshì men.
好 消息，同事 们。
Сүйүнчү, кесиптештер.

B Shénme hǎo xiāoxi? kuài shuō kuài shuō.
什么 好 消息？快 说 快 说。
Эмне жакшы жаңылык? Айта сал.

A Wǒ shì lǎobǎn zhùlǐ le.
我 是 老板 助理 了。
Мен шефтин жардамчысы болдум.

B Nǐ hěn bàng, gōngxǐ nǐ! Nǐ gōngzuò rènzhēn, érqiě qínfèn, lǎobǎn xuǎn nǐ zuò zhùlǐ shì lǐsuǒdāngrán de.
你 很 棒，恭喜 你！你 工作 认真，而且 勤奋，老板 选 你 做 助理 是 理所当然 的。
Сен мыктысың, куттуктайм! Сен талыкпай иштедиң, анан да тырышчааксың. Жетекчи сени жардамчысы кылып тандап алышы боло турчу нерсе.

A Xièxie nǐmen! Wǒ huì jìxù nǔlì de.
谢谢 你们！我 会 继续 努力 的。
Рахмат силерге! Мен андан ары талыкпай иштейм.

B Xiànzài nǐ jīngcháng hé lǐngdǎo zài yìqǐ, shì ma?
现在 你 经常 和 领导 在 一起，是 吗？
Эми ар дайым шефтин жанында болот экенсиң да, э?

A Cóng xiànzài qǐ wǒ xiézhù lǎobǎn chǔlǐ gōngsī de yíqiè gōngzuò.
从 现在 起 我 协助 老板 处理 公司 的 一切 工作。
Эми мен шефке жардам берип компаниянын бардык иштерине жоопкер болот экенмин.

B Nǐ shì wǒmen xuéxí de bǎngyàng. Wǒmen zhù nǐ yǐhòu qǔdé gèng dà de chéngjiù.
你 是 我们 学习 的 榜样。我们 祝 你 以后 取得 更 大 的 成就。
Сен биз үчүн үлгү болосуң. Келечекте дагы чоң ийгиликтерди каалайбыз.

A Xièxie nǐmen. Wǒmen yìqǐ jiāyóu, xīwàng nǐmen jìxù zhīchí bāngzhù wǒ.
谢谢 你们。我们 一起 加油，希望 你们 继续 支持 帮助 我。
Рахмат силерге, биз чогуу ийгиликке жетели, мындан ары да мени колдоп жардам бересиңер деп үмүттөнөм.

B Jīntiān zánmen qù cānguǎn, zhùhè yíxià nǐ shēngzhí, zěnmeyàng?
今天 咱们 去 餐馆，祝贺 一下 你 升职，怎么样？
Бүгүн сенин жумуш ордуңду куттуктап ресторанга барып келсек кандай?

A Méi wèntí.
没 问题。
Маселе эмес.

辞职 Cízhí KYZMATTAN KETYY

A 拜提克 先生，我 能 和 您 说 句 话 吗？
Bàitíkè xiānsheng, wǒ néng hé nín shuō jù huà ma?
Байтик мырза, сиз менен сүйлөшүүгө болобу?

B 当然 可以，美丽姆。
Dāngrán kěyǐ, Měilìmǔ.
Албетте болот, Мээрим.

A 这 对于 我 来 说 很 难 开口。我 和 您 共事 很 久 了，但是 我 在 另 一 家 公司 找到了 新 职位。
Zhè duìyú wǒ lái shuō hěn nán kāikǒu. Wǒ hé nín gòngshì hěn jiǔ le, dànshì wǒ zài lìng yì jiā gōngsī zhǎodàole xīn zhíwèi.
Муну айтуудан кыйналып турам. Сиз менен бирге иштешкениме көп болду, бирок мен башка бир компаниядан жаңы кызмат таптым.

B 怎么，你 不 喜欢 我们 公司 和 现在 的 职位 吗？
Zěnme, nǐ bù xǐhuan wǒmen gōngsī hé xiànzài de zhíwèi ma?
Эмне, сага биздин компаниянын учурдагы иштеген ордуң жакпай калдыбы?

A 不 是，不 是 那样。我 喜欢 这 家 公司。但是……
Bú shì, bú shì nàyàng. Wǒ xǐhuan zhè jiā gōngsī. Dànshì……
Жок, андай эмес. Мага бул компания жагат. Бирок…

B 那 你 为什么 决定 要 离开 呢？
Nà nǐ wèishénme juédìng yào líkāi ne?
Анда сен эмне үчүн кетүүнү чечтиң?

A 您 对 我 非常 好，我 很 感谢 您 教会了 我 很 多 东西。但是 我 想 趁 年轻 学习 一些 新 的 东西。
Nín duì wǒ fēicháng hǎo, wǒ hěn gǎnxiè nín jiāohuìle wǒ hěn duō dōngxi. Dànshì wǒ xiǎng chèn niánqīng xuéxí yìxiē xīn de dōngxi.
Сиз мага аябай жакшысыз, мен сизге абдан ыраазымын мага көп нерселерди үйрөттүңүз. Бирок мен жаш кезимде жаңы нерселерди үйрөнүшүм керек.

B 你 真 的 不 重新 考虑 一下 吗？
Nǐ zhēn de bù chóngxīn kǎolǜ yíxià ma?
Чындап кайра ойлонуп көрө албайсыңбы?

B 我 已经 考虑 好 了，我 确实 想 在 一 种 新 环境 中 寻求 发展。
Wǒ yǐjīng kǎolǜ hǎo le, wǒ quèshí xiǎng zài yì zhǒng xīn huánjìng zhōng xúnqiú fāzhǎn.
Мен баардыгын ойлонуп болдум, мен чындыгында жаңы чөйрөдө өнүгүүнү издегим келет.

B 现在 我们 这里 很 多 事情 要 做，正 是 用人 的 时候。
Xiànzài wǒmen zhèlǐ hěn duō shìqing yào zuò, zhèng shì yòngrén de shíhou.
Бизде азыр кыла турган жумуштар өтө көп, азыр дал адам иштей турган кези.

A 我 很 抱歉 在 这个 时候 提出 辞职。
Wǒ hěn bàoqiàn zài zhège shíhou tíchū cízhí.
Ушул кезде кызматтан кетүү арызын жазгандыгым үчүн кечирип коюңуз.

汉语 吉语

B
　　Hǎo ba,　　jìrán nǐ yǐjīng juédìng le,　　wǒ zūnzhòng nǐ de juédìng,　　zhù nǐ hǎoyùn.
　　好 吧，既然 你 已经 决定 了，我 尊重 你 的 决定，祝 你 好运。

　　Макул анда, бул сенин өзүңдүн чечимиң. Чечимиңди сыйлаймын. Ийгиликтер болсун.

A
　　Fēicháng gǎnxiè nín.
　　非常 感谢 您。

　　Сизге чоң ыракмат.

C
　　Zěnme le?　　Nǐ yě yào cízhí ma?
　　怎么 了？你 也 要 辞职 吗？

　　Эмне болду? Кызматтан бошоноюн дедиңби?

A
　　Shìde,　　wǒ zhǎodàole lìng yì jiā gōngsī.　　Nǐ yě dǎsuàn yào cízhí ma?
　　是的，我 找到了 另 一 家 公司。你 也 打算 要 辞职 吗？

　　Ооба, Мен башка компания таптым. Сен дагы жумуштан бошонот белең?

C
　　Shìde,　　wǒ yòu yào cízhí le.
　　是的，我 又 要 辞职 了。

　　Ооба, мен кызматтан кетмекчимин.

A
　　Nǐ wèishénme yào cízhí?
　　你 为什么 要 辞职？

　　Сен эмне үчүн бошонмоксуң?

C
　　Wǒ zài zhèlǐ de gōngzī hěn dī,　　wǒ xiǎng cídiào,　　chūguó gōngzuò.
　　我 在 这里 的 工资 很 低，我 想 辞掉，出国 工作。

　　Мага бул жердин айлык акысы аз, мен бул жумуштан бошонуп, чет өлкөгө чыгып иштейин деп ойлодум.

A
　　Chūguó fāzhǎn yěhǎo.　　Búguò xiànzài Bàitíkè xiānsheng de xīnqíng bù hǎo.　　Tóng yì tiān wǒmen dōu lízhí bù hǎo,　　nǐ zuìhǎo míngtiān zài tíjiāo shēnqǐng.
　　出国 发展 也好。不过 现在 拜提克 先生 的 心情 不 好。同 一 天 我们 都 离职 不 好，你 最好 明天 再 提交 申请。

　　Өнүгүү үчүн чет өлкөгө барган жакшы. Бирок азыр Байтик мырзанын маанайы жок. Бир күндө баарыбыз кетсек жакшы болбойт го, жакшысы эртең арыз жазсаң туура болгудай.

C
　　Shì ma?　　Hǎo ba,　　nà wǒ míngtiān jiāo.
　　是 吗？好 吧，那 我 明天 交。

　　Ошондойбу? Жарайт, анда мен эртең тапшырайын.

Liàn'ài　Hūnyīn
恋爱 婚姻

СҮЙҮШҮҮ ЖАНА ТОЙ ЖАСОО

01　坠入情网　СҮЙҮҮ ТОРУНА ЧАЛЫНУУ

02　浪漫约会　РОМАНТИКАЛУУ ЖОЛУГУШУУ

03　山盟海誓　ЧЫН ЖҮРӨКТӨН АНТТАШУУ

04　步入婚姻　ТУРМУШ КУРУУ

05　怀孕生子　БОЮНДА БОЛУУ ЖАНА ТӨРӨӨ

06　争吵分手　УРУШУУ ЖАНА АЖЫРАШУУ

01 坠入 情网
CҮЙҮҮ ТОРУНА ЧАЛЫНУУ

坠入 爱河   СҮЙҮҮНҮН ДАЙРАСЫН КЕЧҮҮ

Ⓐ 我 上 个 星期 认识了 一 个 男孩儿。
Мен өткөн аптада бир бала менен тааныштым.

Ⓑ 那 又 怎么 了? 你 不 是 经常 和 男孩儿 们 一起 玩儿 吗?
Анда эмне болуптур? Сен дайыма эркек балдар менен ойноп эле жүрбөйсүңбү?

Ⓐ 这 次 不 一样, 我们 有 很 多 相似 之 处。
Бул жолкусу окшобойт, биздин көптөгөн окшоштуктарыбыз бар экен.

Ⓑ 所以 呢?
Анан?

Ⓐ 我 觉得 我 爱上 他 了!
Мен аны сүйүп калдым окшойт!

Ⓑ 看来 你 被 他 迷住 了。你 每 天 都 在 想 他 吗?
Ал сени өзүнө тартып алгандай. Сен күнүгө аны ойлойсуңбу?

Ⓐ 我 想 是的。
Мен ушундай деп ойлойм.

Ⓑ 听 起来 你 已经 找到 你 的 灵魂 伴侣 了。
Сөзүнө караганда жан шеригиңди таптың окшойт.

Ⓐ 大概 是 这样。
Мүмкүн ушундай.

Ⓑ 但 我 不 相信, 我 的 朋友, 你 明天 可能 会 坠入 另 一 条 爱河。
Бирок мен ишенбейм, курбум, эртең эле кайра башканы сүйүп калууң мүмкүн.

汉语 吉语

A
Bù, wǒ bú zhème rènwéi, wǒ hěn xǐhuan tā.
不，我 不 这么 认为，我 很 喜欢 他。
Жок, мен минтип ойлобойм. Мен аны аябай жакшы көрөм.

B
Shuōshuo kàn, tā shì shénme yàng de rén?
说说 看，他 是 什么 样 的 人？
Кана айтчы, ал кандай адам?

A
Tā hěn cōngmíng、shànliáng.
他 很 聪明、善良。
Ал абдан акылдуу, боорукер.

B
Nǐ shì zěnme zhīdào tā shànliáng de?
你 是 怎么 知道 他 善良 的？
Сен анын боорукер экенин кайдан билдиң?

A
Tīngshuō tā jīngcháng bāngzhù biérén, hái yǒu tā fēicháng qiángzhuàng.
听说 他 经常 帮助 别人，还 有 他 非常 强壮。
Укканым боюнча ал ар дайым башка адамдарга жардам берип турат, анан да өтө күчтүү экен.

B
Shì bú shi kuāde tài duō le?
是 不 是 夸得 太 多 了？
Сен өтө эле мактап салган жоксуңбу?

A
Zhēn de shì zhèyàng.
真 的 是 这样。
Чынында ошондой.

B
Nǐ bú shì shuō hé tā yǒu hěn duō gòngtóngdiǎn ma, shuōshuo kàn, nǐmen yǒu shénme xiāngsì zhī chù.
你 不 是 说 和 他 有 很 多 共同点 嘛，说说 看，你们 有 什么 相似 之 处。
Окшоштуктарыбыз көп деп жаттың эле го, кана айтчы кандай октоштук бар экен экөөнөрдө?

A
Wǒ xǐhuan de diànyǐng tā yě xǐhuan, wǒ xǐhuan lǜsè, tā yě xǐhuan lǜsè, hái yǒu hěn duō.
我 喜欢 的 电影 他 也 喜欢，我 喜欢 绿色，他 也 喜欢 绿色，还 有 很 多。
Мен жактырган тасмаларды ал дагы жакшы көрөт, мен жашылды жакшы көрөм, ал дагы жашылды жакшы көрөт, андан башка дагы көп окшоштуктар бар.

B
Dànshì tā zhēn de xǐhuan nǐ ma?
但是 他 真 的 喜欢 你 吗？
Бирок ал да сени чындап жактырабы?

A
Wǒ rènwéi tā yě xǐhuan wǒ.
我 认为 他 也 喜欢 我。
Менин оюмча ал да мени жактырат.

B
Hǎo ba, nǐ zhēn de àishàngle nàge nánháiér.
好 吧，你 真 的 爱上了 那个 男孩儿。
Ээ, сен чын эле ал жигитти сүйүп калыптырсың.

初恋 情人 АЛГАЧКЫ СҮЙГӨНҮ
Chūliàn Qíngrén

A Ākèlèbiékè, nǐ kàn qǐlái bù gāoxìng, fāshēngle shénme shìqing?
阿克勒别克，你看起来不高兴，发生了什么事情？
Акылбек, капалуу көрүнөсүң, бир нерсе болдубу?

B Zuówǎn wǒ yùdào chūliàn qíngrén le, wǒmen xiàng guòqù yíyàng yǒu shuō yǒu xiào, kě wǒ de gǎnjué què jiérán bù tóng.
昨晚 我 遇到 初恋 情人 了，我们 像 过去 一样 有 说 有 笑，可 我 的 感觉 却 截然 不同。
Кече кечте мен тун сүйүүмдү учуратып калдым, биз мурдагыдай эле кызуу маектешип олтурдук, бирок мендеги ал сезим такыр башкача болду.

A Zhēn de? Shuōshuo kàn.
真 的？ 说说 看。
Чын элеби? Айтып көрчү.

B Wǒ fāxiàn tā biànle hěn duō, bǐ yǐqián wēnróu le, wǒ hái àizhe tā.
我 发现 她 变了 很 多，比 以前 温柔 了，我 还 爱着 她。
Менин байкашымча ал көп өзгөрүптүр, мурдагыдан назик болуп кетиптир, мен аны али да сүйүп жүрөм.

A Nǐ yí cì yě méiyǒu shìtàn ma? Méiyǒu gěi tā biǎobái ma?
你 一 次 也 没有 试探 吗？ 没有 给 她 表白 吗？
Сен аны бир жолу байкап көрбөдүңбү? Ага сүйүүңдү билдирбединби?

B Méiyǒu, tā yǐjīng yǒu nánpéngyou le.
没有，她 已经 有 男朋友 了。
Жок, эчак эле жигит таап алыптыр.

A Nà zhēnshì tài kěxī le. Bié huīxīn, nǐ yě yǒu mìng zhòng zhùdìng de lìng yíbàn!
那 真是 太 可惜 了。别 灰心，你 也 有 命 中 注定 的 另一半！
Чынында өкүнүчтүү болуптур. Бирок үмүтүңдү үзбө, сенин да буйруган жарың бар!

B Jǐnguǎn rúcǐ, kěshì wǒ wàng bùliǎo tā ya. Wǒ bìshàng yǎnjīng nǎohǎi lǐ quán shì tā de shēnyǐng.
尽管 如此，可是 我 忘 不了 她 呀。我 闭上 眼睛 脑海 里 全 是 她 的 身影。
Ошентсе да, бирок мен аны эч качан унута албай жатам. Көздөрүмдү жумсам эле мээмде анын элеси көрүнүп жатат.

A Huòzhě nǐ yāoqǐng tā yuēhuì, ránhòu gàosù tā nǐ de gǎnshòu?
或者 你 邀请 她 约会，然后 告诉 她 你 的 感受？
Балким сен аны жолугушууга чакырасың, анан ага сезимиңди айтаарсың?

B Rúguǒ tā bù lái zěnme bàn? Tā bú xìn zěnme bàn?
如果 她 不 来 怎么 办？ 她 不 信 怎么 办？
Келбей койсо кандай болот? Ишенбей койсо кандай болот?

A Kěnéng lái ba. Rúguǒ tā jùjué, nǐ jiù kěyǐ fàngxià le.
可能 来 吧。如果 她 拒绝，你 就 可以 放下 了。
Келет болсо керек. Эгер ал баш тартса, сен кое берсең болот.

Ⓑ
Kěshì qítā nǚháir gēn tā bù yíyàng a.
可是 其他 女孩儿 跟 她 不 一样 啊。
Бирок башка кыздар ага эч окшобойт да.

Ⓐ
Wǒ zhīdào, dàn nǐ zhèyàng zhémó zìjǐ méiyǒu rènhé yìyì.
我 知道，但 你 这样 折磨 自己 没有 任何 意义。
Билем, бирок ушинтип өзүңдү кыйнагандан эч пайда жок.

Ⓑ
Nà nǐ shuō zěnme bàn?
那 你 说 怎么 办？
Анан эмне кыл деген турасың?

Ⓐ
Wúlùn rúhé, xiàng tā biǎodá nǐ de gǎnshòu, wǒ zhīdào tā yǒu shíhou yě tōutou kàn nǐ, shuōbúdìng tā yě xǐhuan nǐ.
无论 如何，向 她 表达 你 的 感受，我 知道 她 有 时候 也 偷偷 看 你，说不定 她 也 喜欢 你。
Эмнеси болсо да сезимиңди билдир, мен билем ал дагы сени тымызын карап коёт. Кыязы сен деле ага жагасың.

Ⓑ
Bù kěnéng. Rúguǒ tā xǐhuan wǒ, wǒ wèishénme bù zhīdào?
不 可能。如果 她 喜欢 我，我 为什么 不 知道？
Мүмкүн эмес, ал мени жактырса, кантип байкабай жүрөм?

Ⓐ
Tā shì gè nǚháir a, kěnéng bù hǎoyìsi shuō ba.
她 是 个 女孩儿 啊，可能 不 好意思 说 吧。
Ал кыз да, балким айта албай жатса керек.

Ⓑ
Kěshì tā yǒu nánpéngyou.
可是 她 有 男朋友。
Бирок анын жигити бар.

Ⓐ
Kěnéng méiyǒu, yěxǔ tā shuōzhe wánr de, zài shì yi shì ba.
可能 没有，也许 她 说着 玩儿 的，再 试 一 试 吧。
Балким жок, ал сага жөн эле айтып коюшу мүмкүн. Бир аракет кылып көр.

Ⓑ
Hǎo de, nà wǒ míngtiān qǐng tā hē kāfēi.
好 的，那 我 明天 请 她 喝 咖啡。
Макул, анда мен аны эртең кофе ичкени чакырайын.

Ⓐ
Rúguǒ tā tóngyì, nǐ bié wàngle gěi tā mǎi huā.
如果 她 同意，你 别 忘了 给 她 买 花。
Эгер ал макул болсо, гүл дагы сатып алышты унутпа.

Ⓑ
Shìde, dāngrán.
是的，当然。
Ооба, албетте.

02 浪漫 约会
Làngmàn Yuēhuì
РОМАНТИКАЛУУ ЖОЛУГУШУУ

浪漫 的 惊喜
Làngmàn de Jīngxǐ
РОМАНТИКАЛЫК КҮТҮЛБӨГӨН БЕЛЕК

Ⓐ Ālìyǎ, nǐ zhǔnbèi hǎo zǒu le ma?
阿丽雅，你 准备 好 走 了 吗？
Алия, кетүүгө даярданып болдуңбу?

Ⓑ Wǒmen jīnwǎn qù nǎr?
我们 今晚 去 哪儿？
Биз бүгүн кечте кайда барабыз?

Ⓐ Bǎomì, gēn wǒ lái, wǒ yào gěi nǐ yí gè làngmàn de jīngxǐ.
保密，跟 我 来，我 要 给 你 一 个 浪漫 的 惊喜。
Купуя, мени менен келсең, мен сага бир романтикалуу сюрприз бермекчимин.

Ⓑ Nǐ zhīdào, měi cì nǐ zhèyàng zuò, zǒngshì lìng wǒ xìngfèn bùyǐ.
你 知道，每 次 你 这样 做，总是 令 我 兴奋 不已。
Сен билесиң, сен ар дайым ушинтип мени абдан таң калтырасың.

Ⓐ O, wǒ xīn'ài de rén bìxū dédào zuìhǎo de lǐwù.
哦，我 心爱 的 人 必须 得到 最好 的 礼物。
Оо, менин сүйгөн адамым эң жакшы белектерге татыктуу.

Ⓑ Wǒ zhēn de àisǐ nǐ le!
我 真 的 爱死 你 了！
Мен чынында сени аябай сүйөм.

Ⓐ Nǐ jiànguò zhèyàng de měi ma?
你 见过 这样 的 美 吗？
Бул кооздукту көрдүң беле?

Ⓑ Dì-yī cì jiàndào zhème měi de dìfang.
第一 次 见到 这么 美 的 地方。
Мен мындай кооздукту биринчи көрүшүм.

Ⓐ Zhège dìfang jiù xiàng wǒmen de ài yíyàng hěn měilì.
这个 地方 就 像 我们 的 爱 一样 很 美丽。
Бул кооз жер экөөбүздүн махабатыбыздай кулпуруп турат.

Ⓑ Wǒ wèi tā de měilì táozuì le.
我 为 它 的 美丽 陶醉 了。
Мен анын кооздугуна арбалып калдым.

A 这里再美，也比不上你的美。
Zhèlǐ zài měi, yě bǐ bú shàng nǐ de měi.
Бул кооздук канча сулуу болсо да, сенин сулуулугуңа жетпейт.

B 真的吗？
Zhēn de ma?
Чын элеби?

A 是的，你的眼睛与众不同，非常漂亮。
Shìde, nǐ de yǎnjīng yǔ zhòng bù tóng, fēicháng piàoliang.
Ооба, сенин көздөрүң бир башкача, абдан татынакайсың.

B 你让我感动。
Nǐ ràng wǒ gǎndòng.
Сен мени толкундаттың.

A 这些花是给你的。
Zhèxiē huā shì gěi nǐ de.
Бул гүлдөр сага.

B 多么美丽的花儿，我真的很喜欢你的礼物。
Duōme měilì de huār, wǒ zhēn de hěn xǐhuan nǐ de lǐwù.
Кандай сонун гүлдөр, мага белегиң чындап жакты.

A 你不冷吗？请允许我给你披上我的西装。
Nǐ bù lěng ma? Qǐng yǔnxǔ wǒ gěi nǐ pīshàng wǒ de xīzhuāng.
Сен үшүбөдүңбү? Менин костюмумду үстүңө жабып коюуга уруксаат бер.

B 你真好。
Nǐ zhēn hǎo.
Сен чынында жакшысың.

A 我已经为你准备好了，亲爱的。
Wǒ yǐjīng wèi nǐ zhǔnbèi hǎo le, qīn'ài de.
Сен үчүн мен баарына даярмын, сүйүктүүм.

B 我感谢你所做的一切。
Wǒ gǎnxiè nǐ suǒ zuò de yíqiè.
Баардыгы үчүн мен сага ыраазымын.

约会 迟到　ЖОЛУГУШУУГА КЕЧИГҮҮ
Yuēhuì Chídào

A Nǐ děngdeng wǒ, wǒ mǎshàng dào!
你 等等 我，我 马上 到！
Сен мени күтө тур, азыр барам!

B Wǒ yào děng duō jiǔ?
我 要 等 多久？
Канчага чейин күтөм?

A Wǒ huì zài yì-liǎng fēnzhōng nèi dào.
我 会 在 一两 分钟 内 到。
Бир-эки мүнөттө жетип барам.

B Rúguǒ nǐ liǎng fēnzhōng nèi bù lái, wǒ jiù zǒu le.
如果 你 两 分钟 内 不来，我 就 走 了。
Эки мүнөттө келбесең, мен кете беремин.

A Duìbùqǐ, bǎobèi, wǒ yòu chídào le.
对不起，宝贝，我 又 迟到 了。
Кечирип кой, жаным, мен дагы кечигип калдым.

B Nǐ zǒngshì chídào.
你 总是 迟到。
Сен дайыма кечигесиң.

A Qīn'ài de, qiānwàn bié shēngqì, gěi wǒ yí gè jiěshì de jīhuì.
亲爱的，千万 别 生气，给 我 一 个 解释 的 机会。
Сүйүктүүм, ачууланбасаң, мага бир жолу түшүндүрүүгө мүмкүнчүлүк берсең.

B Nǐ zǒngshì yǒu gè zhǒng lǐyóu.
你 总是 有 各 种 理由。
Сенин дайыма ар түрдүү шылтооң көп.

A Búyào shēngqì ma, wǒ bù shì gùyì chídào de, qīn'ài de.
不要 生气 嘛，我 不 是 故意 迟到 的，亲爱 的。
Таарынбачы, мен атайы кечиккен жокмун, сүйүктүүм.

B Wǒ yǐjīng děng nǐ yí gè duō xiǎoshí le.
我 已经 等 你 一 个 多 小时 了。
Мен сени бир сааттан ашык күттүм.

A Duìbùqǐ, qīn'ài de.
对不起，亲爱 的。
Кечирчи, сүйүктүүм.

B Búshì shuōhǎo zán jīntiān bù chídào ma.
不是 说好 咱 今天 不 迟到 嘛。
Биз экөөбүз бүгүн кечикпейбиз дедик элек го.

A Kàn, zhè shì shénme? Wǒ mǎidàole nǐ Zhōuliù yào kàn de nàge yǎnchànghuì de piào.
看，这是 什么？我 买到了 你 周六 要 看 的 那个 演唱会 的 票。
Көрдүңбү, бул эмне? Сен көргүң келген ишенбидеги концертке эки билет алдым.

B Wǒ de tiān a, zhēn bù gǎn xiāngxìn! Nǐ zěnme mǎidào piào le? Wǒ yǐwéi dōu yǐjīng màiguāng le.
我的天啊,真不敢相信!你怎么买到票了?我以为都已经卖光了。
Оо, кудай эй, чынында ишенгим келбейт! Сен кантип ал билетти ала алдың? Эчак эле сатылып болду деп ойлогом.

A Wǒ páiduì děngle hěn zhǎng shíjiān, suǒyǐ wǒ chídào le.
我排队等了很长时间,所以我迟到了。
Мен катарга туруп көп күттүм, ошого кечигип калдым.

B Wǒ tài gǎndòng le! Duìbùqǐ, wǒ wùhuì nǐ le. Nǐ duì wǒ tài tiēxīn le.
我太感动了!对不起,我误会你了。你对我太贴心了。
Мен катуу таасирлендим. Кечирип кой, сени жаңылыш түшүнүп калыптырмын. Сен мага аябай камкор экенсиң.

A Nǐ yào yuánliàng wǒ, wǒ bù yīnggāi chídào de.
你要原谅我,我不应该迟到的。
Сен да мени кечирип кой, кечикпешим керек эле.

B Dàn wúlùn rúhé, xià yí cì zài búyào chídào le, wǒ tǎoyàn děng bié rén.
但无论如何,下一次再不要迟到了,我讨厌等别人。
Бирок кандай болсо да, эмки жолу кечикпечи, мен бирөөнү күткөндү жаман көрөм.

A Wǒ bǎozhèng bú huì chídào. Nǐ yuánliàng wǒ le ma?
我保证不会迟到。你原谅我了吗?
Эми кечикпейм деп сөз берем. Сен мени кечирдиңби?

B Nǐ gěi wǒ mǎi yí gè bīngjīlíng dehuà wǒ jiù yuánliàng nǐ.
你给我买一个冰激凌的话我就原谅你。
Сен мага балмуздак алып берсең кечирем.

03 山盟海誓
Shānméng–Hǎishì
ЧЫН ЖҮРӨКТӨН АНТТАШУУ

求婚 КЫЗДЫН КОЛУН СУРОО
Qiúhūn

A Nǐ zhīdào wǒ wèishénme yāoqǐng nǐ lái zhèlǐ ma?
你 知道 我 为什么 邀请 你 来 这里 吗？
Сени бул жерге эмне үчүн чакырганымды билесиңби?

B Wèishénme?
为什么？
Эмне үчүн чакырдың?

A Qiáolìpán, wǒ yǒu yí gè lǐwù sòng gěi nǐ.
乔丽盘，我 有 一 个 礼物 送 给 你。
Чолпон, сага берүүчү бир белегим бар.

B Wa, hǎo piàoliang de zuànjiè a!
哇，好 漂亮 的 钻戒 啊！
Оо! Эмне деген кооз алмаз шакек!

A Nǐ yuànyì zuò wǒ de qīzi ma?
你 愿意 做 我 的 妻子 吗？
Менин жубайым болууга макулсуңбу?

B Wǒ …… wǒ ……
我 …… 我 ……
Мен...мен...

A Wǒ zhēnxīn ài nǐ, jià gěi wǒ ba.
我 真心 爱你，嫁 给 我 吧。
Мен сени чындап сүйөм, мага турмушка чыгасыңбы?

B Wǒ bù zhīdào zěnme shuō.
我 不 知道 怎么 说。
Мен эмне дешимди билбей турам.

A Wǒmen huì hěn xìngfú de, wǒmen huì yǒngyuǎn zài yìqǐ de.
我们 会 很 幸福 的，我们 会 永远 在 一起 的。
Биз бактылуу болобуз, экөөбүз ар дайым бирге болобуз.

B Wǒ xiāngxìn nǐ, dàn bù shì hái zǎo ma?
我 相信 你，但 不是 还 早 吗？
Мен сага ишенем, бирок эрте эмеспи?

汉语　　吉语

A Wǒmen tánle liǎng nián, wǒ rènwéi xiànzài bù zǎo.
我们 谈了 两 年，我 认为 现在 不 早。
Биз экөөбүз эки жыл сүйлөштүк, менимче азыр эрте эмес.

B Nǐ ràng wǒ xiǎng yi xiǎng.
你 让 我 想 一 想。
Мен ойлонуп көрөйүн.

A Qǐng búyào shuō bù, qīn'ài de, nǐ zhīdào wǒ duō ài nǐ.
请 不要 说 不，亲爱 的，你 知道 我 多 爱 你。
Жок дебечи, сүйүктүүм, сен билесиң сени кандай жакшы көрөөрүмдү.

B Wǒ zhīdào, dàn wǒ hái méi zhǔnbèi hǎo jiéhūn.
我 知道，但 我 还 没 准备 好 结婚。
Билем, бирок мен өзүмдү турмушка чыгууга даяр эместей сезип жатам.

A Wǒ yídìng huì ràng nǐ xìngfú de.
我 一定 会 让 你 幸福 的。
Мен сени сөзсүз бактылуу кылам.

B Dànshì ……
但是……
Бирок...

A Háishì nǐ bù xǐhuan wǒ?
还是 你 不 喜欢 我？
Же сен мени жактырбайсыңбы?

B Bù, bù, wǒ xǐhuan nǐ.
不，不，我 喜欢 你。
Жок, жок, мен сени жакшы көрөм.

A Nà wǒmen jiéhūn ba?
那 我们 结婚 吧？
Анда биз үйлөнөлүбү?

B Wǒ …… wǒ …… hǎo.
我 …… 我 …… 好。
Мен...мен...макул.

订婚 СӨЙКӨ САЛУУ
Dìnghūn

A Wǒ tīngshuō nǐ hé nǐ de nánpéngyou jiù yào jiéhūn le, shì zhēn de ma?
我 听说 你 和 你 的 男朋友 就要 结婚 了,是 真 的 吗?
Сени жигити менен той кылат экен деп уктум, чынбы?

B Shìde, wǒmen shàng zhōurì dìnghūn le.
是的,我们 上 周日 订婚 了。
Ооба, биз алдынкы жекшембиге тоюбузду белгиледик.

A Zhēn de ma? Nǐmen cái jiāowǎngle sān gè yuè.
真 的 吗?你们 才 交往了 三 个 月。
Чын элеби? Силердин мамиле кылганыңарга араң үч ай болду го.

B Shìde, wǒmen shì tiānshēng yí duì.
是的,我们 是 天生 一 对。
Ооба, биз өмүрлүк бир жуптарбыз.

A Suǒyǐ nǐmen zuòchūle yí gè kuàisù de juédìng.
所以 你们 做出了 一 个 快速 的 决定。
Ошентип, силер чечимди бат кабыл алыптырсыңар.

B Yì zhōu qián, wǒ nánpéngyou hé tā de fùmǔ láiguò wǒmen jiā.
一 周 前,我 男朋友 和 他 的 父母 来过 我们 家。
Бир жума мурда, жигитим ата-энеси менен биздин үйгө келген болчу.

A Tāmen shuōle shénme? Kuài gàosu wǒ.
他们 说了 什么?快 告诉 我。
Анан эмне дешти? Айтсаң батыраак.

B Jiù dìnghūn ma, gěi wǒ sòngle ěrhuán.
就 订婚 嘛,给 我 送了 耳环。
Кудалашып, мага сөйкө салып кетишти.

A Ràng wǒ kànkan, o, duōme piàoliang de ěrhuán a! Fēicháng shìhé nǐ.
让 我 看看,哦,多么 漂亮 的 耳环啊!非常 适合 你。
Кана көргөзсөң, оо, абдан кооз сөйкө экен, сага абдан жакшы жарашыптыр.

B Xièxie, wǒ hěn gāoxìng.
谢谢,我 很 高兴。
Рахмат, кубанычтамын.

A Dài ěrhuán de shíhou jīdòng ma?
戴 耳环 的 时候 激动 吗?
Сөйкө салып жатканда толкундандыңбы?

B Shìde, wǒ jīdòng de liúxiàle yǎnlèi.
是的,我 激动 得 流下了 眼泪。
Ооба, абдан толкунданганымдан көзүмө жаш алдым.

A Wǒ wèi nǐ gǎndào gāoxìng, zhù nǐ xìngfú.
我 为 你 感到 高兴,祝 你 幸福。
Мен сен үчүн кубанычтамын, бактылуу бол.

B
Xièxie nǐ, péngyou.
谢谢 你, 朋友。
Рахмат сага, курбум.

A
Nǐ zěnme méiyǒu yāoqǐng wǒ cānjiā dìnghūn yíshì?
你 怎么 没有 邀请 我 参加 订婚 仪式?
Мени эмнеге сөйкө салуу аземине чакырган жоксуң?

B
Duìbùqǐ, wǒmen zhǐ hé jiārén、qīnqī zài yìqǐ jiǎndān bànle yíxià.
对不起, 我们 只 和 家人、亲戚 在 一起 简单 办了 一下。
Кечирип кой, биз болгону үй бүлөбүз, туугандарыбыз менен гана болдук.

A
Shì ma?
是 吗?
Ошондойбу?

B
Bié shēngqì, yāoqǐng nǐ cānjiā zhège xīngqītiān de hūnlǐ.
别 生气, 邀请 你 参加 这个 星期天 的 婚礼。
Таарынба, андан көрө ушул жекшембиде боло турган тойго кел.

A
Hǎo a! nǐ xiànzài qù nǎr?
好 啊! 你 现在 去 哪儿?
Макул! Азыр сен кайда бара жатасың?

B
Qù mǎi hūnshā, nǐ yǒukòngr ma? Yìqǐ qù, bāng wǒ xuǎnxuan bei.
去 买 婚纱, 你 有空儿 吗? 一起 去, 帮 我 选选 呗。
Үйлөнүү үлпөт көйнөгүн алганга баратам, сен бошсуңбу? Чогуу көйнөк тандашууга жардам берчи.

A
Méi wèntí.
没 问题。
Жарайт.

04 步入 婚姻
Bùrù Hūnyīn
ТУРМУШ КУРУУ

参加 婚礼　ТОЙГО КАТЫШУУ
Cānjiā Hūnlǐ

A Tuōlùn, hěn gāoxìng nǐ néng lái cānjiā wǒ de hūnlǐ.
托论，很 高兴 你 能 来 参加 我 的 婚礼。
Төлөн, тоюма келип катышып бергениңе абдан ыраазы болдум.

B Wǒ yě hěn gāoxìng jiànzhèng nǐmen de xìngfú. Zhè shì sòng nǐ de jiéhūn lǐwù, zhù nǐmen yǒng yù àihé!
我 也 很 高兴 见证 你们 的 幸福。这 是 送 你 的 结婚 礼物，祝 你们 永 浴 爱河!
Мен да сенин бактыңа күбө болуп жатканыма кубанычтамын. Бул сага арнаган белегим, силердин түбөлүк бирге болушуңарды тилеймин!

A Xièxie. Nǐ dǎsuàn shénme shíhou jiéhūn guò wěndìng de shēnghuó?
谢谢。你 打算 什么 时候 结婚 过 稳定 的 生活？
Ыракмат, сен качан той жасап туруктуу жашооңду баштап кетесиң?

B Wǒ hái bù zhīdào ne, xiànzài wǒ hái méiyǒu nǚpéngyou ne.
我 还 不 知道 呢，现在 我 还 没有 女朋友 呢。
Мен дагы эле билбеймин, азыр жүргөн кызым жок.

A Nà gěi nǐ jièshào wǒ qīzi de péngyou ba.
那 给 你 介绍 我 妻子 的 朋友 吧。
Анда мен сени жубайымдын курбусу менен тааныштырамын.

B Haha, hǎo a.
哈哈，好 啊。
Ха ха, болуптур.

A Wǒ de péngyou, xièxie nǐ nàme yuǎn lái cānjiā wǒ de hūnlǐ.
我 的 朋友，谢谢 你 那么 远 来 参加 我 的 婚礼。
Менин досум, ушунча алыс жерден келип менин тоюма келип катышканыңа ыраазымын.

B Nǐ shì wǒ zuìhǎo de péngyou, wǒ zěnme néng bù lái ne? Zhè shì wǒ gěi nǐ zhǔnbèi de lǐwù.
你 是 我 最好 的 朋友，我 怎么 能 不 来 呢？这 是 我 给 你 准备 的 礼物。
Сен менин жакын досумсуң, кантип келбей коё алам? А бул сага менден белек болсун.

A O? Zhè shì shénme?
哦？这 是 什么？
Оо？ Бул эмне?

B Hūnlǐ jiéshù hòu, nǐ zìjǐ dǎkāi hézi kàn, xīwàng nǐ xǐhuan.
婚礼结束后，你自己打开盒子看，希望你喜欢。
Той бүткөндө кутуну ачып өзүң көр, сага жагат деп үмүттөнөм.

A Xièxie nǐ de lǐwù, wǒ de péngyou.
谢谢你的礼物，我的朋友。
Белек үчүн дагы сага рахмат, досум.

B Gěi wǒ jièshào yíxià nǐ de àirén ba.
给我介绍一下你的爱人吧。
Кана эми жубайың менен тааныштыр.

A Qīn'ài de, zhè shì wǒ zuìhǎo de péngyou Àibèikè, wǒmen cóngxiǎo yìqǐ zhǎngdà.
亲爱的，这是我最好的朋友艾贝克，我们从小一起长大。
Сүйүктүүм, бул менин жакын досум Айбек, биз кичинебизден чогуу өскөнбүз.

C Hěn gāoxìng rènshi nǐ.
很高兴认识你。
Таанышканыма өтө кубанычтамын.

A Tā búgù lùchéng yáoyuǎn lái cānjiā wǒmen de hūnlǐ.
他不顾路程遥远来参加我们的婚礼。
Жолдун алыстыгына карабай биздин тоюбузга катышуу үчүн келди.

C Xièxie nín de dàolái.
谢谢您的到来。
Келип бергениңизге рахмат.

A Lái ba, wǒ de péngyou, wǎng lǐ zuò.
来吧，我的朋友，往里坐。
Кел досум, төргө өтүп отур.

B Hǎo.
好。
Макул.

婚礼 ТОЙ
Hūnlǐ

A Wǒ cónglái méiyǒu jiànguò rúcǐ xiāngpèi de yí duì.
我 从来 没有 见过 如此 相配 的 一对。
Мен эч качан ушундай бир бирине шай келген бир жупту көргөн эмесмин.

B Shì a, xīnniáng shì wǒ de biǎomèi. Tā shuō, tā duì xīnláng kěshì yíjiàn-zhōngqíng a.
是 啊，新娘 是 我 的 表妹。她 说，她 对 新郎 可是 一见钟情 啊。
Ооба, келин менин бөлө карындашым болот. Ал айтат, ал күйөөсүн бир көрүп эле жактырып калыптыр.

A Tài làngmàn le, tā liǎ jiāowǎng duō jiǔ?
太 浪漫 了，他俩 交往 多久？
Эмне деген романтикалуу! Алар канча убакыттан бери сүйлөшүп жүрөт?

B Tāmen zài wǒ de hūnlǐ shàng rènshi de, jiāowǎngle méi jǐ gè yuè jiù juédìng jiéhūn le.
他们 在 我 的 婚礼 上 认识 的，交往了 没 几 个 月 就 决定 结婚 了。
Алар менин тоюмда таанышышкан, бир нече ай сүйлөшүп жүргөндөн кийин эле той жасоону чечишиптир.

A Zhème kuài! Zhèxiē nián shǎnhūn dōu kuài chéngle niánqīng rén de yì zhǒng shíshàng le.
这么 快！这些 年 闪婚 都 快 成了 年轻 人 的 一 种 时尚 了。
Ушунча бат! Ушул жылдарда тез той жасоо жаштарга адат болуп кетти.

B Shì a. Rúguǒ àiqíng shì mìngzhòng-zhùdìng dehuà dǎng yě dǎng bú zhù de.
是 啊。如果 爱情 是 命中注定 的话 挡 也 挡 不住 的。
Ооба. Махабаттын кези келгенде эч ким да тосо албайт.

A Tīng, zòu《Hūnlǐ Jìnxíng Qǔ》le, hūnlǐ jiù yào kāishǐ le.
听，奏《婚礼 进行 曲》了，婚礼 就 要 开始 了。
Уксаң, той башталуу ыры ырдалды, той эми башталды.

B Shì a. Xīnniáng tài piàoliang le, tāmen duō xìngfú a.
是 啊。新娘 太 漂亮 了，他们 多 幸福 啊。
Ооба, келин өтө сулуу экен. Алар эмне деген бактылуу, ээ.

A Xīwàng yǐhòu gèngjiā xìngfú!
希望 以后 更加 幸福！
Мындан ары дагы бактылуу болушат деп үмүт кылам!

B Lái, wèi zhè yí duì de xìngfú, gānbēi ba.
来，为 这 一 对 的 幸福，干杯 吧。
Кел, эки жаштын урматына алып жиберели, кана.

A Zhège yīnyuè búcuò, wǒmen yào bú yào tiàowǔ, nǚshì?
这个 音乐 不错，我们 要 不 要 跳舞，女士？
Бул музыка жакшы экен, биз бийлеп келелиби, айым?

B Dāngrán, tiào jiù tiào.
当然，跳 就 跳。
Албетте. Бийлесек бийлейли.

A Lái, wǒmen jìxù shuō zhùfúcí ba.
来，我们 继续 说 祝福词 吧。
Келиңиздер, эми куттуктоо сөзүн уланталы.

B Yuàn zhè liǎng gè niánqīng rén xìngfú kuàilè, zǎo shēng guìzi.
愿 这 两 个 年轻 人 幸福 快乐， 早 生 贵子。
Эки жаш бактылуу болушсун, эртерээк балалуу болушсун.

A Gānbēi!
干杯！
Алып жиберели.

B Ànzhào chuántǒng xísú, mǔqīn zhèngzài gěi xīnniáng dài zhīqián zhǔnbèi de wéijīn.
按照 传统 习俗， 母亲 正在 给 新娘 戴 之前 准备 的 围巾。
Салт боюнча, баланын энеси келинине камдап келген жоолугун салып жатат.

A Pópo jiàndào érxí gāoxìng de chàdiǎnr kū chūlái.
婆婆 见到 儿媳 高兴 得 差点儿 哭 出来。
Энеси келинин көрүп кубанганынан ыйлап жибере жаздады.

B Jiē xiàlái wǒmen yāoqǐng liǎng wèi xīnhūn fūfù dào zhōngjiān tiàowǔ.
接 下来 我们 邀请 两 位 新婚 夫妇 到 中间 跳舞。
Эми эки жашты ортого чакырып, бий бийлетели.

05 怀孕 生子
Huáiyùn Shēngzǐ
БОЮНДА БОЛУУ ЖАНА ТӨРӨӨ

怀孕 БОЮНДА БОЛУУ
Huáiyùn

Ⓐ 蒂娜拉，怎么了？你不舒服吗？
Dìnàlā, zěnme le? Nǐ bù shūfu ma?
Динара, эмне болду? Кыйналып жатасыңбы?

Ⓑ 是的，我很想吐。
Shìde, wǒ hěn xiǎng tù.
Ооба, кускум келип турат.

Ⓐ 你是不是吃坏东西了？
Nǐ shì bú shì chīhuài dōngxi le?
Сен бузулган нерсе жеп алдың беле?

Ⓑ 没有，我有一个好消息要告诉你！我怀孕了。
Méiyǒu, wǒ yǒu yí gè hǎo xiāoxi yào gàosù nǐ! Wǒ huáiyùn le.
Жок, бир сүйүнүчтүү кабарды сага сүйүнчүлөйүн! Менин боюмда болду.

Ⓐ 真的吗？太意外了！恭喜你要当妈妈了！
Zhēn de ma? Tài yìwài le! Gōngxǐ nǐ yào dāng māma le!
Чын элеби? Кандай сюрприз! Эне болушуң менен куттуктайм!

Ⓑ 谢谢你，你愿意当这个孩子的助产士吗？
Xièxie nǐ, nǐ yuànyì dāng zhège háizi de zhùchǎnshì ma?
Ыракмат, сага. Сен бул баланын киндик энеси болгуң келеби?

Ⓐ 非常愿意。
Fēicháng yuànyì.
Чындап каалаймын.

Ⓑ 我很激动，我要当母亲了。
Wǒ hěn jīdòng, wǒ yào dāng mǔqīn le.
Мен толкунданып турам. Мен эми эне болом.

Ⓐ 你怀孕几个月了？
Nǐ huáiyùn jǐ gè yuè le?
Боюңда болгонуна канча ай болду?

Ⓑ 两个月了。
Liǎng gè yuè le.
Эки ай болду.

汉语 吉语

A Nǐ xiǎng chī diǎnr shénme ma?
你 想 吃点儿 什么 吗？

Сен бир нерсе жегиң келген жокпу?

B Wǒ xiǎng chī cǎoméi hé qiǎokèlì.
我 想 吃草莓 和 巧克力。

Мен шоколад менен кулпунай жегим келип турат.

A Nà yīnggāi mǎshàng cóng guǒshūdiàn mǎi xīnxiān de cǎoméi.
那 应该 马上 从 果蔬店 买 新鲜 的 草莓。

Анда дароо жашылча дүкөнүнөн жаңы кулпунай алып келүү керек.

B Nǐ huáiyùn qījiān xiǎng chī shénme?
你 怀孕 期间 想 吃 什么？

Сен боюңда барда эмне жегиң келди эле?

A Wǒ xiǎng chī bù tóng de dōngxi, yǒushí xiǎng chī tiánshí, yǒushí yòu xiǎng chī là de.
我 想 吃不同 的 东西，有时 想 吃 甜食，有时 又 想 吃 辣的。

Мен ар кайсы нерселерди жегим келет, кээде таттуу жегим келсе, кээде кайра ачуу жегим келет.

B Rúguǒ nǐ bù chī nǐ xiǎng chī de dōngxi huì zěnyàng?
如果 你 不吃 你 想 吃 的 东西会 怎样？

Жегиң келген нерсени жебей койсо эмне болот?

A Huì gǎnjué tèbié nánshòu, dùzi lǐ de háizi yě huì nàoteng.
会 感觉 特别 难受，肚子里的 孩子 也 会 闹腾。

Абдан кыйналгандай сезилет, курсактагы бала да кыйналат.

B Wǒ zhīdào le, wǒ xiànzài yào qù yīyuàn ne.
我 知道 了，我 现在 要 去 医院 呢。

Мен түшүндүм. Мен азыр ооруканага бара жаттым эле.

A Nà wǒ sòng nǐ yíxià.
那 我 送 你 一下。

Анда мен сени жеткизип коём.

B Hǎo de, xièxie.
好 的，谢谢。

Макул, рахмат.

在婴儿用品店 БӨБӨКТӨР БУЮМУН САТУУ ДҮКӨНҮНДӨ

A Zǎoshang hǎo, fūrén. Yǒu shénme kěyǐ wèi nín xiàoláo de?
早上 好，夫人。有 什么 可以 为 您 效劳 的？
Кутман таң, Айым. Сизге кандай жардам бере алам?

B Wǒ xiǎng wèi bǎobèi zhǔnbèi yìxiē yīng'ér yòngpǐn. Dàn wǒ bù zhīdào mǎi shénme hǎo, yīnwèi zhǒnglèi tài duō le, tiāode wǒ yǎnhuā le.
我 想 为 宝贝 准备 一些 婴儿 用品。但 我 不 知道 买 什么 好，因为 种类 太 多 了，挑得 我 眼花 了。
Төрөлүүчү бөбөгүбүзгө балдар буюмдарын сатып алсамбы деп ойлогонмун. Бирок мен эмне алышымды билбей турам, себеби алардын түрү көп экен, тандап боло албай көзүм талып кетти.

A Yùchǎnqī shì shénme shíhou?
预产期 是 什么 时候？
Төрөт убакты качан?

B Míngnián èr yuè.
明年 二 月。
Келерки жылдын февралы.

A Nà shíhou shì dōngtiān. Wǒ tuījiàn nín mǎi zhè tào bǎonuǎn nèiyī, zhèyàng de yīfu shì chún mián de, fēicháng shūshi.
那 时候 是 冬天。我 推荐 您 买 这 套 保暖 内衣，这样 的 衣服 是 纯 棉 的，非常 舒适。
Ал кезде кыш болот. Сизге жылуу ич кийимдерин алууңузду сунуштаймын, мындай пахтадан жасалган кездемеден тигилген кийим болсо абдан жанга жайлуу.

B Mō shàngqù hěn róuruǎn, yǒu nǎxiē yánsè?
摸 上去 很 柔软，有 哪些 颜色？
Кармап көргөндө өтө жумшак экен, кайсы түстөгүлөрү бар?

A Yǒu sān zhǒng yánsè, lánsè、huángsè hé hóngsè.
有 三 种 颜色，蓝色、黄色 和 红色。
Үч түстөгүсү бар, көк, сары жана кызыл.

B Wǒ yào gěi nánháir mǎi yí tào lánsè de.
我 要 给 男孩儿 买 一 套 蓝色 的。
Мен эркек бала үчүн көк түстөгүсүн алайын.

A Hái yǒu qítā zhèyàng de kùzi, bǎonuǎn búcuò, róuruǎn shūshi.
还 有 其他 这样 的 裤子，保暖 不错，柔软 舒适。
Дагы башка мындай шымдар бар, өтө жылуу, жумшак жана жанга жай.

B Zhège wǒ yě xǐhuan, wǒ yào le.
这个 我 也 喜欢，我 要 了。
Мага бул дагы жакты, мен алам.

A Hái xūyào shénme?
还 需要 什么？
Дагы эмне алуу керек?

汉语 吉语

B Wǒ juéde hái yào mǎi màozi.
我 觉得 还 要 买 帽子。
Баш кийим да алуу керек деп ойлоп жатам.

A Màozi zài zhèlǐ, yǒu jiā dàizi de, yě yǒu méi dàizi de. Dànshì yǒu dàizi de màozi duì xīnshēng'ér hǎo yìxiē.
帽子 在 这里, 有 加 带子 的, 也 有 没 带子 的。但是 有 带子 的 帽子 对 新生儿 好 一些。
Баш кийимдер бул жакта, боосу менен, боосу жок дагы бар. Бирок жаңы төрөлгөн бала үчүн боолуу баш кийим алганыңыз оң.

B Nǐ zhèlǐ yǒu yīng'érchē ma?
你 这里 有 婴儿车 吗?
Силерде баланы салып сүйрөөчү каляска барбы?

A Wǒmen yǒu hěn duō lèixíng, nín xǐhuan shénme yàng de?
我们 有 很 多 类型,您 喜欢 什么 样 的?
Бизде көп түрлөрү бар, сизге кандайы жагат?

B Wǒ xǐhuan zhè kuǎn yīng'ér chē, wǒ mǎi zhège.
我 喜欢 这 款 婴儿 车,我 买 这个。
Мага бул фасондогу каляска жакты. Мен ушуну алам.

A Hái yào kànkan ma?
还 要 看看 吗?
Дагы карайсызбы?

B Ertóng yòngpǐn zěnme zhème kě'ài? Wǒ xiǎng quánbù dōu mǎi le.
儿童 用品 怎么 这么 可爱? 我 想 全部 都 买 了。
Балдардын буюмдары эмне мынча татынакай! Баарын эле алгым келип жатат.

A Wǒ lǐjiě nín de xīnqíng, búguò wǒ jiànyì nín zànshí xiān mǎi zhèxiē ba, suízhe háizi chéngzhǎng, nín huì wèi tā mǎi gèng duō dōngxi.
我 理解 您 的 心情,不过 我 建议 您 暂时 先 买 这些 吧,随着 孩子 成长,您 会 为 他 买 更 多 东西。
Мен сиздин сезимиңизди түшүнүп жатам, сиз азырынча буларды эле ала туруңуз, балаңыз чоңойгон сайын, сиз дагы көп нерсе ала баштайсыз.

B Nǐ shuōde duì, nà bǎ zhèxiē bāng wǒ suàn yíxià.
你 说得 对,那 把 这些 帮 我 算 一下。
Туура айтасыз. Анда мага буларды эсептеп бериңиз.

06 争吵 分手
Zhēngchǎo Fēnshǒu
УРУШУУ ЖАНА АЖЫРАШУУ

离婚 Líhūn **АЖЫРАШУУ**

汉语　吉语

A Jiǎyīnà, wǒmen jīnwǎn yǒu gè jiātíng jùhuì, nǐ xiǎng jiārù wǒmen ma? Nǐ kěyǐ dài nǐ zhàngfu yìqǐ lái.
贾依娜，我们 今晚 有 个 家庭 聚会，你 想 加入 我们 吗？你 可以 带 你 丈夫 一起 来。
Жайна, бүгүн кечте биздин үйдө кече бар, сен бизге келесиңби? Күйөөңдү чогуу ала келсең болот.

B O, wǒmen zhèngzài bànlǐ líhūn shǒuxù.
哦，我们 正在 办理 离婚 手续。
Оо, биз ажырашуу документтерин бүтүрүп жатабыз.

A Nǐ zài kāi wánxiào ba? Fāshēng shénme shì le?
你 在 开 玩笑 吧？发生 什么 事 了？
Тамашалап жатасыңбы? Эмне болду?

B Tā bèipànle wǒ, àishàngle bié de nǚrén.
他 背叛了 我，爱上了 别 的 女人。
Менин күйөөм чыккынчылык кылды мага, ал башка кызды сүйүп калыптыр.

A Guàibude nǐ kàn shàngqù nàme qiáocuì, wǒ yìzhí yǐwéi nǐmen shì tiānshēng yí duì.
怪不得 你 看 上去 那么 憔悴，我 一直 以为 你们 是 天生 一 对。
Баса сен жүдөп кетипсиң, мен силерди бир өмүрлүк жуптар деп жүрсөм.

B Tā bù xiǎng hé wǒ zhù zài yìqǐ.
他 不 想 和 我 住 在 一起。
Ал эми мени менен бирге жашагысы келбейт.

A Shénme shíhou de shìqing? Nǐ shì zěnme xiǎng de?
什么 时候 的 事情？你 是 怎么 想 的？
Качанкы иш? Сен кандай ойлоп жатасың?

B Yǐjīng yí gè xīngqī le, tīng tā zhème shuōle yǐhòu, wǒ yě bù xǐhuan tā le, wǒ tóngyì líhūn le.
已经 一 个 星期 了，听 他 这么 说了 以后，我 也 不 喜欢 他 了，我 同意 离婚 了。
Бир жума болду, мен анын андай сөзүн уккан соң мен да аны жактырбай калдым, ажырашууга макулдугумду бердим.

A Nà háizi zěnme bàn ne?
那 孩子 怎么 办 呢？
Анда бала эмне болот?

B　Háizi liú zài wǒ shēnbiān.
孩子 留 在 我 身边。
Бала менде калат.

A　Bié shāngxīn le, yíqiè dōu huì hǎo qǐlái de.
别 伤心 了，一切 都 会 好 起来 的。
Кайгырбачы эми, бардыгы жакшы болот.

B　Wǒ méi xiǎngdào tā huì zhèyàng, xīnqíng zhēn de hěn zāogāo.
我 没 想到 他 会 这样，心情 真 的 很 糟糕。
Мен андан мындайды күтпөгөн элем, чынында жаман болуп турам.

A　Fángzi liú gěi nǐ le ma?
房子 留 给 你 了 吗？
Үйүңөрдү сага калтырдыбы?

B　Shìde, háizi hé fángzi guī wǒ le.
是的，孩子 和 房子 归 我 了。
Ооба, бала менен үй мага калды.

A　Búyào tài shāngxīn, zhènzuò qǐlái.
不要 太 伤心，振作 起来。
Көп кайгыра бербе, кайраттан.

B　Wǒ bù zhīdào xiànzài gāi zěnme bàn.
我 不 知道 现在 该 怎么 办。
Мен эми эмне кылышымды билбей турам.

A　Búyào kū, wǒmen huì bāngzhù nǐ de.
不要 哭，我们 会 帮助 你 的。
Ыйлабачы, биз сага көмөктөшүп турабыз.

B　Wǒ hái ài tā.
我 还 爱 他。
Мен дагы деле аны сүйчүмүн.

A　Kě tā bú ài nǐ le. Wǒmen yào xiàng qián kàn, zhàogù hǎo zìjǐ hé háizi.
可 他 不 爱 你 了。我们 要 向 前 看，照顾 好 自己 和 孩子。
Бирок ал сени сүйбөй калды. Биз алдыны карашыбыз керек, өзүңө жана балаңа кам көр.

B　Duì, xiànzài wǒ bìxū zìjǐ yǎngdà wǒ de háizi.
对，现在 我 必须 自己 养大 我 的 孩子。
Туура, мен азыр баламды өзүм өстүрүп чоңойтушум керек.

分手　АЙРЫЛУУ

A 乌尔马特，我们之间完了。
Wū'ěrmǎtè, wǒmen zhī jiān wán le.
Урмат, биз болуша албадык эми.

B 为什么？你能给我个理由吗？
Wèishénme? Nǐ néng gěi wǒ gè lǐyóu ma?
Эмнеге? Сен мага себебин айтып бере аласыңбы?

A 我受够了！你根本就不在乎我。
Wǒ shòugòu le! Nǐ gēnběn jiù bú zàihū wǒ.
Мен тажап бүттүм! Сен мени менен такыр ишиң болбоду.

B 我非常在乎你！你喜欢什么我就给你买什么了呀。
Wǒ fēicháng zàihū nǐ! Nǐ xǐhuan shénme wǒ jiù gěi nǐ mǎi shénme le ya.
Мен сени менен жакшы эле чатагым болду го! Сен эмнени кааласаң ошону алып бердим го!

A 得了，很多都是假货！你在情人节还放我鸽子。
Dé le, hěn duō dōu shì jiǎ huò! Nǐ zài qíngrénjié hái fàng wǒ gēzi.
Болду, алардын көбү жалган нерселер экен! Сен махабат майрамында көзүмө чөп салдың.

B 那天失约我真的很抱歉，但是那天老板让我加班，你说我怎么办呢？
Nà tiān shīyuē wǒ zhēn de hěn bàoqiàn, dànshì nà tiān lǎobǎn ràng wǒ jiābān, nǐ shuō wǒ zěnme bàn ne?
Ал иш үчүн кечирим сураймын, бирок ал күнү кожоюн иш кошуп иштөөмдү буйруду. Сен айтчы мен эмне кылайын?

A 可是结果我却发现，那天晚上你和别的女孩儿在你家附近的一家饭店里吃饭。
Kěshì jiéguǒ wǒ què fāxiàn, nà tiān wǎnshang nǐ hé bié de nǚháir zài nǐ jiā fùjìn de yì jiā fàndiàn lǐ chīfàn.
Бирок мен акыры билдим, ошол күнү кечинде сенин үйүңө жакын ресторандан бир кыз менен тамактанып жатканыңды көрүп калдым.

B 那个女孩儿是我的同事。
Nàge nǚháir shì wǒ de tóngshì.
Ал кыз менин кесиптешим.

A 别再骗我了。
Bié zài piàn wǒ le.
Мени алдабай эле кой.

B 不，你真的误会我了。
Bù, nǐ zhēn de wùhuì wǒ le.
Жок, сен мени туура эмес түшүнүп калдың.

A 不，我不再相信你了，咱们分手吧。
Bù, wǒ bú zài xiāngxìn nǐ le, zánmen fēnshǒu ba.
Жок, мен эми сага ишене албаймын, айрылышалы.

B 我不想分手，原谅我一次。
Wǒ bù xiǎng fēnshǒu, yuánliàng wǒ yí cì.
Мен сенден айрылууну каалабайм. Мени бир жолу кечир.

A 　_{Wǒ bù néng yuánliàng nǐ.}
　　我 不 能 原谅 你。
　　Мен сени кечире албайм.

B 　_{Nǐ zhīdào wǒ yǒu duō ài nǐ,　qīn'ài de.}
　　你 知道 我 有 多 爱 你，亲爱 的。
　　Мен сени кандай сүйөөрүмдү билесиң го, сүйүктүүм.

A 　_{Wǒ bù xiǎng zài tīng nǐ biān de huǎngyán le.}
　　我 不 想 再 听 你 编 的 谎言 了。
　　Эми мен андай жалган сөздөрүңдү уккум келбейт.

B 　_{Nǐ xiànzài qù nǎr?}
　　你 现在 去 哪儿？
　　Эми кайда барасың?

A 　_{Wǒ bù zhīdào,　dàn wǒ yào qù lí nǐ gèng yuǎn de dìfang,　nǐ bié zhǎo wǒ le.}
　　我 不 知道，但 我 要 去 离 你 更 远 的 地方，你 别 找 我 了。
　　Билбейм, бирок сенден алысыраак жакка кетемин, сен мени издебегиниң.

B 　_{Qīn'ài de,　qǐng bú yào líkāi wǒ.}
　　亲爱 的，请 不 要 离开 我。
　　Сүйүктүүм, менден кетпечи суранам.

A 　_{Ràng wǒmen fēnkāi yí duàn shíjiān ba,　bǐcǐ dōu lěngjìng yíxià.}
　　让 我们 分开 一 段 时间 吧，彼此 都 冷静 一下。
　　Биз бир канча убакытка айрылышып туралы, сезимдерибизди карманып алалы.

Shí shàng　Huàtí
时尚 话题

MОДАЛУУ ТЕМА

01 健康生活　СОО БОЛГОН ЖАШОО

02 网上购物　ИНТЕРНЕТТЕН БУЮМ САТЫП АЛУУ

03 追剧一族　ТЕЛЕ КҮЙӨРМАНДАРЫ

04 投资理财　ИНВЕСТИЦИЯ ЖАНА КАРЖЫ БАШКАРУУ

05 租房买房　ҮЙДҮ ИЖАРАГА БЕРҮҮ ЖАНА ҮЙ САТЫП АЛУУ

06 饲养家畜　ҮЙ ЖАНЫБАРЛАРЫН БАГУУ

07 兴趣爱好　ХОББИЛЕР ЖАНА КЫЗЫГУУЛАР

01 健康 生活
Jiànkāng Shēnghuó
СОО БОЛГОН ЖАШОО

减肥 方法　АРЫКТОО ЫКМАСЫ
Jiǎnféi Fāngfǎ

A Hǎojiǔ bújiàn, zuìjìn zěnmeyàng?
好久 不见，最近 怎么样？
Көрүшпөгөнүбүзгө кыйла болуптур, кандай жүрөсүң?

B Búcuò, wǒ qùle Bǐshíkǎikè yí gè yuè.
不错，我 去了 比什凯克 一 个 月。
Жаман эмес. Мен Бишкекке барып бир ай туруп келдим.

A Nǐ shòu le, nǐ shì zěnme jiǎnféi de? Jiéshí ma?
你 瘦 了，你 是 怎么 减肥 的？节食 吗？
Арыктап кетипсиң, сен кантип арыктадың? Тамактан өзүңдү тарттыңбы?

B Bù, wǒ měi tiān qù jiànshēnfáng pǎobù, dàyuē yì xiǎoshí. Lìngwài, wǒ hái zuò yǒuyǎng-yùndòng.
不，我 每 天 去 健身房 跑步，大约 一 小时。另外，我 还 做 有氧运动。
Жок, мен ар күнү гимнастика залына барып бир сааттай чуркаймын. Андан башка аэробика менен машыгам.

A Jiù zhèxiē ma?
就 这些 吗？
Ушулар элеби?

B Wǒ hái liànxí yújiā, duì wǒ lái shuō, duànliàn duì jiànkāng de hǎochù shì xiǎn'éryìjiàn de.
我 还 练习 瑜伽，对 我 来 说，锻炼 对 健康 的 好处 是 显而易见 的。
Мен йога менен да машыгам, ден соолук үчүн машыгуунун пайдалары айдан ачык.

A Néng jiānchí duànliàn bù róngyì, nǐ yào yǒu hěn qiáng de yìzhìlì.
能 坚持 锻炼 不 容易，你 要 有 很 强 的 意志力。
Тынымсыз денени чыңдоо оңой эмес, эрк күчтүү болушу керек.

B Xièxie, xià cì wǒmen yìqǐ qù jiànshēnfáng.
谢谢，下次 我们 一起 去 健身房。
Ыракмат. Кийинки жолу биз гимнастика залына бирге баралы.

A Hǎo de.
好 的。
Жарайт.

汉语　吉语

B Nǐ yòng shénme bànfǎ jiǎnféi de ne?
你 用 什么 办法 减肥 的 呢?
Сен арыктоо үчүн эмне кыласың?

A Wǒ shìtú tōngguò shǎo chī lái jiǎnféi.
我 试图 通过 少 吃 来 减肥。
Мен тамакты азыраак жеп арыктоого аракет кылам.

B Zhè zhǒng fāngfǎ duì nǐ yǒu bāngzhù ma?
这 种 方法 对 你 有 帮助 吗?
Бул ыкма сага жардам береби?

A Wǒ běn xiǎng shǎo chī diǎnr, kěshì wǒ háishì kòngzhì bú zhù zìjǐ, huì chī hěn duō.
我 本 想 少 吃 点儿，可是 我 还是 控制 不 住 自己，会 吃 很 多。
Мен тамакты аз жейин деп ойлоп, бирок кайра эле көп жеп өзүмдү кармана албай калып жатам.

B Nà nǐ duō jiā diǎnr shūcài chī ba.
那 你 多 加 点儿 蔬菜 吃 吧。
Сен анда тамагыңа көбүрөөк жашылча кош.

A Nàyàng zuò néng jiǎnféi?
那样 做 能 减肥?
Ошондо арыктаганы болобу?

B Jíshǐ bù néng jiǎnféi, qǐmǎ kěyǐ bǎochí xiànzhuàng, bú huì zhǎngpàng.
即使 不 能 减肥，起码 可以 保持 现状，不 会 长胖。
Арыктабасаң дагы, сенин денеңди бир калыпта кармап турат, семирип кетпейсиң.

A Yǒu yì zhǒng yào, shuō shì chī yí gè xīngqī jiù kěyǐ biànshòu.
有 一 种 药，说 是 吃 一 个 星期 就 可以 变瘦。
Бир дары бар экен, аны бир жума ичкенде эле дароо арыктап кетет экен.

B Nǐ tīng shéi shuō de?
你 听 谁 说 的?
Сен аны кимден уктуң?

A Wǎngshàng guǎnggào jiù zhème shuō de ya.
网上 广告 就 这么 说 的 呀。
Интернеттен жарнама кылып жатышпайбы.

B Wǒ juéde yàowù kuàisù jiǎnféi duì jiànkāng fēicháng yǒu hài, hái bùrú hélǐ yǐnshí, duō yùndòng.
我 觉得 药物 快速 减肥 对 健康 非常 有 害，还 不如 合理 饮食，多 运动。
Менимче оңой арыктоо жолу ден соолукка өтө эле зыян, андан көрө туура тамактанып, көбүрөөк спорт менен машык.

健康 秘诀 САЛАМАТТЫКТЫН СЫРЫ
JiànKāng MìJué

汉语　吉语

A　Yéye, néng fēnxiǎng yíxià nín jiànkāng chángshòu de mìjué ma?
爷爷，能 分享 一下 您 健康 长寿 的 秘诀 吗？

Чоң ата, денсоолукта узун өмүр көрүүнүн сырын бөлүшө аласызбы?

B　Nǎ yǒu shénme mìjué? Kěnéng wǒ de shēnghuó fāngshì bǐjiào hélǐ. Wǒ shì bàn sùshí zhě, zhǐ chī yúròu, píngcháng shuǐguǒ hé shūcài chīde bǐjiào duō.
哪有 什么 秘诀？可能 我 的 生活 方式 比较 合理。我 是 半 素食者，只 吃 鱼肉， 平常 水果 和 蔬菜 吃得 比较 多。

Кайдагы сыр дейсиң? Менин жашоо аргам туура болушу мүмкүн. Мен жарым вегетериянмын, мен балык этин гана жеймин жана мөмө-чөмө менен жашылчаны көп жеймин.

A　Nín jīngcháng zuò nǎ zhǒng yùndòng?
您 经常 做 哪 种 运动？

Сиз адатта спорттун кайсы түрү менен машыгасыз?

B　Yìbān lái shuō, chúle guāfēng xiàyǔ, wǒ měi tiān dōu huì chūqù sànbù. Wǒ tōngcháng huì zài zǎoshang sànbù, yīnwèi duì wǒ ér yán zǎoshang shì duànliàn de zuìjiā shíjiān. Jùliè yùndòng bú shìhé wǒ.
一般 来 说， 除了 刮风 下雨， 我 每 天 都 会 出去 散步。我 通常 会 在 早上 散步，因为对我而言 早上 是 锻炼 的 最佳 时间。剧烈 运动 不 适合 我。

Жалпысынан айтканда, шамал же жамгырдан башка күндөрү, мен күн сайын сейилдегени чыгам. Мен көбүнчө эртең менен сейилдеймин, себеби мен үчүн эртең мененки убакыт дене чыңдоонун эң жакшы убакты болуп саналат. Күчтүү машыгуу жасоо мага туура келбейт.

A　Ng, wǒ de qíngkuàng gēn nín chàbuduō.
嗯，我 的 情况 跟 您 差不多。

Оо, менин жагдайым сиз менен окшошуп калат экен.

B　Guānyú jiànkāng chángshòu, wǒ hái yǒu lìng yí gè mìjué.
关于 健康 长寿， 我 还 有 另 一 个 秘诀。

Саламатта көп жашоо тууралуу, менде дагы бир сыр бар.

A　Shénme mìjué?
什么 秘诀？

Эмне сыр?

B　Yǒngyuǎn bǎochí hǎo xīnqíng.
永远 保持 好 心情。

Ар дайым жакшы маанайда жүрүү.

A　Hǎo xīnqíng gēn chángshòu yǒu shénme guānxì?
好 心情 跟 长寿 有 什么 关系？

Жакшы маанайдын узун өмүр көрүү менен кандай тиешеси бар?

B　Rúguǒ nǐ zǒngshì dàizhe hǎo xīnqíng wēixiào, nǐ jiù bú róngyì shēngbìng.
如果 你 总是 带着 好 心情 微笑， 你 就 不 容易 生病。

Эгер ар дайым жакшы маанайда күлүп жүрсөң, сен оңой эле оорубайсың.

Ⓐ Nín dehuà hěn yǒu dàolǐ.
您 的话 很 有 道理。

Сиздин сөздөрүңүздүн мааниси бар.

Ⓑ Zhè jiùshì rénmen cháng shuō de xiào shì jiànkāng de liángyào.
这 就是 人们 常 说 的 笑 是 健康 的 良药。

Ошондуктан элдер дайыма күлкү ден соолукка жакшы дары деп айтышат.

Ⓐ Wǒ yǎngchéngle yìzhí wēixiào de xíguàn.
我 养成了 一直 微笑 的 习惯。

Мен ар дайым жылмайып жүрүүнү адатка айландырдым.

Ⓑ Bǎochí jiànkāng de lìng yí gè guānjiàn shì hélǐ yǐnshí.
保持 健康 的 另一 个 关键 是 合理 饮食。

Саламатта болуунун дагы бир сыры бул- туура тамактануу.

Ⓐ Zěnyàng cái suàn hélǐ yǐnshí ne?
怎样 才 算 合理 饮食 呢?

А кантип туура тамактанабыз?

Ⓑ Shìliàng chī ròu hé miànbāo, duō chī shūcài hé shuǐguǒ, hái xūyào duō hē shuǐ.
适量 吃 肉 和 面包，多 吃 蔬菜 和 水果，还 需要 多 喝 水。

Эт менен нанды нормадан аз жеп, жашылча жана жемиштерди көп жеш керек, сууну да көп ичүү керек.

Ⓐ Wǒ zhīdào shūcài hé shuǐguǒ duì shēntǐ yǒu hǎochù, dàn wèishénme yào duō hē shuǐ ne?
我 知道 蔬菜 和 水果 对 身体 有 好处，但 为什么 要 多 喝 水 呢?

Жашылча менен жемиштер ден соолукка пайдалуу экенин билем, бирок эмне үчүн сууну көп ичүү керек?

Ⓑ Shuǐ shì réntǐ bì bùkě shǎo de.
水 是 人体 必 不可 少 的。

Суу адамдын денесине өтө керектүү.

Ⓐ Wǒ kěyǐ chī tiánshí ma? Wǒ zhēn de hěn xǐhuan tángguǒ.
我 可以 吃 甜食 吗? 我 真 的 很 喜欢 糖果。

Мен таттууларды жесем болобу? Мен момпосуйду өтө жакшы көрөм?

Ⓑ Bǎobèir, dāngrán kěyǐ chī, búguò bù néng duō chī.
宝贝儿，当然 可以 吃，不过 不 能 多 吃。

Алтыным, албетте жегенге болот, бирок көп жегенге болбойт.

02 网上 购物
Wǎngshàng Gòuwù

ИНТЕРНЕТТЕН БУЮМ САТЫП АЛУУ

网站 ВЕБ-САЙТ
Wǎngzhàn

汉语　　吉语

A 我 一直 想 在 网上 购物，你 可以 教教 我 吗？
Wǒ yìzhí xiǎng zài wǎngshàng gòuwù, nǐ kěyǐ jiāojiao wǒ ma?

Мен интернеттен бир нерсе сатып алгым келип жатат, сен мага үйрөтүп коё аласынбы?

B 那 很 容易 的。 首先，你 要 找到 一 个 好 的 购物 网站。
Nà hěn róngyì de. Shǒuxiān, nǐ yào zhǎodào yí gè hǎo de gòuwù wǎngzhàn.

Абдан оңой эле, оболу, сен жакшы болгон соода сайтын табышың керек.

A 你 常 选择 哪个 购物 网站 呢？
Nǐ cháng xuǎnzé nǎge gòuwù wǎngzhàn ne?

Сен демейде кайсы соода сайтын тандайсың?

B 很 多 购物 网站 都 不错，选择 哪个 取决 于 要 买 什么 东西。
Hěn duō gòuwù wǎngzhàn dōu búcuò, xuǎnzé nǎge qǔjué yú yào mǎi shénme dōngxi.

Интернет соода сайттарынын баары эле жакшы, эмнени сатып алышыңа жараша тандайсың.

A 我 想 买 衣服，可是 我 不 想 去 市场。你 能 推荐 个 网站 吗？
Wǒ xiǎng mǎi yīfu, kěshì wǒ bù xiǎng qù shìchǎng. Nǐ néng tuījiàn gè wǎngzhàn ma?

Мен кийим сатып алайын дегем, бирок базарга баргым келбей жатат. Сен бир интернет сайтын сунуш кылчы?

B 嗯……这个 网站 不错。现在 你 可以 在 家 购物 了。
Ng... Zhège wǎngzhàn búcuò. Xiànzài nǐ kěyǐ zài jiā gòuwù le.

Ии, бул интернет сайты жаман эмес. Эми үйдөн эле онлайн соода кыла аласың.

A 好。我 上网 看看 裙子。
Hǎo. Wǒ shàngwǎng kànkan qúnzi.

Жакшы. Мен интернеттен юбка карап көрөйүн.

B 这个 你 喜欢 吗？ 如果 你 喜欢，咱们 就 可以 下单 了。
Zhège nǐ xǐhuan ma? Rúguǒ nǐ xǐhuan, zánmen jiù kěyǐ xiàdān le.

Мына бул жактыбы? Эгер сага жакса, биз ушуга буюртма бере алабыз.

A 好 的，咱们 就 买 这个 吧。
Hǎo de, zánmen jiù mǎi zhège ba.

Жарайт, ушуну сатып алалы.

B Nǐ zài zhèlǐ gěi diànzhǔ fā xìnxī.
你 在 这里 给 店主 发 信息。

Анда бул жерден дүкөнчүгө кат жазасың.

A Xiě shénme?
写 什么？

Эмне деп жазайын?

B Wènwen qúnzi de jiàgé, sòng huò shíjiān.
问问 裙子 的 价格， 送 货 时间。

Көйнөктүн баасын, жеткирип берүү убактысын сура.

A Tā shuō jiàgé shì yìqiān suǒmǔ, shì lǐ liǎng xiǎoshí jiù néng sòngdào, qián kěyǐ zhuǎnzhàng dào zhège hàomǎ.
他 说 价格 是 一千 索姆， 市 里 两 小时 就 能 送到， 钱 可以 转账 到 这个 号码。

Баасы бир миң сом дейт, шаардын ичинде эки саатта эле жеткирип беришет экен, акчасын бул номерге которуп коюу керек экен.

B Nǐ kàn, wǎngshàng gòuwù jiù zhème jiǎndān.
你 看， 网上 购物 就 这么 简单。

Кара, онлайн соода кылуу ушунча оңой.

A Shì a, zhēn fāngbiàn. wǎngshàng hái néng zuò xiē shénme?
是 啊， 真 方便。 网上 还 能 做 些 什么？

Ооба, абдан ыңгайлуу экен. Бул интернет сайтты дагы эмне үчүн колдонсо болот?

B Kěyǐ zuò de shìqing tài duō le, chúle gòuwù, hái kěyǐ zhǎnshì zìjǐ de cáihuá.
可以 做 的 事情 太 多 了， 除了 购物， 还 可以 展示 自己 的 才华。

Кыла турган иш көп, соода кылгандан башка, дагы өзүңдүн талантыңды көргөзө аласың.

A Bù míngbái, shì shénme?
不 明白， 是 什么？

Түшүнбөдүм, ал эмне?

B Lìrú, shàngchuán chànggē、 tiàowǔ huò zuò shǒugōngyìpǐn de shìpín hé zhàopiàn, ràng gèng duō de rén liǎojiě nǐ.
例如， 上传 唱歌、 跳舞 或 做 手工艺品 的 视频 和 照片， 让 更 多 的 人 了解 你。

Rénmen kěyǐ yìbiān kàn yìbiān píngjià, yǒude rén hái huì gěi nǐ hǎo de jiànyì ne.
人们 可以 一边 看 一边 评价， 有的 人 还 会 给 你 好 的 建议 呢。

Мисалы, видеого же сүрөткө кол өнөрчүлүгүңдү тартып, андан да көп адамдарга өзүңдү билдирсең болот. Адамдар көргөнчө сын айтышат, ал эми кээ бир адамдар жакшы сунуштарды беришет.

购物 Gòuwù — ЗАТ САТЫП АЛУУ

A: Nǐ de qúnzi hǎo piàoliang!
你 的 裙子 好 漂亮！
Сенин көйнөгүң абдан кооз экен!

B: Xièxie a, wǒ gāng cóng wǎngshàng mǎi de.
谢谢 啊，我 刚 从 网上 买 的。
Ыракмат! Мен жаңы гана интернеттен алганмын.

A: Nǐ jīngcháng zài wǎngshàng mǎi dōngxi ma?
你 经常 在 网上 买 东西 吗？
Сен дайым интернеттен оокат сатып аласыңбы?

B: Shì a, zhè hěn fāngbiàn, nǐ kěyǐ mǎi rènhé nǐ xiǎng yào de dōngxi, érqiě jiàgé yě piányi.
是 啊，这 很 方便，你 可以 买 任何 你 想 要 的 东西，而且 价格 也 便宜。
Ооба, абдан ыңгайлуу, сен каалаган нерсеңди алсаң болот, анын үстүнө баасы да арзан.

A: Wa, tài bàng le, wǎngshàng de shāngpǐn hěn duō ma?
哇，太 棒 了， 网上 的 商品 很 多 吗？
Оо, сонун экен, интернетте товар көппү?

B: Dāngrán le.
当然 了。
Албетте.

A: Wǎngshàng dōu kěyǐ mǎi shénme ya?
网上 都 可以 买 什么 呀？
Интернеттен эмнелерди сатып алса болот?

B: Kě duō le, chúle yīfu, hái kěyǐ mǎi huàzhuāngpǐn, túshū, shǒujī, mǎi shípǐn yě hěn fāngbiàn.
可 多 了，除了 衣服，还 可以 买 化妆品 、图书、手机，买 食品 也 很 方便。
Өтө көп, кийимден башка, косметика, китеп, телефон, жемектиктерди да сатып алса болот.

A: Nǐ mǎiguò shípǐn ma?
你 买过 食品 吗？
Жемектик сатып алып көргөнсүңбү?

B: Mǎiguò, wǒmen wèi wǒ jiějie de shēngrì mǎiguò bǐsà hé dàngāo.
买过，我们 为 我 姐姐 的 生日 买过 比萨 和 蛋糕。
Сатып алып көргөм, биз эжемдин туулган күнүнө карата пицца жана торт сатып алганбыз.

A: Nàxiē dōngxi gēn nǐmen xiǎng de yíyàng ma?
那些 东西 跟 你们 想 的 一样 吗？
Ал нерселер силер ойлогондой экенби?

B: Dāngrán, hěn hǎochī.
当然， 很 好吃。
Албетте, өтө даамдуу болчу.

A: Sòng huò xūyào duō cháng shíjiān?
送 货 需要 多 长 时间？
Канча убакытта алып келип беришет?

时尚话题 | 229

B Wǒ mǎi yīfu de shíhou, wǔ gè xiǎoshí jiù sòng guòlái le, shíwù dàgài sānsìshí fēnzhōng sòngdào de.
我 买 衣服 的 时候，五 个 小时 就 送 过来 了，食物 大概 三四十 分钟 送到 的。
Кийим сатып алганымда, беш саатта эле алып келип беришкен, жемектикти жалпысынан отуз-кырк мүнөттө эле алып келип беришти.

A Kànlái zhēn de hěn fāngbiàn.
看来 真 的 很 方便。
Чынында абдан ыңгайлуу экен.

B Dāngrán fāngbiàn, dàn yǒushí bǐ zìjǐ qù shāngdiàn mǎi guì yìxiē.
当然 方便，但 有时 比 自己 去 商店 买 贵 一些。
Албетте ыңгайлуу, бирок кээде өзүң дүкөнгө барып сатып алганга караганда кымбатыраак.

A Nǐ rènkě chǎnpǐn de zhìliàng ma?
你 认可 产品 的 质量 吗？
Сен товардын сапатына ынанасыңбы?

B Dāngrán. Dà bùfèn de chǎnpǐn zhìliàng háishì búcuò de.
当然。大 部分 的 产品 质量 还是 不错 的。
Албетте. Көпчүлүгүнүн сапаты жаман эмес.

A Wǒ tīng péngyou shuōguò, yǒushí zài wǎngshàng mǎidào de dōngxi hé wǎngzhàn guǎnggào shàng kàndào de bù yíyàng.
我 听 朋友 说过，有时 在 网上 买到 的 东西 和 网站 广告 上 看到 的 不 一样。
Мен досумдан укканыма караганда, кээде интернеттеги нерселер жарнамасындагы сүрөттөрү менен бирдей болбой калат экен.

B Méi cuò, rúguǒ gùkè zhǐ néng kàn shāngpǐn de túpiàn hé jièshào, bù hǎohǎo jiǎnchá dehuà kěnéng huì mǎidào jiǎ huò.
没 错，如果 顾客 只 能 看 商品 的 图片 和 介绍，不 好好 检查 的话 可能 会 买到 假 货。
Ооба, кээде кардарлар жалаң гана товардын сүрөтүн жана түшүндүрмөсүн карап, анын сапатын текшербесе жалган товар сатып алышы мүмкүн.

03 追剧一族
ТЕЛЕ КҮЙӨРМАНДАРЫ

Wǒ de 《Dài Hóng Tóujīn de Měinǚ》
我 的《戴 红 头巾 的 美女》 МЕНИН «КЫЗЫЛ ЖООЛУК ЖАЛЖАЛЫМ»

A Nàjímǎ, zhème wǎn le nǐ zěnme hái bú shuìjiào?
纳吉玛，这么 晚 了 你 怎么 还 不 睡觉？
Нагима, мынча кеч сен дагы эле уктай элексиңби?

B Māma, wǒ děng《Dài Hóng Tóujīn de Měinǚ》de zuìhòu yì jí.
妈妈，我 等《戴 红 头巾 的 美女》的 最后 一 集。
Апа, мен «кызыл жоолук жалжалымдын» акыркы бөлүмүн күтүп жатам.

A Xiànzài dōu shí diǎn le, zài bú shuìjiào, míngtiān shàngkè huì chídào de. Kuài shuì ba.
现在 都 十 点 了，再 不 睡觉，明天 上课 会 迟到 的。快 睡 吧。
Саат ондон ашты, дагы уктабасаң, эртең сабакка кечигесиң. Батыраак укта.

B Ràng wǒ kànwán zhè zuìhòu yì jí ba, qiú nín le, māma.
让 我 看完 这 最后 一 集 吧，求 您 了，妈妈。
Мага акыркы бөлүмүн көрүп бүткөнгө уруксат бер, суранам сенден, апа!

A Bùxíng!
不行！
Болбойт!

B Zuìhòu yì jí Āsàilì yào hé Dānníyà'ěr xiāng yù.
最后 一 集 阿塞丽 要 和 丹尼亚尔 相 遇。
Эң соңку бөлүмүндө Асел менен Данияр көрүшөт экен.

A Háizi, nàge nǐ bù néng cóng shū shàng dú yíxià ma?
孩子，那个 你 不 能 从 书 上 读 一下 吗？
Балам, аны китептен эле окуп албайсыңбы?

B Māma, diànshì zhōng kàn dehuà huì gèng yǒuqù.
妈妈，电视 中 看 的话 会 更 有趣。
Апа, телевизордон көргөн кызыктуу экен.

A Yíyàng de ba.
一样 的 吧。
Бирдей эле го.

B Bù yíyàng, māma, diànshìjù shì zhùmíng yǎnyuán chūyǎn de.
不 一样，妈妈，电视剧 是 著名 演员 出演 的。
Бирдей эмес, апа, телесериалда белгилүү актерлор тартылган.

A Zài qítā diànyǐng zhōng nǐ bú shì yě kàndàoguò zhèxiē yǎnyuán ma?
在 其他 电影 中 你 不 是 也 看到过 这些 演员 吗？
Ал актёрлорду башка кинодон деле көрүп жатпайсыңбы.

B Jiù shèngxià zuìhòu yí bùfēn le, nín jiù ràng wǒ kànwán zài shuìjiào, hǎo ma?
就 剩下 最后 一 部分 了，您 就 让 我 看完 再 睡觉，好 吗？
Эң соңку бөлүмү эле калган, көрүп бүтүп алып анан уктаганга уруксат бериңиз, э?

A Jǐ diǎn jiéshù?
几 点 结束？
Канча убакытта бүтөт?

B Dàgài shì sìshí fēnzhōng, yì jiéshù wǒ jiù qù shuìjiào.
大概 是 四十 分钟，一 结束 我 就 去 睡觉。
Жалпысынан кырк мүнөт болот, бүтөөр замат уктаймын.

A Hǎo ba, nǐ yào bǎozhèng míngtiān shàngkè bù néng chídào.
好 吧，你 要 保证 明天 上课 不 能 迟到。
Жарайт, сен эртең сабакка кечикпейм деп сөз бер.

B Xièxie māma, māma nín zhēn hǎo. Nín fàngxīn wǒ bú huì chídào de.
谢谢 妈妈，妈妈 您 真 好。您 放心 我 不 会 迟到 的。
Рахмат апа, апа сиз чынында жакшысыз, кабатыр болбоңуз, мен кечикпейм.

A Nǐ ya! Jìde shuì qián guāndēng.
你 呀！记得 睡 前 关灯。
Жатаарда чыракты өчүрүүнү эсте.

B Nín qù shuìjiào le ma? Bù gēn wǒ yìqǐ kàn ma?
您 去 睡觉 了 吗？不 跟 我 一起 看 吗？
Сиз уктаганы кеттиңизби? Мени менен бирге көрбөйсүзбү?

A Wǒ dúguò xiǎoshuō le, kàn yǐngpiàn duì wǒ lái shuō méi yìsi.
我 读过 小说 了，看 影片 对 我 来 说 没 意思。
Мен чыгарманы окуп болгом, киносун көргөн мага кызыксыз.

B Wǒ bù xǐhuan kàn shū, wǒ dúshū shí bú tài míngbái qízhōng de qíngjié.
我 不 喜欢 看 书，我 读书 时 不 太 明白 其中 的 情节。
Мен китеп окуганды жактырбайм, китептен окуганда окуяны түшүнбөй калам.

A Dúshū de shíhou bìxū zǐxì yuèdú bìng xiǎngxiàng.
读书 的 时候 必须 仔细 阅读 并 想象。
Китептен окуганда элестетүү менен көңүл коюп окуу керек.

《大师 萨牙科巴依 演唱 玛纳斯》
«ЗАЛКАР МАНАСЧЫ САЯКБАЙДЫН МАНАСТЫ АЙТКАНЫ»

A Àijiǎ'ěrkěn, nǐ zuówǎn kàn xīn diànyǐng《Dàshī Sàyákēbāyī Yǎnchàng Mǎnàsī》le ma?
艾贾尔肯,你 昨晚 看 新 电影《大师 萨牙科巴依 演唱 玛纳斯》了 吗?
Айжаркын, кечээ кечинде «ЗАЛКАР МАНАСЧЫ САЯКБАЙДЫН МАНАСТЫ АЙТКАНЫ» деген жаңыдан тартылган тасманы көрдүңбү?

B Ng, dāngrán lo, wǒ děng zhè bù diànyǐng hěn jiǔ le.
嗯, 当然 咯,我 等 这 部 电影 很 久 了。
Ии, албетте. Мен бул тасманы көптөн бери күтүп жүргөм.

A Shì bú shi pāide hěn hǎo a?
是 不 是 拍得 很 好 啊?
Абдан жакшы тартылыптырбы?

B Shìde, wǒ hěn xǐhuan.
是的,我 很 喜欢。
Ооба, мага абдан жакты.

汉语   吉语

A Nǐ wèishénme xǐhuan kàn zhèyàng de diànyǐng?
你 为什么 喜欢 看 这样 的 电影?
Эмне себептен мындай тасмаларды көрүүнү жактырасың?

B Wǒ xǐhuan xùshù lìshǐ de diànyǐng. Nǐ wèishénme xǐhuan zhè bù diànyǐng ne?
我 喜欢 叙述 历史 的 电影。你 为什么 喜欢 这部 电影 呢?
Мага тарыхты баяндаган тасмалар жагат, сен эмне үчүн бул тасманы жактырдың?

A Wǒ hěn xǐhuan diànyǐng zhōng de zhǔréngōng.
我 很 喜欢 电影 中 的 主人公。
Мага тасмадагы башкы каарман өтө жагат.

B Zhēn de, tā yǎnde hěn hǎo, tā yǎn nàyàng de juésè hěn hǎo.
真 的,他 演得 很 好,他 演 那样 的 角色 很 好。
Чын эле, ал абдан мыкты ойногон, ага ошол сыяктуу ролдорду ойногон өтө жарашат.

A Hái yǒu tā hěn kě'ài.
还 有 他 很 可爱。
Анан дагы ал абдан сүйкүмдүү.

B Nǐ xǐhuan yǎnyuán, ér bù shì diànyǐng o.
你 喜欢 演员,而 不 是 电影 哦。
Сага тасма эмес эле андагы актёр жаккан тура.

A Bú shì, wǒ xǐhuan zhè bù diànyǐng.
不 是,我 喜欢 这 部 电影。
Жок, мен бул тасманы жактырам.

B Zhè bù diànyǐng duì nǐ yǒu shénme yǐngxiǎng?
这 部 电影 对 你 有 什么 影响?
Бул тасма сага кандай сезим калтырды?

时尚话题 | 233

A Wǒ bèi zhè bù diànyǐng gǎndòng le, duì wèilái yǒule hěn hǎo de jìhuà.
我 被 这 部 电影 感动 了，对 未来 有了 很 好 的 计划。
Мен ал тасмадан таасирлендим, келечекке жакшы пландарды түздүм.

B Nǐ hěn bàng! Jīntiān Jí'ěrjísī Píndào yǒu lìng yí bù hǎo diànyǐng yào shàngyìng.
你 很 棒！今天 吉尔吉斯 频道 有 另 一 部 好 电影 要 上映。
Азаматсың! Бүгүн дагы кыргыз теле каналдан башка бир жакшы тасма болот.

A Shénme diànyǐng?
什么 电影？
Кайсы тасма?

B Tā míngzì jiào 《Gùxiāng》.
它 名字 叫《故乡》。
«Мекен» деген тасма экен.

A Jǐ diǎn kāishǐ ne?
几 点 开始 呢？
Саат канчада?

B Bú tài qīngchǔ, kěnéng shì shí diǎn duō ba.
不 太 清楚，可能 是 十 点 多 吧。
Аныгын билбейм, саат ондор чамасында болсо керек.

A Yígòng duōshao jí?
一共 多少 集？
Канча бөлүм экен?

B Yígòng liǎng jí, wǒ yǐqián kànguò yí cì, wǒ zhēn de hěn xǐhuan, wǒ gǎn shuō nǐ yě huì xǐhuan tā de.
一共 两 集，我 以前 看过 一 次，我 真 的 很 喜欢，我 敢 说 你 也 会 喜欢 它 的。
Жалпысынан эки бөлүм, мен мурда бир жолу көргөнмүн, мага абдан жаккан, сага да жагат деп айта алам.

04 投资 理财
Tóuzī Lǐcái
ИНВЕСТИЦИЯ ЖАНА КАРЖЫ БАШКАРУУ

经纪人 БРОКЕР
Jīngjìrén

汉语　吉语

A Shíhuà shuō ba, wǒ duì tóuzī wánquán bù dǒng, wǒ gāi zěnme zuò ne?
实话 说 吧，我 对 投资 完全 不 懂，我 该 怎么 做 呢？
Чынын айтыш керек, мен инвестицияны таптакыр түшүнбөйм, мен кандай кылышым керек?

B O, nǐ xūyào yí ge jīngjìrén lái bāng nǐ tóuzī.
哦，你 需要 一 个 经纪人 来 帮 你 投资。
Аа, инвестицияга жардам бергенге сага бир брокер керек.

A Jīngjìrén? Shénme shì jīngjìrén?
经纪人？什么 是 经纪人？
Брокер? Брокер деген эмне?

B Jīngjìrén shì bāngzhù nǐ tóuzī de zhōngjiè.
经纪人 是 帮助 你 投资 的 中介。
Брокер деген инвестиция кылуудагы сага жардамдашкан ортомчу адам.

A Nǎlǐ kěyǐ zhǎodào zhèyàng de jīngjìrén?
哪里 可以 找到 这样 的 经纪人？
Андай брокер адамды мен кайдан таба алам?

B Jīngjìrén xiànzài hěn duō.
经纪人 现在 很 多。
Брокерлер азыр абдан көп.

A Nǐ néng wèi wǒ tuījiàn yí ge kěkào de jīngjìrén ma?
你 能 为 我 推荐 一 个 可靠 的 经纪人 吗？
Сен мага мыкты брокерден бирди сунуштай аласыңбы?

B Wǒ kěyǐ tuījiàn Mǎlātè gěi nǐ dāng zhùshǒu. Tā shì Ākèsū Jiē shàng zuì lìhài de jīngjìrén, wǒ xiāngxìn tā néng bāngzhù nǐ.
我 可以 推荐 马拉特 给 你 当 助手。他 是 阿克苏 街 上 最 厉害 的 经纪人，我 相信 他 能 帮助 你。
Мен Маратты сага жардамчы катары сунуштайт элем. Ал Ак-Суу көчөсүндөгү мыкты брокер, анын сенин проектериңе жардам берерине ишенем.

A Tài hǎo le. Nǐ néng gěi wǒ yǐnjiàn yíxià ma?
太 好 了。你 能 给 我 引荐 一下 吗？
Абдан жакшы болду. Сен аны менен мени тааныштыра аласыңбы?

B 可以，我现在就给他打电话。
Kěyǐ, wǒ xiànzài jiù gěi tā dǎ diànhuà.
Болот, мен азыр эле ага чалып көрөйүн.

C 喂，您好，请问有什么可以帮您？
Wèi, nín hǎo, qǐngwèn yǒu shénme kěyǐ bāng nín?
Алло, саламатсызбы, сизге кандай жардам бере алам?

B 你好，马拉特。我是……，我给你介绍一个客户，你方便帮忙吗？
Nǐ hǎo, Mǎlātè. Wǒ shì……, wǒ gěi nǐ jièshào yí gè kèhù, nǐ fāngbiàn bāngmáng ma?
Салам, Марат. Мен..., мен сени бир кардар менен тааныштырам, ыңгайың болсо жардамдаша аласыңбы?

C 没问题，您让他来找我吧。
Méi wèntí, nín ràng tā lái zhǎo wǒ ba.
Маселе эмес, ал мага келе берсин.

B 我已经和他说过了，现在你可以去找他了。
Wǒ yǐjīng hé tā shuōguò le, xiànzài nǐ kěyǐ qù zhǎo tā le.
Мына, мен сүйлөшүп койдум, эми сен ага бара берсең болот.

A 我可以信任他吗？他不会骗我吧？
Wǒ kěyǐ xìnrèn tā ma? Tā bú huì piàn wǒ ba?
Мен ага ишенсем болобу? Ал мени алдап кетпейби?

B 不会的，大企业家都认识他。他是一个踏实肯干的优秀经纪人。
Bú huì de, dà qǐyèjiā dōu rènshi tā. Tā shì yí gè tāshi kěngàn de yōuxiù jīngjìrén.
Антпейт, аны мыкты бизнесмендердин баары тааныйт. Ал бир ишкердик жактан мыкты брокер.

A 好的，谢谢你。如果我成功的话，我会好好感谢你的。
Hǎo de, xièxie nǐ. Rúguǒ wǒ chénggōng dehuà, wǒ huì hǎohǎo gǎnxiè nǐ de.
Жарайт, рахмат сага. Ишим ийгиликтүү болуп кетсе, мен сени ыраазы кылам.

B 不客气，祝你好运。
Bú kèqi, zhù nǐ hǎoyùn.
Эч нерсе эмес, ийгилик сага.

谈论 股票　АКЦИЯ ТУУРАЛУУ ТАЛКУУЛОО
Tánlùn Gǔpiào

Ⓐ 你 能 跟 我 说说 股票 吗？
Nǐ néng gēn wǒ shuōshuo gǔpiào ma?
Мага акция тууралуу айтып бере аласыңбы?

Ⓑ 可以，你 问 这个 干 什么？
Kěyǐ, nǐ wèn zhège gàn shénme?
Макул, сен муну сурап эмне кыласың?

Ⓐ 现在 股票 价格 在 疯 涨，我 想 在 网上 开 个 交易 账户 学 炒股。
Xiànzài gǔpiào jiàgé zài fēng zhǎng, wǒ xiǎng zài wǎngshàng kāi gè jiāoyì zhànghù xué chǎogǔ.
Азыр акциялардын баасы асмандап баратат, мен онлайн соода эсеби менен биржа соодасын үйрөнөйүн деген болчумун.

Ⓑ 这样 啊。首先，我 给 你 介绍 一些 基本 术语，如"牛市""熊市"。
Zhèyàng a. Shǒuxiān, wǒ gěi nǐ jièshào yìxiē jīběn shùyǔ, rú "niúshì" "xióngshì".
Ошондой де. Оболу, мен сага негизги терминдерди, алып айтсак, «Уй базары», «Аюу базары» сыяктууларды түшүндүрөйүн.

Ⓐ 好 的。
Hǎo de.
Жарайт.

Ⓑ 简单 说 牛市 就是 股价 不断 上涨 的 股市，就 像 现在 的 情况。
Jiǎndān shuō niúshì jiùshì gǔjià búduàn shàngzhǎng de gǔshì, jiù xiàng xiànzài de qíngkuàng.
Уй базары болсо акциянын баасы көтөрүлгөн базар, мындайча айтканда, азыркыдай абал.

Ⓐ 那 什么 叫 熊市 呢？
Nà shénme jiào xióngshì ne?
Анда аюу базары дегенчи?

Ⓑ 熊市 就是 股价 不断 下跌 的 股市，很 多 资金 可能 会 被 股票 套牢。
Xióngshì jiùshì gǔjià búduàn xiàdiē de gǔshì, hěn duō zījīn kěnéng huì bèi gǔpiào tàoláo.
Аюу базары деген акциянын баасы тынымсыз түшүп жаткан базарды көрсөтөт, көптөгөн капиталдар акциянын торуна түшүшү мүмкүн.

Ⓐ 这样 啊。
Zhèyàng a.
Ушундай де.

Ⓑ 你 打算 买 什么 样 的 股票 呢？
Nǐ dǎsuàn mǎi shénme yàng de gǔpiào ne?
Сен кайсы акцияны сатып алгың келет?

Ⓐ 你 有 没有 听说过 最 新 上市 的 蓝筹股？我 在 考虑 它。
Nǐ yǒu méiyǒu tīngshuōguò zuì xīn shàngshì de lánchóugǔ? Wǒ zài kǎolǜ tā.
Базарга чыккан эң акыркы көк чип акциялары жөнүндө уктуң беле? Мен ошону ойлонуп жатам.

B Wǒ tīngshuōguò, hěn duō rén hàipà gòumǎi tā, yīnwèi tā cái gāng chūlái.
我 听说过，很 多 人 害怕 购买 它，因为 它 才 刚 出来。
Мен уккам, ал жаңы гана чыгып келе жаткан үчүн аны көп адамдар сатып алуудан коркушат.

A Tā bù kěkào ma?
它 不 可靠 吗？
Ал ишеничтүү эмеспи?

B Bìngfēi bù kěkào, zhǐshì tā de zēngzhǎng fēicháng huǎnmàn.
并非 不 可靠，只是 它 的 增长 非常 缓慢。
Ишенимсиз эмес, болгону анын өсүшү өтө жай.

A Nǐ kěyǐ wèi wǒ tuījiàn zhī gǔpiào ma?
你 可以 为 我 推荐 支 股票 吗？
Сиз мага кайсы акция базарын сунуштай аласыз?

B Zài wǒ kànlái, XX gǔpiào shì mùqián shìchǎng zuì huóyuè de.
在 我 看来，ＸＸ 股票 是 目前 市场 最 活跃 的。
Менин көз карашымда, XXX акция базары азыркы учурда эң актуалдуу.

A Tā de jiàgé duōshao?
它 的 价格 多少？
Анын баасы канча?

B Xiànzài yì gǔ shì bābǎi suǒmǔ.
现在 一 股 是 八百 索姆。
Азыр бир акциясы сегиз жүз сом.

A Yǐhòu kěnéng huì zhǎngdào duōshao?
以后 可能 会 涨到 多少？
Кийин канча болуп өсүшү мүмкүн?

B Wǒmen rènwéi zài liǎng nián nèi huì zhǎngdào yìqiān liùbǎi suǒmǔ.
我们 认为 在 两 年 内 会 涨到 一千 六百 索姆。
Эки жылда бир миң алты жүз сомго өсөт деп ойлоп жатабыз.

A Nà tǐng hǎo de, wǒ zhǔnbèi mǎi xx de yìbǎi gǔ.
那 挺 好 的，我 准备 买 ＸＸ 的 一百 股。
Жакшы экен, мен анда XXXнун жүз даана акциясын аламын.

05 租房买房
Zū Fáng Mǎi Fáng

ҮЙДҮ ИЖАРАГА БЕРҮҮ ЖАНА ҮЙ САТЫП АЛУУ

租房 ҮЙ ИЖАРАЛОО
Zū Fáng

汉语　吉语

A Nín hǎo, wǒ kàndàole nín de zū fáng guǎnggào, wǒ zhènghǎo yào zū fáng.
您好，我看到了您的租房广告，我正好要租房。
Саламатсыңбы, мен сенин үй ижаралоо тууралуу жарнамаңды көрдүм, мен да үй ижара алайын деп жаттым эле.

B Shìde, wǒ yǒu yí tào kōngfáng, miànjī shì bāshí píngfāngmǐ.
是的，我有一套空房，面积是八十平方米。
Ооба, менде бир бош үй бар, сексен чарчы метр аянтка ээ.

A Měi ge yuè de zūjīn duōshao?
每个月的租金多少？
Айлык ижара акы канча?

B Měi yuè yíwàn liǎngqiān suǒmǔ.
每月一万两千索姆。
Айына он эки миң сом.

A Jiàgé gāole yìxiē, kěyǐ piányi diǎnr ma?
价格高了一些，可以便宜点儿吗？
Баасы бир аз жогору экен, кичине арзандатса болобу?

B Zhè shì zuì dījià le.
这是最低价了。
Бул эң төмөнкү баа.

A Tài yíhàn le! Zhège jiàgé chāochūle wǒ de yùqī.
太遗憾了！这个价格超出了我的预期。
Бул өтө өкүнүчтүү! Баасы менин күткөнүмдөн ашып кетти.

B Nín dǎsuàn zū duōshao qián de fángzi?
您打算租多少钱的房子？
Үйдү канчага ижарага алууну пландап жатасыз?

A Yàoshì yǒu yuè zū jiǔqiān suǒmǔ de jiù hǎo le.
要是有月租九千索姆的就好了。
Мага тогуз миң сом болсо жакшы болмок.

B Tài piányi le, zhège jiàqián wǒ zū bùliǎo.
太便宜了，这个价钱我租不了。
Абдан арзан болуп кетет, мен анча акчага бере албаймын.

时尚话题 | 239

A Méi guānxi. Nín yǒu méiyǒu bié de fángzi?
没 关系。您 有 没有 别 的 房子？
Эч нерсе эмес. Сизде башка үй жок беле?

B Wǒ méiyǒu qítā de fángzi, dàn wǒ línjū tāmen yǒu, nǐ xiǎng kànkan dehuà kěyǐ qù wènwen.
我 没有 其他 的 房子，但 我 邻居 他们 有，你 想 看看 的话 可以 去 问问。
Менде мындан башка үй жок, бирок кошунамдын үйү бар, сен кааласаң барып андан сурап көр.

A Tā de fángzi duō dà?
他 的 房子 多 大？
Анын үйүнүн чоңдугу канча?

B Chàbuduō liùshí píngfāngmǐ.
差不多 六十 平方米。
Болжол менен Алтымыш чарчы метр.

A Yǒu jǐ gè fángjiān?
有 几 个 房间？
Канча бөлмөлүү?

B Zhège wǒ bù qīngchǔ.
这个 我 不 清楚。
Муну мен так билбейм.

A Wǒ kěyǐ kànkan tā de fángzi ma?
我 可以 看看 他 的 房子 吗？
Мен анын үйүн көрсөм болобу?

B Nàge fángzi, yòubian.
那个 房子，右边。
Тигил үй, оң жактагы.

A Nín hǎo, tīngshuō nín yǒu fángzi chūzū?
您 好，听说 您 有 房子 出租？
Саламатсыңбы! Мен үй ижара берээриңди уктум?

C Shìde, wǒ zhège fángzi yào zū chūqù.
是的，我 这个 房子 要 租 出去。
Ооба, мен бул үйдү ижарага берем.

A Zūjīn duōshao?
租金 多少？
Ижара баасы канча?

C Yíwàn suǒmǔ yí gè yuè.
一万 索姆 一 个 月。
Бир айга баасы он миң сом.

A Néng yōuhuì yìxiē ma?
能 优惠 一些 吗？
Бир аз арзандата аласызбы?

C Nín néng chū duōshao?
您 能 出 多少？
Сиз канча акча төлөй аласыз?

A
Jiǔqiān suǒmǔ.
九千 索姆。
Тогуз миң сом төлөй алам.

C
Hǎo ba, nà jiù jiǔqiān suǒmǔ ba. Nín míngtiān jiù kěyǐ bān jìnlái.
好 吧，那 就 九千 索姆 吧。您 明天 就 可以 搬 进来。
Жарайт, анда тогуз миң сом болсун. Эртең эле көчүп келе берсең болот.

Gēn Zhōngjiè Kàn Fáng 跟 中介 看 房   ОРТОМЧУ МЕНЕН ҮЙ КӨРҮҮ

汉语   吉语

A
Nǐ hǎo, wǒ shì Āsīkǎ. Wǒ jīntiān yǒukòngr, suǒyǐ xiǎng kànkan fángzi.
你 好，我 是 阿斯卡。我 今天 有空儿，所以 想 看看 房子。
Саламатсыңбы? Мен Аскар. Бүгүн бош убактым бар, ошол үчүн үйлөрдү көрөйүн дедим эле.

B
Nín hǎo, kěyǐ de. Nín duō cháng shíjiān néng dào zhèr?
您 好，可以 的。您 多 长 时间 能 到 这儿？
Саламатсызбы, болот. Бул жерге канча убакытта келе аласыз?

A
Bàn xiǎoshí hòu.
半 小时 后。
Жарым сааттан кийин.

B
Nà wǒ zài zhōngjiè gōngsī děng nín.
那 我 在 中介 公司 等 您。
Анда мен сизди агенстводо күтөм.

A
Zhè fángzi kàn qǐlái búcuò, kètīng bǐ wǒ xiǎngxiàng de hái yào dà.
这 房子 看 起来 不错，客厅 比 我 想象 的 还要 大。
Карасам бул үй жаман эмес, конок бөлмө мен элестеткенден да чоң экен.

B
Shìde, zhè tào fángzi fēicháng búcuò. Zhèngrú nín suǒ kàndào de nàyàng, fángzi yǐjīng zhuāngxiūguò le, érqiě jiājù yě dōu qíquán. Wǒmen lái kànkan lǐmiàn ba, tā yǒu sān jiān wòshì, liǎng jiān yùshì, yí gè chúfáng hé yí gè shūfáng.
是的，这 套 房子 非常 不错。正如 您 所 看到 的 那样，房子 已经 装修过 了，而且 家具 也 都 齐全。我们 来 看看 里面 吧，它 有 三 间 卧室、两 间 浴室、一 个 厨房 和 一 个 书房。
Ооба, бул абдан сонун үй. Өзүңүз көргөндөй, жасалгаланган, үй эмеректери да толук. Ичин көрөлү, үч бөлмөлүү, эки душ, бир ашкана жана бир китеп бөлмөсү бар.

A
Nǐ liǎojiě zhōuwéi xuéxiào de qíngkuàng ma?
你 了解 周围 学校 的 情况 吗？
Жакын айланадагы мектептердин жагдайын билесиңби?

B
Zhè fùjìn yǒu yì suǒ búcuò de xuéxiào.
这 附近 有 一 所 不错 的 学校。
Жакын айланада жакшы бир мектеп бар.

A
Shìchǎng hé shāngdiàn bù yuǎn ba?
市场 和 商店 不 远 吧？
Базар жана дүкөндөр алыс эмеспи?

B
Chéngzuò bāshì èrshí fēnzhōng jiù dào shìchǎng, fángzi zhōuwéi yǒu hěn duō shāngdiàn.
乘坐 巴士 二十 分钟 就到 市场， 房子 周围 有很多 商店 。
Базарга автобус менен жыйырма мүнөттө жетсе болот, үйдүн тегерегинде дүкөндөр көп.

A
Nǐ shuō zhè fángzi duōshao qián?
你 说 这 房子 多少 钱？
Бул үйдүн баасын канча деп жатасыз?

B
Liùbǎiwàn suǒmǔ.
六百万 索姆。
Алты миллион сом.

A
Kěyǐ piányi diǎnr ma?
可以 便宜 点儿 吗？
Андан арзаныраак түшсө болобу?

B
Wǒ kěyǐ gēn fángzhǔ tántan.
我 可以 跟 房主 谈谈。
Мен үй ээси менен сүйлөшүп көрөйүн.

A
Hái yǒu qítā fángzi ma? Jiùshì wèizhì zài shìzhōngxīn zhōuwéi de.
还 有 其他 房子 吗？ 就是 位置 在 市中心 周围 的。
Мындан башка да үйлөр барбы? Борбордун айланысына жакын жайгашкан?

B
Yǒu, dànshì nàlǐ xiàng zhèyàng de fángzi gèng guì.
有， 但是 那里 像 这样 的 房子 更 贵。
Бар, бирок ал жакта ушул сыяктуу үйлөр мындан да кымбат.

A
Xiǎo yìdiǎnr de yě kěyǐ.
小 一点儿 的 也 可以。
Мындан кичирээк болсо деле болот.

B
Wǒ zhīdào yǒu yí gè shìhé nín de fángzi, kěshì tā de zhǔrén zài guówài. Wǒmen xiān gēn tā liánxì yíxià, ránhòu gěi nín huífù, kěyǐ ma?
我 知道 有 一 个 适合 您 的 房子， 可是 它 的 主人 在 国外。 我们 先 跟 他 联系 一下， 然后 给您 回复， 可以 吗？
Анда мен билген сизге ылайыктуу бир үй бар, бирок ал үйдү сата турган киши чет өлкөдө. Биз оболу аны менен байланышалы, анан сизге жообун айтсак болобу?

A
Kěyǐ. Fāngbiàn xiànzài qù kànkan ma?
可以。 方便 现在 去 看看 吗？
Болот, ыңгайлуу болсо азыр барып көрсөк?

B
Nín shāoděng yíhuìr, wǔ fēnzhōng hòu wǒ dài nín qù.
您 稍等 一会儿， 五 分钟 后 我 带 您 去。
Күтө туруңуз, беш мүнөттөн кийин мен сизди алып барам.

06 | 饲养 家畜
Sìyǎng Jiāchù
ÜY JANYBARLARYN BAGUU

在 草原 放羊
Zài Cǎoyuán Fàngyáng
ЖАЙЛООДО КОЙ КАЙТАРУУ

汉语　吉语

Ⓐ 阿山，今天 你 放羊 了 吗？
Āshān, jīntiān nǐ fàngyáng le ma?
Асан, койлорду бүгүн сен кайтардыңбы?

Ⓑ 我 放 了。
Wǒ fàng le.
Мен кайтардым.

Ⓐ 今天 山 上 有雾，你的 羊 没 在 雾 中 走丢 吧？
Jīntiān shān shàng yǒu wù, nǐ de yáng méi zài wù zhōng zǒudiū ba?
Тоодо бүгүн туман каптады, тумандан койлорду жоготуп алган жоксуңбу?

Ⓑ 我 把 所有 的 羊 都 赶 回来 了。
Wǒ bǎ suǒyǒu de yáng dōu gǎn huílái le.
Мен баардык койлорду толук айдап келдим.

Ⓐ 山 上 有 很 多 放牧 的 地方 吗？
Shān shàng yǒu hěn duō fàngmù de dìfang ma?
Тоодо жайыт көп эле экенби?

Ⓑ 春天 来 了 嘛，草 木 多着 呢。
Chūntiān lái le ma, cǎo mù duōzhe ne.
Жаз келбедиби, чөп көп.

Ⓐ 今年 雨水 很 多，所以 草 长得 很 好 吧。
Jīnnián yǔshuǐ hěn duō, suǒyǐ cǎo zhǎngde hěn hǎo ba.
Быйыл жаан-чачын да көп, ошондуктан чөптөр жакшы өссө керек.

Ⓑ 是 啊。
Shì a.
Ооба.

Ⓒ 我 可以 让 我 的 十 来 只 羊 加入 你 的 羊群 吗？
Wǒ kěyǐ ràng wǒ de shí lái zhī yáng jiārù nǐ de yángqún ma?
Мен бул он чакты коюмду сенин топ койлоруңа кошуп койсом кандай?

Ⓑ 好 的，您 把 它们 赶 过来 吧，我 一起 放。
Hǎo de, nín bǎ tāmen gǎn guòlái ba, wǒ yìqǐ fàng.
Макул, сиз аларды айдап келиңиз, мен чогуу кайтарам.

C　<small>Tài gǎnxiè le.　Nǐ bǎ yángqún gǎndào shénme dìfang hē shuǐ?</small>
太 感谢 了。你 把 羊群 赶到 什么 地方 喝 水？
Чоң рахмат. Малдарды кайсыл жерден сугарып жатасың?

B　<small>Wǒ bǎ tāmen gǎndào cūn biān de yì tiáo xiǎo xī nàlǐ.</small>
我 把 它们 赶到 村 边 的 一 条 小 溪 那里。
Мен аларды айылдын четиндеги арыктан эле.

C　<small>Nà biān de shuǐ hěn duō ma?</small>
那 边 的 水 很 多 吗？
Ал жакта суу абдан көппү?

B　<small>Shìde, nà biān de shuǐ duō.</small>
是的，那 边 的 水 多。
Ооба, ал жакта суу көп.

C　<small>Tài hǎo le.</small>
太 好 了。
Жакшы болгон экен.

C　<small>Nǐ zài shān shàng fàngyáng yídìng hěn è ba, zǒu ba, chīfàn qù ba.</small>
你 在 山 上 放羊 一定 很 饿 吧，走 吧，吃饭 去 吧。
Тоодо кой кайтарып жүрүп курсагың абдан ачкан чыгаар, жүр, тамактаналы.

B　<small>Hǎo de, mǎshàng qù.</small>
好 的，马 上 去。
Жарайт, азыр барамын.

A　<small>Lèi le ma?</small>
累 了 吗？
Чарчадыңбы?

B　<small>Bú nàme lèi.</small>
不 那么 累。
Чарчаган деле жокмун.

A　<small>Míngtiān yě qù fàngyáng ma?</small>
明天 也 去 放羊 吗？
Эртең дагы кой кайтарганы барасыңбы?

B　<small>Shìde, wǒ yǐjīng jiāshàngle línjū de yáng, yìqǐ fàng.</small>
是的，我 已经 加上了 邻居 的 羊，一起 放。
Ооба, мен кошунанын койлорун да кошуп алдым, чогуу кайтарам.

在村里干农活儿　АЙЫЛДА ЖУМУШ ИШТӨӨ
Zài Cūn lǐ Gàn Nónghuór

A Nǎinai, nín néng jiāo wǒ zěnme jǐ niúnǎi ma?
奶奶，您能教我怎么挤牛奶吗？
Чоң эне, сиз мага уй сааганды үйрөтүп коё аласызбы?

B Nǐ bù zhīdào zěnme jǐ nǎi ma?
你不知道怎么挤奶吗？
Сен уй сааганды билбейсиңби?

A Wǒ bù zhīdào, wǒ xiǎng xué.
我不知道，我想学。
Мен билбеймин. Үйрөнгүм келет.

B Nǐ bú pà niú ma?
你不怕牛吗？
Уйдан коркпойсуңбу?

A Tā huì dǐng wǒ ma?
它会顶我吗？
Ал мени сүзөбү?

B Bú huì.
不会。
Жок.

A Nà wǒ kěyǐ jǐ nǎi o.
那我可以挤奶哦。
Анда мен саап көрөйүнчү э?

B Hǎo ba, nǐ jǐ nà zhǐ dà de nǎiniú.
好吧，你挤那只大的奶牛。
Макул, сен тигил чоң уйду саа.

A Zhè tóu niú yí cì néng chǎn duōshao niúnǎi?
这头牛一次能产多少牛奶？
Бул уй канча литр сүт берет?

B Zhè tóu niú néng chǎn wǔ shēng niúnǎi.
这头牛能产五升牛奶。
Бул уй беш литр сүт бере алат.

A Wǒ jǐ de nǎi zhǐyǒu yì shēng, wèishénme?
我挤的奶只有一升，为什么？
Менин сааганым бир эле литр чыкты, эмне үчүн?

B Wǒ de háizi, nǐ bú huì jǐ nǎi ma, nǐ de lìqì tài xiǎo le.
我的孩子，你不会挤奶嘛，你的力气太小了。
Балам, сен уй сааганды билбейт турбайсыңбы, сенин күчүң абдан аз экен.

A Cūn lǐ de měi ge rén dōu zhīdào zěnme jǐ niúnǎi ma?
村里的每个人都知道怎么挤牛奶吗？
Айылда баардыгы уй сааганды билишеби?

汉语　吉语

B 是的，我们村里的每个人都会挤奶。
Ооба, биздин айылда баардыгы уй сааганды билишет.

A 那我必须学会怎么挤牛奶。
Анда мен сөзсүз уйду кантип сааганды үйрөнүшүм керек.

B 为什么？
Эмне үчүн?

A 我要留在村里，给您帮忙。
Мен айылда калып, сизге жардам берем.

B 我的宝贝啊，你想帮助奶奶吗？
Берекем менин, сен чоң энеңе жардам бергиң келип жатабы?

A 嗯，村里还有什么活儿？
Ии, айылда дагы кандай иштер бар?

B 太多了，如果你真的留在村子里，我会慢慢教你。
Өтө көп, эгер сен чын эле айылда калсаң, мен сага акырындап үйрөтөмүн.

07 Xìngqù Àihào
兴趣 爱好
ХОББИЛЕР ЖАНА КЫЗЫГУУЛАР

Cuō Máoshéng
搓 毛绳　АРКАН ЭШҮҮ

Ⓐ Nǐ hǎo, nǐ zài gàn ma ne?
你好，你在干嘛呢？
Салам! Сен эмне кылып жатасың?

Ⓑ Wǒ zhèngzài cuō máoshéng.
我 正在 搓 毛绳 。
Мен аркан эшип жатам.

Ⓐ Cuō tā zuò shénme yòng?
搓 它 做 什么 用？
Аны эшкенден эмне кыласың?

Ⓑ Wǒ cuō máoshéng shì wèile shuān mǎ、niú děng shēngkou. Kàn, shéngzi piàoliang ba?
我 搓 毛绳 是 为了 拴 马、牛 等 牲口 。看，绳子 漂亮 吧？
Мен жылкыны, уйду жана башка малды байлоо үчүн эшип жатам. Карачы, кооз экенби?

Ⓐ Shìde, fēicháng piàoliang, nǐ jiāojiao wǒ ba.
是的，非常 漂亮，你 教教 我 吧。
Ооба, абдан кооз экен. Мага дагы үйрөтчү.

Ⓑ Hǎo de, wǒ jiāo nǐ. Cuō máoshéng shì wǒ de àihào, nǐ xǐhuan zuò shénme?
好的，我 教 你。搓 毛绳 是 我 的 爱好，你 喜欢 做 什么？
Макул, үйрөтөм. Аркан эшүү менин хоббим. Сен эмне кылганды жактырасың?

Ⓐ Wǒ zuì gǎn xìngqù de shì yīnyuè, kòngxián shíjiān wǒ tán Kùmǔzī, tán jíta.
我 最 感 兴趣 的 是 音乐，空闲 时间 我 弹 库姆兹，弹 吉他。
Мен музыкага абдан кызыгам, бош убактымда комуз, гитара чертем.

Ⓑ Nǐ zhēn lìhai!
你 真 厉害！
Сен чын эле укмушсуң!

Ⓐ Nǐ yǒu bié de àihào ma?
你 有 别 的 爱好 吗？
Сенин дагы башка хоббиң барбы?

Ⓑ Wǒ bù xiàng nǐ nàyàng duì yīnyuè gǎn xìngqù. Wǒ xǐhuan zuò gōngyìpǐn, hái xǐhuan kàn shū.
我 不 像 你 那样 对 音乐 感 兴趣。我 喜欢 做 工艺品，还 喜欢 看 书。
Мен сага окшоп музыкага кызыкпайм. Мен көбүнчө кол өнөрчүлүк кылганды жактырам, жана китеп окуганды жактырам.

汉语　吉语

A Nǐ měi tiān kàn shū ma?
你 每 天 看 书 吗？
Сен күнүгө китеп окуйсуңбу?

B Shìde, wǒ měi wǎn shuì qián dúshū, ránhòu shuìjiào.
是的，我 每 晚 睡 前 读书， 然后 睡觉。
Ооба, күнүгө жатаардын алдында китеп окуйм, анан уктайм.

A Zhège xíguàn búcuò!
这个 习惯 不错！
Бул адатың жакшы экен!

B Xièxie nǐ, zhè shì wǒ de xìngqù. Nǐ shì shénme shíhou kāishǐ duì yīnyuè gǎn xìngqù de?
谢谢你，这 是 我 的 兴趣。你 是 什么 时候 开始 对 音乐 感 兴趣 的？
Рахмат сага, менин кызыгууларым ушул. Сен качантан баштап музыкага кызыгып калдың?

A Sì suì de shíhou wǒ māma ràng wǒ cānjiāle yí gè Kùmǔzī tuánduì, nà shíhou wǒ jiù duì tán Kùmǔzī gǎn xìngqù.
四 岁 的 时候 我 妈妈 让 我 参加了 一 个 库姆兹 团队，那 时候 我 就 对 弹 库姆兹 感 兴趣。
Мен төрт жашыман баштап эле апам комуз кружогуна катыштырган. Ошол убактан бери комуз ойногонго кызыгып келем.

B Nà nǐ shì zěnme xuéhuì de jíta?
那 你 是 怎么 学会 的 吉他？
А гитараны кантип үйрөнгөсүң?

A Wǒ kànzhe wǎngshàng de nàxiē shìpín jiù xuéhuìle tán jíta.
我 看着 网上 的 那些 视频 就 学会了 弹 吉他。
Гитараны мен интернеттеги видеолорду карап отуруп эле үйрөнүп алгам.

B Nǐ zhēn bàng! Nǐ huì chànggē ma?
你 真 棒！你 会 唱歌 吗？
Сен чынында азаматсың, сен ырдаганды билесиңби?

A Shìde, wǒ huì chànggē, dàn wǒ de shēngyīn bú tài hǎotīng.
是的，我 会 唱歌，但 我 的 声音 不太 好听。
Ооба, мен ырдаганды билем, бирок үнүм анча жагымдуу эмес.

B Wǒ bú zhème rènwéi. Nǐ gěi wǒ chàng shǒu gē ba, wǒ tīngting.
我 不 这么 认为。你 给 我 唱 首 歌 吧， 我 听听。
Мен антип ойлобойм. Сен мага ырдап берчи, мен угуп көрөйүн.

A Nà nǐ jīnwǎn lái wǒ jiā, wǒ gěi nǐ chànggē.
那 你 今晚 来 我 家， 我 给 你 唱歌。
Сен анда бүгүн кечинде менин үйүмө кел, мен сага ырдап берем.

B Hǎo de, wǒ yídìng huì lái de.
好 的，我 一定 会 来 的。
Макул, мен сөзсүз келем.

图书在版编目（CIP）数据

汉语-吉尔吉斯语日常交际实用会话/才甫丁·依沙克，玛日亚·麦依托霍编著. -- 北京：商务印书馆，2025. -- ISBN 978-7-100-24801-3

I. H195.4

中国国家版本馆 CIP 数据核字第 2024BK5268 号

权利保留，侵权必究。

汉语-吉尔吉斯语日常交际实用会话

才甫丁·依沙克　编著
玛日亚·麦依托霍

商　务　印　书　馆　出　版
（北京王府井大街 36 号　邮政编码 100710）
商　务　印　书　馆　发　行
北京盛通印刷股份有限公司印刷
ISBN 978-7-100-24801-3

2025 年 5 月第 1 版	开本 880×1230　1/16
2025 年 5 月北京第 1 次印刷	印张 16¼

定价：98.00 元